新时代积极应对
人口老龄化发展报告

推动实施积极应对
人口老龄化国家战略研究

中国老年学和老年医学学会 | 组织编写

杜 鹏 | 主编　　刘维林 | 执行主编

人民出版社

目　　录

序　言 ……………………………………………………………… 刘维林 1

总　　论　推动积极应对人口老龄化国家战略实施 ……………………… 1

　第一节　积极应对人口老龄化国家战略的演进与实施 ……………… 1

　第二节　实施积极应对人口老龄化国家战略的重大理论和实践问题 ……… 13

　第三节　实施积极应对人口老龄化国家战略的总体思路和政策取向 ……… 20

第一章　推动人口长期均衡发展 ……………………………………… 33

　第一节　快速老龄化是人口发展不均衡的重要表现 ……………… 33

　第二节　主动调整生育政策，积极应对人口老龄化 ……………… 37

　第三节　生育政策调整与人口结构变化 ……………………………… 40

第二章　促进养老服务高质量发展 …………………………………… 46

　第一节　促进养老服务高质量发展的宏观背景 ……………………… 46

　第二节　高质量视角下养老服务发展现状与挑战 ………………… 49

　第三节　促进养老服务高质量发展的内涵与重点任务 …………… 53

　第四节　促进养老服务高质量发展的主要思路与路径 …………… 56

第三章　健全多层次养老保障体系 …………………………………… 59

　第一节　人口老龄化对养老保障体系的影响日渐加深 …………… 59

　第二节　近年来健全多层次养老保障体系的主要举措 …………… 63

　第三节　健全多层次养老保障体系的政策建议 ……………………… 68

第四章　完善老年健康支撑体系 ················· 72

第一节　老年健康支撑体系建设具有重要意义 ········· 72

第二节　我国老年健康支撑体系建设的近期实践 ······· 76

第三节　完善老年健康支撑体系的关键选择 ········· 83

第五章　建立长期照护和保障体系 ··············· 86

第一节　长期照护体系和长期护理保险 ·········· 86

第二节　中国的长期护理保险试点实践 ·········· 89

第三节　中国长期照护体系建设面临的问题与挑战 ····· 97

第六章　创新发展老年教育 ·················· 101

第一节　老年教育的发展历程 ·············· 101

第二节　老年教育的新形势、新定位和新功能 ······· 107

第三节　创新发展老年教育的实现路径 ·········· 111

第七章　提高老年人社会参与 ················· 116

第一节　老年人社会参与的国内外共识 ·········· 116

第二节　中国老年人社会参与的条件和实践 ········ 120

第三节　老年人社会参与的未来展望 ··········· 126

第八章　健全老年人权益保障 ················· 130

第一节　老年人权益及其保障的含义和意义 ········ 130

第二节　老年人权益保障状况 ·············· 134

第三节　加快健全老年人权益保障 ············ 139

第九章　推动老年宜居环境建设 ··············· 143

第一节　老年宜居环境建设的紧迫性和重大意义 ······ 143

第二节　建立健全老年宜居环境建设政策体系 ······· 145

第三节　老年宜居环境建设创新实践 ··········· 147

第四节　老年宜居环境建设存在的问题及对策建议 ····· 152

第十章　强化社会敬老 ···················· 156

第一节　社会敬老的发展历程 ·············· 156

第二节　社会敬老的重点任务和创新路径 ·················· 160

第三节　强化社会敬老的政策建议 ·························· 167

第十一章　积极培育银发经济 ······························ 170

第一节　发展银发经济是积极应对人口老龄化国家战略的重要内容 ····· 170

第二节　我国银发经济的概念、特征与现状 ·················· 172

第三节　我国银发经济规模的测度和发展愿景 ················ 176

第四节　推动银发经济发展的政策建议 ···················· 181

第十二章　大力发展老龄金融 ······························ 184

第一节　老龄金融发展的背景、内涵和意义 ·················· 184

第二节　中国老龄金融发展现状及挑战 ···················· 187

第三节　中国老龄金融发展展望 ·························· 194

第十三章　构建老龄科技创新体系 ·························· 199

第一节　构建老龄科技创新体系的背景及意义 ················ 200

第二节　我国老龄科技创新体系的政策依托与实践发展 ·········· 204

第三节　老龄科技创新体系建设的国际经验与启示 ············· 208

第四节　老龄科技创新体系建设的挑战与展望 ················ 212

第十四章　加强人才队伍建设 ······························ 217

第一节　养老服务人才发展的现状与问题 ··················· 217

第二节　新时代养老服务人才发展的形势与任务 ·············· 222

第三节　养老服务人才优先发展的政策与制度创新 ············· 226

第十五章　完善政策支持和组织保障 ························ 230

第一节　老龄政策法规标准不断完善 ······················ 230

第二节　强化相关政策支持 ······························ 235

第三节　强化组织保障 ································ 241

序　言

刘维林

　　《推动实施积极应对人口老龄化国家战略研究》，是中国老年学和老年医学学会于 2017 年 11 月换届，组建第六届理事会，围绕"积极应对人口老龄化"主题，组织编写出版发布的第五部发展报告。从 2018 年起，中国老年学和老年医学学会每年都举办一次积极应对人口老龄化学术大会；每次学术大会召开之前，都专门组织专家团队撰写出版发展报告，并在大会上隆重发布。从前 4 年 4 部发展报告的情况看，影响和效果是积极的、广泛的，对增强人们的老龄意识、凝聚社会共识、推动应对人口老龄化政策的贯彻落实，发挥了较好的作用。

　　前 4 年依次推出的发展报告，主题鲜明一致，即积极应对人口老龄化。这是党的十八大以来中国特色社会主义进入新时代之后，根据我国人口老龄化程度不断加深加重的基本国情，作出的新的决策和部署。2020 年，党的十九届五中全会将积极应对人口老龄化上升为国家战略，证明这将成为我国未来相当长一个时期的战略任务。中国老年学和老年医学学会作为专门研究老龄问题的国家级社会组织和新型智库，围绕国家积极应对人口老龄化这一工作大局，从自身职能定位和优势条件出发，从理论研究、学术探讨视角提出解决中国老龄问题的思路、观点，为应对人口老龄化的中国解决方案集思广益、建言献策、贡献力量。这正是中国老年学和老年医学学会的职责所在和应有担当。同时，根据积极应对人口老龄化方向目标、重点任务、不同阶段的时间节点安排，前 4 年依次推出的发展报告又各有侧重，体现出不同特点。例如，2018 年发展报告重在解读党的十九大报告关于积极应对人口老龄化的决策部署；2019 年发展报告聚焦老年健康；2020 年发展报告聚焦医养结合；2021 年发展报告则是全面总结中国老龄化社会 20 年的成就、挑战与展望，既持续全面跟踪、观察、展示国家积极应对人口老龄化的发展进程和状况，又对国家积极应对人口老龄化的一些重点领域和重要任务安排作深入的观察与思考。

2022 年,是党的二十大召开之年,也是实施积极应对人口老龄化国家战略新的时间节点和发展阶段。2021 年 5 月 31 日,中共中央政治局召开会议,听取"十四五"时期积极应对人口老龄化重大政策举措汇报,审议通过《关于优化生育政策促进人口长期均衡发展的决定》。会议强调,要贯彻落实积极应对人口老龄化国家战略,加快建立健全相关政策体系和制度框架。2021 年 10 月,重阳节前夕,习近平总书记向全国的老年人致以节日问候并对老龄工作作出重要指示。他提出并强调,要贯彻落实积极应对人口老龄化国家战略,把积极老龄观、健康老龄化理念融入经济社会发展全过程。10 月 14 日,全国老龄工作会议在京召开。会议强调,要深入学习领会习近平总书记关于老龄工作的重要讲话和指示批示精神,从全局和战略高度,深刻认识做好老龄工作的重要性、紧迫性,全面落实老龄工作重点任务,推动新时代老龄事业发展不断迈上新台阶。11 月 18 日,《中共中央、国务院关于加强新时代老龄工作的意见》印发,对实施积极应对人口老龄化国家战略和加强新时代老龄工作提出新要求、作出新部署。12 月 30 日,《"十四五"国家老龄事业发展和养老服务体系规划》发布,对"十四五"时期老龄工作任务作出系统全面具体安排。2022 年 10 月 16日,党的二十大报告强调:"实施积极应对人口老龄化国家战略,发展养老事业和养老产业,优化孤寡老人服务,推动实现全体老年人享有基本养老服务。"至此,应该说,国家关于积极应对人口老龄化的顶层设计已基本完成,从基本方略、制度框架、政策体系,到工作体制机制、方法措施都已明确;从方向目标、重点任务,到时间步骤、各级各领域各方面具体安排都已确定。当前和今后一个时期,最重要的就是全面深入实施积极应对人口老龄化国家战略。"十四五"时期是积极应对人口老龄化的重要窗口期,能不能抓住这个窗口期,也主要看这一国家战略贯彻、落实、实施的效果和成效。

正是基于以上认识,今年的发展报告围绕如何深入实施积极应对人口老龄化国家战略这一主题展开,重在全面系统深入地认识和把握积极应对人口老龄化国家战略,对这一国家战略作出正确解读;概括总结这一国家战略在各个领域各个方面的实施情况,包括现状、进展、成效及问题;在此基础上,对推动问题解决、深入实施这一国家战略提出意见和建议。发展报告开篇即对积极应对人口老龄化国家战略的形成、基本框架、主要内容要求和发展趋势进行回顾、解读与分析。接着,发展报告针对如何解决少子化和老龄化突出矛盾,推动人口长期均衡发展,这一带有基础性、根本性、长远性的问题,结合近年来国家出台的一系列优化生育政策和配套措施,进行解读和分析。积极应对人口老龄化,解决好广大老年人最现实最直接最关心的问题是核心内容、重中之重,包括社会保障、养老服务、健康支持等。发展报告对这几个方面都进行了专题论述,特别把长期照护、老年教育、社会参与、权益维护作为专章展开分析,既体现了我们对这几个问题重要性的考虑,也寄予了我们对这几个方面工作亟须得到加强的期望。积极应对人口老龄化,社会环境和文化的重塑与建设是基础构成、重要支撑,孝亲敬老文化的传承和创新也是中国应对人口老龄化的特色与优势。所以,发展报告对建设老年宜居环境、强化社会敬老分别进行了专题论述。积极应对人口老龄化,迎接风险挑战,化解矛盾危机,最重要的是挖掘老龄社会、老年人群中的资源,将资本、科技、人才等各种要素有机融合,推动产业转型升级,培育发展新型产业,增强老龄社会发展内生动力。通过发展解决人口老龄化带来的矛盾和问题,这样才能化被动为主动,走出一条具有中国特色的成功应对人口老龄化道路。为此,发展报告将积极培育银发经济、大力发展老龄金融、构建老龄科技创新体系、加强人才队伍建设作为专章进行论述,这也是本发展报告的亮点之作、创新之处。最后,发展报告对完善政策支持与组织保障进行了专题分析和论述。

中国老年学和老年医学学会延续 2021 年的经验做法,邀请学会副会长兼老龄智库专家委员会主任,中国人民大学副校长、老年学研究所所长,我国著名老年学家杜鹏教授担纲本报告主编,由杜鹏教授提出本发展报告框架结构,并组织我国老龄领域一批学术造诣深厚、研究成果丰硕的知名专家学者负责相关章节内容的撰写,共同完成这样一项很有现实意义的任务。

总论 推动积极应对人口老龄化国家战略实施*

21世纪是全球人口老龄化的世纪,如何科学有效应对人口老龄化挑战,是世界大多数国家共同面临的重大战略课题。与先发老龄化的发达国家相比,中国人口老龄化进程超前于经济社会发展,而且老龄化问题与转型发展中的问题相互交织重叠,使我们面临的挑战更大、应对的任务更重。

党中央、国务院始终高度重视人口老龄化问题,注重在战略层面作出应对。2000年,中国刚进入老龄化社会之际,党中央、国务院就出台《关于加强老龄工作的决定》。在我国即将进入老龄社会之际,2019年,党中央、国务院印发《国家积极应对人口老龄化中长期规划》;2020年,党的十九届五中全会将积极应对人口老龄化上升为国家战略;2021年,党中央、国务院印发《关于加强新时代老龄工作的意见》。这充分体现出实施积极应对人口老龄化国家战略的重要性和紧迫性,也充分体现出党中央、国务院对广大老年群体的关心关爱。

第一节 积极应对人口老龄化国家战略的演进与实施

党的十八大以来,以习近平同志为核心的党中央高度关切积极应对人口老龄化、关心老龄事业发展、关注老年群体福祉改善,围绕群众热切关心、理论亟待回答、瓶颈亟须破解的重大老龄问题,提出了一系列新理念、新思想、新要求,形成了系统完备的积极应对人口老龄化国家战略部署,走出了一条中国特色的积极应对人口老龄化道路。

---

* 本章作者:李志宏,中国老龄协会政策研究部主任。

1

一、积极应对人口老龄化国家战略的演进脉络

积极应对人口老龄化国家战略,在我国经历了研究、形成和实施3个阶段。2009年,全国老龄委组织实施国家应对人口老龄化战略研究项目。2010年,国务院《政府工作报告》提出:"加强应对人口老龄化战略研究,加快建立健全养老社会服务体系,让老年人安享晚年生活。"2012年以来,积极应对人口老龄化国家战略在此前研究的基础上进入了形成和实施两个阶段。

(一)形成阶段(2012—2019)

2012年11月,党的十八大报告指出:"积极应对人口老龄化,大力发展老龄服务事业和产业。"同年12月,全国人大常委会修订通过的老年人权益保障法规定:"积极应对人口老龄化是国家的一项长期战略任务。"2013年11月,党的十八届三中全会通过的《中共中央关于全面深化改革若干重大问题的决定》指出:"积极应对人口老龄化,加快建立社会养老服务体系和发展老年服务产业。"2015年10月,党的十八届五中全会通过的《中共中央关于制定国民经济和社会发展第十三个五年规划的建议》指出:"积极开展应对人口老龄化行动,弘扬敬老、养老、助老社会风尚,建设以居家为基础、社区为依托、机构为补充的多层次养老服务体系,推动医疗卫生和养老服务相结合,探索建立长期护理保险制度。"至此,积极应对人口老龄化转化为战略行动①。

2016年2月,习近平总书记对加强老龄工作作出重要指示,强调有效应对我国人口老龄化,事关国家发展全局,事关亿万百姓福祉。要立足当前、着眼长远,加强顶层设计,完善生育、就业、养老等重大政策和制度,做到及时应对、科学应对、综合应对。5月,中共中央政治局就我国人口老龄化的形势和对策举行第三十二次集体学习。同年颁布的《中华人民共和国国民经济和社会发展第十三个五年规划纲要》设立"积极应对人口老龄化"专章。2017年,国务院印发《"十三五"国家老龄事业发展和养老体系建设规划》,从社会保障、养老服务、健康支持、消费市场、宜居环境、精神文化、社会参与和权益保障等8个领域作出部署。到此为止,党的十八大以来,积极应对人口老龄化的"四梁八柱"的政策制度体系框架逐步清晰。

党的十九大以来,积极应对人口老龄化在党和国家工作全局中的位置进一步提升。

---

① 杜鹏、陈民强:《积极应对人口老龄化:政策演进与国家战略实施》,《新疆师范大学学报(哲学社会科学版)》2022年第3期。

2017年10月,党的十九大报告指出:"积极应对人口老龄化,构建养老、孝老、敬老政策体系和社会环境,推进医养结合,加快老龄事业和产业发展。"2019年6月,党中央、国务院印发《国家积极应对人口老龄化中长期规划》。该规划近期至2022年,中期至2035年,远期展望至2050年,是我国积极应对人口老龄化的战略性、综合性、指导性文件。2019年10月,党的十九届四中全会通过的《中共中央关于坚持和完善中国特色社会主义制度、推进国家治理体系和治理能力现代化若干重大问题的决定》指出:"积极应对人口老龄化,加快建设居家社区机构相协调、医养康养相结合的养老服务体系。"至此,积极应对人口老龄化国家战略的总体思路、目标任务、重点领域、实施步骤和保障措施进一步清晰明确。

(二)实施阶段(2020—2022)

2020年,中国跨入典型的老龄社会门槛,并迎来年均增长超1100多万人、持续到2035年的第二次老年人口增长高峰[①]。党中央审时度势,加快实施积极应对人口老龄化国家战略。2020年10月,党的十九届五中全会审议通过《中共中央关于制定国民经济和社会发展第十四个五年规划和二〇三五年远景目标的建议》,首次提出"实施积极应对人口老龄化国家战略"。

2021年3月颁布的《中华人民共和国国民经济和社会发展第十四个五年规划和2035年远景目标纲要》设置"实施积极应对人口老龄化国家战略"专章,从推动实现适度生育水平、健全婴幼儿发展政策、完善养老服务体系等3个方面作出具体部署。5月,中共中央政治局召开会议,听取"十四五"时期积极应对人口老龄化的重大政策举措汇报。会议强调,要贯彻落实积极应对人口老龄化国家战略,加快建立健全相关政策体系和制度框架。10月,习近平总书记对老龄工作作出重要指示,强调要贯彻落实积极应对人口老龄化国家战略,让老年人共享改革发展成果、安享幸福晚年。10月14日,全国老龄工作会议在京召开。李克强总理对会议作出重要批示,强调实施积极应对人口老龄化国家战略,推动老龄事业和产业高质量发展。11月18日,党中央、国务院出台《关于加强新时代老龄工作的意见》。该意见聚焦新时代新形势、聚焦老龄工作、聚焦老年人的急难愁盼问题,侧重既定目标任务的落实,是全面贯彻落实积极应对人口老龄化国家战略、指导新时代老龄工作的纲领性文件。12月30日,国务院印发《"十四五"国家老龄事业发展和养老服务体系规划》。该规划旨在实施

---

① 总报告起草组、李志宏:《国家应对人口老龄化战略研究总报告》,《老龄科学研究》2015年第3期。

积极应对人口老龄化国家战略,推动老龄事业和产业协同发展,构建和完善兜底性、普惠型、多样化的养老服务体系。

从以上演进可以看出,积极应对人口老龄化在党的全会报告中由一句话的表述发展到一段话的表述,在国民经济和社会发展规划纲要中由专节的表述发展到专章的表述,由积极应对人口老龄化行动发展到积极应对人口老龄化国家战略,在我国规划体系中由老龄事业发展规划发展到积极应对人口老龄化中长期规划。这充分说明,积极应对人口老龄化工作的战略地位持续提升、战略部署日益清晰、战略实施步伐不断加快;也充分说明,实施积极应对人口老龄化国家战略是形势使然、发展所需、群众所盼。

二、积极应对人口老龄化国家战略的实施情况

(一)实施成效

党的十八大以来,各地区各部门认真贯彻落实党中央、国务院决策部署,不断推进积极应对人口老龄化国家战略的理论、制度和实践创新,取得了历史性成就。

1.积极应对人口老龄化的经济基础不断夯实

我国牢牢把握发展这个执政兴国的第一要务,坚定不移贯彻新发展理念,转方式、调结构、稳增长、促改革,经济保持中高速增长。国内生产总值从 2012 年的 54 万亿元增长到 2021 年底的 114.4 万亿元①,稳居全球第二大经济体,占世界 GDP 的18%,对世界经济增长贡献率达到 25% 左右②,积极应对人口老龄化的经济基础进一步夯实。

2012 年,我国人均国内生产总值为 6100 美元,在世界排名第 84 位③;60 岁以上老年人口占比为 14.3%,在世界排名第 68 位。到 2021 年底,我国人均国内生产总值超过 1.2 万美元,世界排名提升到第 60 位④;60 岁以上老年人口占比为 18.9%,在世界排名第 67 位⑤。人口老龄化与经济发展的协调性明显提升,"未富先老"的国情得到显著改变,进入"边富边老"的国家行列。

---

① 光明网:《国家发改委:我国经济实力、科技实力、综合国力、国际影响力持续增强》,2022 年 6 月28 日,见 https://m.gmw.cn/baijia/2022-06/28/35842924.html。

② 求是网:《国民经济量增质升 "十四五"实现良好开局》,2022 年 2 月 1 日,见 http://www.qstheory.cn/dukan/qs/2022-02/01/c_1128312431.htm。

③ 中共中央党史和文献研究院网站:《〈共产党宣言〉与近现代中国梦的实现》,2013 年 12 月 24日,见 https://www.dswxyjy.org.cn/n1/2019/0617/c427184-31161027.html。

④ 数据来自国际货币基金组织公布的 2021 年世界各国人均国内生产总值排名结果。

⑤ 数据来自联合国 2019 年展望世界人口的国别人口老龄化态势预测结果。

　　2.中国特色的老龄政策法规体系不断完善

　　实施积极应对人口老龄化国家战略,主要依靠政策法规和制度的完善落实。2012年以来,全国人大先后3次修改老年人权益保障法,所有省份完成了配套地方法规的制、修订。民法典和公共文化服务保障法、基本医疗卫生与健康促进法等专门法律针对性增加了涉老条款。国务院先后印发"十三五""十四五"老龄事业发展和养老服务体系规划。养老服务、养老保险、老年人健康服务、医养结合、老年教育、老年宜居环境、老年用品产业、老年人权益维护等领域的政策文件、管理规范、技术标准等密集出台。老龄政策法规体系的法制化水平明显提升,政策理念迭代升级,政策领域不断拓展,政策精细化程度持续提升,政策的针对性、时效性和操作性明显增强。积极应对人口老龄化的政策法规支撑更为牢固。

　　3.积极应对人口老龄化的关键制度不断健全

　　一些惠当前、利长远的重大政策制度改革取得突破性进展。先后实施"单独两孩""全面两孩""全面三孩"政策,出生人口性别比趋于正常。制定促进3岁以下婴幼儿照护服务发展的政策措施。研究实施渐进式延迟法定退休年龄政策。出台改革和完善基本养老保险制度总体方案,启动实施企业职工基本养老保险基金中央调剂制度,实现居民基本养老保险制度城乡统一,顺利推进机关事业单位养老保险制度改革,加快建立企业年金、职业年金、商业养老保险和个人养老金制度,多层次养老保险体系不断完善。出台关于深化医疗保障制度改革的意见,统一城乡居民基本医疗保险制度,开展基本医保异地就医直接结算,加快试点推进长期护理保险制度,基本实现大病保险制度全覆盖。健全特困人员救助供养制度,探索建立养老服务综合监管制度、基本养老服务清单制度、老年人综合能力评估制度。生育、退休、养老、医疗等领域的关键制度不断健全完善,积极应对人口老龄化重点领域的制度能力显著提升。

　　4.养老孝老敬老的社会环境不断优化

　　国家制定和实施老年人照顾服务项目,所有省份都出台了老年人优待政策,让老年人享受到更多实惠。出台了切实解决老年人运用智能技术困难的实施方案,让老年人更好地共享信息社会发展成果。赡养老年父母纳入个人所得税专项扣除法,为家庭养老提供了有力支持。人口老龄化国情教育广泛开展,积极应对人口老龄化成为社会共识。"敬老月""敬老文明号"等评选表彰活动持续开展,社会敬老氛围更加浓厚。涉老设施规划建设标准体系不断完善,老年人家庭和老旧小区适老化改造、老年友好型社区创建稳步推进,居家和社区环境更加宜老。2019年至2021年,全国累计开工改造城镇老旧小区11.5万个,加装电梯5.1万部,增设养老、助餐等各类社区服务设施 3 万多个,为老年群体提供了诸多便利①。民法典确定意定监护制度,开展了全国打击整治养老诈骗专项行动,实施老年用品产品质量国家监督抽查,老年人合法权益得到更切实的保障。

5. 老年社会保障不断扩面提标

全民参保计划加快实施,建立起世界上规模最大的基本养老和医疗保障安全网。基本养老保险覆盖面超过 10 亿人②,基本医疗保险覆盖超过 13 亿人③,全民医保基本实现。31 个省份全部建立高龄津贴制度、经济困难老年人服务补贴制度和失能老年人护理补贴制度,共有 3900 多万老年人享受补贴。农村"五保"老人和城市"三无"老人全部纳入特困救助供养,城乡贫困老年人实现应保尽保、应救尽救。截至 2021 年底,1424 万老年人纳入城乡低保,375 万老年人纳入特困救助供养④。

兼顾各类群体的待遇确定和正常调整机制不断完善,保证老年群体公平共享经济社会发展成果。从 2016 年开始,同步调整企业和机关事业单位退休人员养老金。企业退休人员基本养老金连年递增,月人均养老金从 2012 年的 1686 元提高到 2021 年的近 3000 元,超过国内生产总值增长速度⑤。职工医保和城乡居民医保政策范围内住院费用统筹基金支付比例分别达到 80%以上及 70%左右,药品集中带量采购显著降低用药价格,老年人看病就医负担明显减轻,成为全民医保成果的主要受益群体⑥。2021 年,我国居民人均预期寿命为 78.2 岁⑦,正在进入高收入国家行列的寿命水准。老年人基本生存类消费占比下降,发展享受型消费支出增长明显,老年人家庭恩格尔系数达到富裕水平。

6. 老年人公共服务不断增量提质

老年健康服务供给显著增加。连续出台两个健康老龄化规划和专项指导意见,对老年健康服务体系建设作出全面部署。启动实施老年健康促进行动,将老年健康

---

① 数据来自中国政府网站,见 http://www.gov.cn/xinwen/2022-02/26/content_5676490.htm。

② 数据来自人力资源和社会保障部网站,见 http://www.mohrss.gov.cn/SYrlzyhshbzb/zwgk/szrs/tjgb/202206/W020220607572932236389.pdf。

③ 数据来自国家医疗保障局网站,见 http://www.nhsa.gov.cn/art/2022/6/8/art_7_8276.html。

④ 旗帜网:《践行新时代民政担当》,2022 年 4 月 25 日,见 http://www.qizhiwang.org.cn/n1/2022/0425/c443586-32408320.html。

⑤ 求是网:《进一步织密社会保障安全网》,2022 年 4 月 16 日,见 http://www.qstheory.cn/dukan/qs/2022-04/16/c_1128558641.htm。

⑥ 数据来自中国政府网站,见 http://www.gov.cn/zhengce/content/2021-09/29/content_5639967.htm。

⑦ 数据来自国家卫生健康委员会网站,见 http://www.nhc.gov.cn/guihuaxxs/s3586s/202207/51b55216c2154332a660157abf28b09d.shtml。

与医养结合服务列入国家基本公共卫生服务。老年医疗服务能力明显提升,设有老年医学科的二级及以上公立综合性医院占比超过一半。老年友善医疗机构建设、居家上门医疗服务、家庭病床、长期处方、家庭医生签约服务等覆盖面扩大,老年人看病就医的便利性和获得感提升。开展老年人失能(失智)预防干预试点、"互联网+护理服务"试点、安宁疗护试点、老年健康服务体系等6个环节均得到加强。

养老服务供给总量增加、结构优化、质量提升。截至2021年底,全国各类养老服务机构和设施达到35.7万个、床位813万张,分别是2012年底的7.7倍、2倍①。实施普惠养老城企联动行动,有效缓解了城市养老床位"一床难求"问题。推进基本养老服务体系建设,全面放开养老服务市场,开展养老服务业综合改革试点,连续实施养老院服务质量建设专项行动和特困人员供养服务机构改造提升工程。养老机构护理型床位占比达到50%②,民办养老机构和床位占比均超过半数,整治安全隐患43万处③。深入推进医养结合,全国医养结合机构超过6000家,床位有170多万张,超七成纳入医保定点。长期护理保险制度扩点拓面。截至2021年底,试点已经扩大到49个城市,参保覆盖人群1.4亿人,年人均基金支付1.6万元④。

老年教育文化服务实现新发展。颁布首个老年教育发展专项规划,全国已有各级各类老年大学(学校)7万多所,在校学员数超过千万⑤。各级各类公共文化设施基本实现免费向老年人开放。全国公共图书馆、文化馆(站)已有为老服务活动用房14.3万间⑥。老年文化、体育活动广泛开展,老年人成为群众性文化、体育活动的主力军,展现了新时代老年人的精神风貌。

总体来看,我国积极应对人口老龄化的顶层设计逐步完善,重大政策制度实现定型、可持续发展,世界上规模最大的老年人社会保障和服务安全网织密筑牢,养老孝老敬老的社会环境不断优化。在"未富先老"的国情下,有效应对"先老难富"的发展难题,跨入了"边富边老"的新阶段,广大老年人的获得感和幸福感明显增强。我国

---

① 旗帜网:《践行新时代民政担当》,2022年4月25日,见http://www.qizhiwang.org.cn/n1/2022/0425/c443586-32408320.html。

② 俞建良:《推动新时代养老服务迈向高质量发展》,《中国民政》2022年第5期。

③ 数据来自民政部网站,见https://mzzt.mca.gov.cn/article/zt_jd100n/mzsyfzcj/202012/20201200031365.shtml。

④ 数据来自国家医疗保障局网站,见http://www.nhsa.gov.cn/art/2022/6/8/art_7_8276.html。

⑤ 新华网:《报告显示:我国老年大学在校学员数超千万》,2021年10月19日,见http://www.news.cn/politics/2021-10/19/c_1127974517.htm。

⑥ 数据来自文化和旅游部网站,见https://www.mct.gov.cn/whzx/whyw/202110/t20211014_928341.htm。

积极应对人口老龄化取得的历史性成就、老龄事业发生的历史性变革,为世界上那些正处于人口老龄化过程中又希望加快富强的国家和民族提供了新选择,为人类解决老龄问题贡献了中国智慧和中国方案①。

(二)实施积极应对人口老龄化国家战略面临的短板

1. 战略认知待深化

思想是行动的先导,认识是行动的动力。实施积极应对人口老龄化国家战略需要思想引领、认识先行。与"把积极老龄观、健康老龄化理念融入经济社会发展全过程"的要求相比,当前战略认知存在 3 个问题:一是积极老龄观、健康老龄化理念尚待主流化。正确的认知大多停留在政府和学界层面,没有及时、有效、畅通地传递给社会大众。将人口老龄化简单视为风险和挑战、将老年人视为负担和包袱的消极老龄观,以及缺乏健康素养和"治未病"的被动健康观仍普遍存在。二是将对于老龄问题的认识不断降维。突出表现为:把老龄问题简单理解为老年人问题,没有认识到快速发展的老龄化给我国"五位一体"总体布局和"四个全面"战略布局带来的全方位、双重性影响;把老年人问题简单理解为养老问题,没有看到广大老年人除了"养"的一面,更有"为"的一面,除了"人口"的一面,还有"人手"的一面;把养老问题简单理解为养老服务问题,没有认识到老年人除了养老服务方面的需求外,还有经济保障、精神保障、权益维护、社会融入等多方面的需求。三是将对于老龄工作的认识狭隘化。存在把老龄工作等同于老年人工作,甚至是养老工作的错误认识,未能从实施积极应对人口老龄化国家战略的高度谋划新时代老龄工作,真正把老龄工作融入"五位一体"总体布局和"四个全面"战略布局,由此产生"战略问题战术化、全局问题局部化"的实践误区。

2. 战略领域待拓展

人口老龄化对经济社会发展的各领域、各环节以及国家综合实力和国际竞争力,都会产生深刻而长远的影响。从战略定位看,积极应对人口老龄化国家战略是一项基础性、全局性、长期性战略。对照上述影响和定位,战略领域还要做到"六个拓展":一是对比人口老龄化影响的泛在性,存在把积极应对人口老龄化国家战略狭隘化为"一老""一小"战略的倾向,有待突破"养老育幼"的局限,向全域全人群拓展。二是对比从"五位一体"总体布局谋划积极应对人口老龄化战略的要求,目前的战略

---

① 李志宏:《积极应对人口老龄化中国特色道路的基本内涵和总体布局》,《老龄科学研究》2020 年第 7 期。

对策聚焦在老年群体民生保障，偏重在社会建设领域，有待向经济建设、政治建设、文化建设、生态文明建设等领域拓展。三是对比统筹解决老龄问题的人道主义方面和发展方面要求，目前的战略对策偏重人道主义问题的应对，有待向发展层面问题的应对拓展。四是对比促进老龄事业和老龄产业协同发展的要求，目前的战略对策偏重于老龄事业发展领域，有待向老龄产业领域拓展。比如，从"十五"到"十四五"期间，我国已经连续发布 5 个老龄事业发展规划，但至今在国家层面仍没有一部老龄产业发展规划。五是对比"养为结合"的要求，目前养老问题的应对，偏重于老有所养，有待向老有所为拓展。比如，国家层面尚没有出台促进老年人社会参与、促进老年人力资源开发利用的专项政策。六是对比从全人群全生命周期解决老年人问题的要求，目前的战略对策偏重老年期问题的应对，有待关口前移，向事前干预型的政策领域拓展。

3. 战略措施待完善

呈现出"六个不足"：一是系统性不足。一些政策和制度间缺乏横向功能整合与纵向衔接配套，难以形成积极应对人口老龄化的合力。社会保险制度转移接续机制和信息联审机制不健全，导致参保人跨统筹地区、跨制度重复参保情况依然存在。一些中央层面老龄政策缺乏地方配套措施，政策内容存在"上下一般粗，左右皆相似"的情况。一些综合性政策缺乏专项政策配套措施，难以落地实施。另外，在一些领域存在政策与上位法冲突、部门之间政策规定掣肘等问题①。二是公平性不足。因身份、地区、行业等不同，不同群体退休后的基本养老保障待遇差别较大。优质的养老、健康、文化、教育、法律等公共服务资源主要聚集在大中城市，基本公共服务均等化程度仍显著不足。三是可持续性不足。突出表现在基本养老、医疗保险制度，在老龄化不断加深的条件下，制度内抚养比快速攀升，财务可持续性面临较大的挑战。少数省份养老保险基金已经出现"穿底"，当期缺口不断扩大。近些年，医保基金支出增幅大于收入增幅的现象同样不容忽视。四是均衡性不足。养老金体系发展呈现出第一支柱独大、第二支柱发展滞后、第三支柱尚未建立的特点。养老服务体系发展呈现居家社区发展不充分，与机构养老服务发展不协调；普惠型养老服务发展不充分，与兜底性、多样化养老服务不衔接的问题。老年健康服务体系发展呈现偏重疾病诊治，轻前端的健康教育和预防保健，轻后端的康复护理、长期照护和安宁疗护等问题。多支

---

① 李志宏：《"十四五"时期积极应对人口老龄化的形势及国家战略对策》，《老龄科学研究》2020 年第 8 期。

柱、多层次的保障和服务体系尚未形成,难以构成老龄化风险梯次应对的格局。五是精准性不足。一些老龄政策倡导性有余、针对性不强,没有靶定市场主体和社会组织的真正痛点。收入核查机制和评估制度缺失,使得一些面向老年人的基本公共服务项目瞄准率仍待提升。大数据技术在实现供给与需求信息精准匹配、精准核算公共服务成本、优化公共服务资源配置中的作用发挥不足。六是过程性不足。在老龄政策制度制定环节,缺乏受众的深度参与;在贯彻落实环节,受限于体制不顺和激励机制缺乏,存在政策失灵的现象;在评估环节,尚未建立完善的评估标准、方法和程序。此外,总体上偏重于政策制定,没有与政策执行和评估环节形成闭环,政策制度优势难以转化为行动效能。

4. 战略实施能力待提升

一是工作体制不健全。老龄委(办)体制尚待进一步理顺。涉老职能部门的工作"分工有余,统筹不足",大多基于各自理解,自发开展老龄工作,资源整合不足与信息共享不够并存,工作交叉重叠与推诿空缺交织,政策碎片化、互为前置现象突出。老龄工作面临各自为政、协调乏力的困境,在一定程度上影响了积极应对人口老龄化国家战略的顺利实施。老龄领域社会组织发育不足,基层老年群众组织缺乏管理和引导,处于无序发展状态,全国上下还未形成上下贯通的群众性工作体系。由此导致党联系广大老年群众缺乏桥梁,政府老龄工作职能转移缺乏承接载体。二是基层资源整合难度大。基层老龄工作受制于机构断层或部门行政切割,协调难度大。一些惠老服务项目、资金以及基础数据分属不同的部门和渠道,基层难以统筹,"买酱油的钱不能打醋"、数据重复采集、项目重复动员等问题突出。治理重心偏高,基层政策实施过程中"看得见的管不了,管得了的看不见"等问题比较突出[①]。由此导致一些战略措施落地实施难。三是法治建设滞后。目前,在国家层面仅有一部老年人权益保障法,养老保险、养老服务、老年健康、老年教育、老年优待等领域尚无相应的行政法规,无法完全做到有法可依、有章可循,导致以法治力量推动积极应对人口老龄化国家战略实施缺乏有效抓手。四是信息化滞后。各行业的数据在各自系统内循环,各有关部门涉及老年人的户籍、健康、保障、服务、信用、财产等基础信息难以互联共享。国家层面缺乏左右互联、上下贯通的老龄工作信息化平台,无法实现涉老数据信息的汇集整合及发掘运用,难以做到"底数清、情况明、决策有依据"。

---

① 李志宏:《"十四五"时期积极应对人口老龄化的形势及国家战略对策》,《老龄科学研究》2020年第8期。

三、实施积极应对人口老龄化国家战略的经验

我国在形成和实施积极应对人口老龄化国家战略阶段，积累了宝贵经验，需要在今后战略实施过程中坚持。

（一）坚持融入大局、积极应对

人口老龄化的影响渗透在经济社会发展全过程、各领域，既是影响中华民族伟大复兴战略全局的基础变量，也是加速世界百年未有之大变局演进的重要因素。同时，"两个大局"是谋划实施积极应对人口老龄化国家战略的基本出发点，一系列战略举措只有放在"两个大局"的框架下来理解和谋划，才能高点站位、高位谋划，区分清楚战略和战术问题，在更高格局中找准坐标，明确主攻方向，抢占战略制高点。此外，单纯把老年人视为负担和包袱、把人口老龄化视为风险和挑战，并不有利于成功应对人口老龄化的挑战。只有以积极的态度、积极的政策、积极的行动应对人口老龄化，才能保持前瞻性，未雨绸缪，提前谋划，下好先手棋，打好主动仗，把握战略主动权，走出一条事半功倍的应对之路。

（二）坚持党委领导、各方参与

应对人口老龄化的长期性、艰巨性、系统性和高投入性，决定了仅仅依靠某一主体的行动都不可能取得成功，必须在党的领导下，清晰界定政府、市场、社会组织、家庭、个人等五大主体的责任边界，找准各自定位，实现共同行动、优势互补，方能成功应对。为此，必须充分发挥党总揽全局、协调各方的领导核心作用，并充分发挥政府的主导作用、市场在资源配置中的决定性作用、社会组织的重要补充作用、家庭养老的基础作用、个人的自我保障作用，才能形成多元主体责任共担、老龄化风险梯次应对、老龄事业人人参与的新格局。

（三）坚持以人为本、共建共享

实施积极应对人口老龄化国家战略，既要把老年人看作服务的客体，也要把老年人视为积极能动的主体，还要统筹协调代际利益关系。一方面，要顺应老年群体需求由生存型需求向发展型和享受型需求升级的趋势，综合满足老年人经济保障、服务保障、精神关爱、作用发挥等现实需要，不断改善老年群体民生，增强广大老年人的获得感、幸福感、安全感。这是准确把握实施积极应对人口老龄化国家战略的正确方向和找准具体战略措施切入点的关键所在。另一方面，要坚持代际共同发展，统筹解决好未成年人、成年人和老年人三大年龄群体间的责任分担、利益调处、资源共享和权益保障问题，促进家庭和睦、代际和顺、社会和谐，建设不分年龄、人人共建

共享共融的老龄社会。

（四）坚持立足国情、发挥优势

战略实施要牢牢把握社会主义初级阶段这个最大国情，立足这个最大实际，把发展作为应对人口老龄化的最根本途径，确保经济始终保持活力、更具韧性、更可持续。同时，还要清晰认识我国应对人口老龄化的优势、劣势，扬长避短，发挥好我国的政治优势、体制优势、文化传统优势、后发优势以及战略回旋空间大等优势，规避我国社会发展水平偏低、科技创新能力不强、国际产业分工仍处于中低端以及"长寿不健康"等劣势，化挑战为机遇，变压力为动力，走出一条具有中国资源禀赋比较优势的应对人口老龄化道路。

（五）坚持系统理念、统筹协调

人口老龄化带来的矛盾是多领域、多层次、相互关联的，应对人口老龄化的战略举措需要坚持系统理念和统筹兼顾的根本方法。要统筹实施积极应对人口老龄化国家战略和健康中国、乡村振兴、创新驱动发展等其他重大国家战略。要统筹解决老龄问题与发展问题，以及统筹解决老龄问题的发展方面和人道主义方面，做到应对人口老龄化和促进经济社会发展相结合、满足老年人需求和解决人口老龄化问题相结合。针对发展不平衡、不充分问题，要促进老龄事业和产业协调发展，区域和城乡老龄事业协调发展，居家社区和机构服务协调发展，兜底普惠和多样化服务协调发展，政府保障、职业保障、家庭保障和个人自我保障协调发展。

（六）坚持尽力而为、量力而行

针对老年民生与经济发展的二元张力，战略实施要着力实现经济可持续发展和老年群体民生福祉改善双赢。既要坚持"水涨船高"，随着经济社会发展水平的提升，不断增强面向老年人的社会保障和公共服务供给，努力保障和改善老年群体民生，确保老年人公平共享经济社会发展成果；也要坚持"量入为出"，充分考虑发展的阶段性、经济增长的波动性、福利的刚性和财政的承受能力，不超越阶段，不违背规律，不降低标准，也不吊高胃口，切实将老年群体福利水平提高置于经济实力增长和财力可持续的基础之上，避免掉入"福利陷阱"，损害经济增长潜力。

（七）坚持整合资源、降本增效

资源的稀缺性决定了应对人口老龄化各项投入的有限性，这就要求国家在实施积极应对人口老龄化战略的过程中，降低资源使用成本，提高资源使用效益。实践证明，各项战略资源调配的"条条主导、纵向管理、分散供给"，必然降低资源的综合有效利用水平。必须打破资源的条块分割，将资源调配转变为"域内统筹、横向链接、综合供给"。这是提高有限战略资源使用效益的必然选择,也是促进各类养老资源打通使用、一体化服务老年人的必然要求。

此外,要坚持积极老龄观和健康老龄化理念并行、健康中国战略和积极应对人口老龄化国家战略同步推进。这既有利于提升全人口的健康人力资本,特别是缩短老年人带病、残障生存期,提升人口老年期的健康水平,降低应对人口老龄化的"沉没成本",也有利于发挥老年人的主观能动性,变非生产性人口为生产性人口,降低整个社会的实际抚养负担以及老年人力资源闲置的"机会成本",进而实现应对人口老龄化的"机会成本"和"沉没成本"双降低,走出一条低成本、高成效的中国特色应对之路。

(八)坚持突出重点、夯实基层

面对应对人口老龄化的复杂形势和繁重任务,必须把握好主要矛盾和次要矛盾、矛盾的主要方面和次要方面,优先解决主要矛盾和矛盾的主要方面。战略实施,需要遵循老龄问题发展的规律性,聚焦各个阶段的主要矛盾,抓住牵一发而动全身的重点、难点、堵点问题,以重点突破带动整体推进。此外,绝大多数老年人居住在家庭、生活在基层社区。要聚焦解决老年人的急难愁盼问题,将老龄问题的治理中心下移,将政策落实在基层,将党和政府对老年人的关爱传递到基层,不断推进各项优质服务资源向老年人的身边、家边和周边聚集,实现均等化供给、精细化管理、精准化服务。

(九)坚持创新引领、开放合作

只有把创新作为积极应对人口老龄化的根本动力,不断推进老龄理论创新、制度创新、实践创新、体制机制创新,充分激发市场和社会活力,让一切有利于老龄事业和老龄产业发展的力量源泉充分涌流,才能保持老龄化不断加深条件下经济社会强劲发展的活力。我国在全球老龄化的背景下实施积极应对人口老龄化国家战略,还要坚持世界眼光,立足中国国情,加强国际交流合作,统筹利用国际国内两种资源解决自身老龄问题,推进战略实施与落实世界可持续发展议程相关目标有机对接,在建设人类命运共同体的进程中携手共同应对老龄化。

第二节 实施积极应对人口老龄化国家战略的重大理论和实践问题

进入新发展阶段,我国实施积极应对人口老龄化国家战略的内外部环境发生深刻变化,面临许多新的重大理论和实践问题,需要正确认识和把握,以促进战略实施行稳致远。

一、正确认识和把握战略实施的目标与路径

国家战略体系由国家总体发展战略引领下的专项战略和区域发展战略等组成。积极应对人口老龄化战略是国家战略体系的组成部分,地位要次于国家总体发展战略,因此,其战略目标应服从中华民族伟大复兴的战略全局目标。从"两个大局"出发,其战略目标应有两个层面:一是降低和消除人口老龄化对经济发展及社会和谐稳定的负面效应,发掘和利用老龄化给国家发展带来的正面效应,确保老龄化不断加深条件下我国经济社会高质量、可持续发展,顺利实现中华民族伟大复兴的中国梦;二是在世界百年未有之大变局下,作为国家之间博弈的战略行为,实施积极应对人口老龄化国家战略,就要消除老龄化对国家竞争力的负面影响,调配国内外两种资源应对老龄化挑战,保持和提升国家长期竞争优势,在世界政治经济格局大调整中维护和拓展国家利益。

战略路径,解决战略实施的"桥"和"路"问题。人口老龄化问题不仅是人口问题,而是经济、政治、文化、社会、生态等问题的复合。相应地,积极应对人口老龄化国家战略实施的路径,是要胸怀"两个大局",结合中国特色社会主义事业"五位一体"总体布局和人类命运共同体建设,跳出局限于社会建设领域民生保障战略的狭隘小格局,跃升到"六位一体"的实施路径:在经济建设领域,抓住经济增长活力提升这条主线,通过转方式、调结构、换动力、提效率、育需求,着力培育老龄社会的经济发展新动能;在社会建设领域,抓住代际资源均衡配置这条主线,促进各项社会保障和公共服务资源配置更加公平与可持续,着力提高老龄社会的共融共建共享水平;在文化建设领域,抓住培育和践行积极老龄观这条主线,营造积极应对人口老龄化的社会共识,提升面向老年人的公共文化服务供给能力,大力弘扬孝亲敬老的优良文化传统,着力厚植老龄社会的文化自信;在生态建设领域,抓住打造全龄生态宜居环境这条主线,践行绿色低碳生活,增加生态康养产品供给,推进人居环境适老化改造,着力促进老龄社会的人与自然和谐共生;在政治建设领域,抓住优化老龄社会治理体系这条主线,完善老龄法治,健全老龄工作体制,发挥老年人参与民主政治的正能量,着力推进老龄社会治理能力现代化;在人类命运共同体建设方面,抓住携手落实世界可持续发展议程这条主线,积极参与老龄领域国际文书的制修订,提供老龄问题治理的国际公共产品,谋篇布局银发经济内外双循环,着力构建人类老龄社会应对共同体。

二、正确认识和把握战略实施的重大关系

一是积极应对人口老龄化国家战略和其他国家战略的关系。人口是各个领域发展的基础变量,因而,各个领域的发展战略都要因应人口老龄化的客观要求,进行战略措施的调整。在国家战略体系中,积极应对人口老龄化国家战略的位阶要低于中华民族伟大复兴的总体战略,但并不是与区域发展战略和其他专项战略处于同一位阶的战略,而是属于中间战略,是各位阶战略都要统筹考虑的具体战略的总合。其战略举措与区域发展战略举措、国家专项战略举措相互嵌套,是多个领域专项举措的有机集成,而非简单叠加。这一属性客观上要求,实施积极应对人口老龄化国家战略要在国家总体战略指导下,与健康中国、乡村振兴、科教兴国、扩大内需、创新驱动发展等国家专项战略同频共振、同步实施。

二是国际普遍性和中国特殊性的关系。中国人口老龄化进程是世界人口老龄化进程的一部分,中国人口老龄化问题必然具有世界普遍性的一面。战略实施要具备世界眼光,充分汲取借鉴一切文明国家的有益经验并为我所用。同时,应当认识到,人口老龄化问题也有国别特殊性的一面。世界各国因历史、文化、发展阶段、政治制度以及自然环境等不同,人口老龄化发展趋势及其对经济社会影响的路径和程度存在差异,基于各自资源禀赋的优势、劣势,采取了不同的应对策略。这客观要求,战略实施既不能推崇"拿来主义",也不能"闭门造车",要坚持从国情出发、以解决现实问题为导向,并以世界眼光和开放心态积极吸收借鉴一切有益经验,走出一条具有中国特色、世界价值的应对之路。

三是立足当前和着眼长远的关系。战略的本质在于谋势,未雨绸缪,化风险于无形。人口老龄化现象演变为人口老龄化问题具有一定的时滞性,并且,人口老龄化问题具有隐蔽性和积累性,很容易积重难返,一旦显现,通常已错过了解决的最佳时机。推进战略实施,要将"立足当前,着眼长远"的思维方法,转变为"着眼长远,立足当前"。"着眼长远",就是首先充分预估国家在实现战略目标过程中可能遇到的风险和问题,然后才是"立足当前",研判现在着手应当采取或准备采取哪些方面的应对措施,防患于未然,把国家在未来发展中存在的风险和问题化解于无形。在战略措施层面,就是要以"目标导向"倒推确定现实问题,实现"问题导向"和"目标导向"的政策制度整合,制定实施"惠及当前,更利长远"或者"削峰填谷,更利长远应对"的战略措施。

四是老龄化的不可逆转性、福利的刚性和经济波动性的关系。经济发展是应对

人口老龄化的基础,保障和改善老年群体民生是发展的目的。我国人口老龄化形势不可逆转,老年群体福利待遇的增加具有刚性,而经济发展本身具有周期性和波动性。在此背景下,如何处理三者的关系,高度考验战略实施的智慧。需要按照以人民为中心的发展思想,变"人口老龄化适应经济发展的思维"为"经济发展主动适应人口老龄化的思维"。既要在经济发展中夯实人口老龄化的应对基础,又要充分考虑挖掘人口老龄化带来的经济机遇,打造新的经济增长点,培育经济发展新动能。要建立经济发展与民生保障的良性互动机制,充分发挥民生保障制度"提供保障、促进发展"的双重功能,在改善老年群体福利待遇的基础上,提高物质资本和人力资本的积累,确保长期经济增长以及劳动生产率的提升。

五是整体推进和重点突破的关系。实施积极应对人口老龄化国家战略,是一个涉及经济社会各领域的复杂系统工程。需要坚持整体推进,统筹谋划战略实施的各个层面、各个要素,注重各项战略举措系统集成、协同配合,防止出现"短板效应"。同时应当认识到,人口老龄化问题的发展具有阶段性,每个阶段有其凸显的重点和难点问题。特别是在战略资源有限的情况下,整体推进、协同实施不是平均用力、齐头并进,而是要注重抓主要矛盾和矛盾的主要方面,聚焦重要领域和关键环节发力。根据先发老龄化国家的经验,人口老龄化问题的发展,整体呈现出由老年人的养老保障问题、医疗保障问题到失能照护问题,由生存型需求满足问题到发展型和享受型需求满足问题,由民生问题到发展问题,以及由社会领域问题到经济、政治、文化、社会、生态等复合型问题的发展规律。战略实施,需要在总体把握人口老龄化问题发展规律的全局思维下,确定每个特定阶段的重点问题,精准发力,以重点突破,牵引带动整体推进。

六是物质赡养和精神赡养的关系。养老难题的破解,是实施积极应对人口老龄化国家战略的优先事项。在实现共同富裕的进程中,养老难题的破解要有新思维,在"养""为"结合的基础上,也要实现"养身"与"养心"的结合。物质赡养对应老年人的客观生活条件,精神赡养对应老年人的主观生活感受,这两种赡养结合才能实现老年人主、客观生活质量的综合提升。即使到 21 世纪中叶,我国实现了全面建成社会主义现代化强国的目标,由于老年人口基数庞大等原因,我国老年人的经济福利还是很难同发达国家相比。但是,我国可以充分发挥优良的孝亲敬老文化传统,把老年人的物质赡养和精神赡养结合起来,提高老年人的主观生活满意度,进而综合提高老年人的主、客观生活质量。这是我国低成本应对人口老龄化的必然选择,也是结合中国优秀传统文化,走出一条中国特色应对之路的重要体现。

三、正确认识和把握资本在老龄事业及老龄产业发展中的边界与作用

从老龄事业和老龄产业发展的规律看,发达国家的老龄产业普遍经历了从福利性事业起步,逐步走向福利性事业和市场化产业协同发展,再到重点鼓励市场化产业发展的变化历程。在此过程中,事业与产业相互依托并融合发展,事业高质量发展是产业繁荣发展的基础和支撑。参照发达国家经验,人均国内生产总值在1.3万到2.4万美元间,老龄产业逐渐迈入成熟阶段,产业供给更加注重整体质量的提升。按照上述发展规律,我国即将进入老龄事业和老龄产业协同发展、更加注重老龄产业质量提升的时期。

老龄产业要高质量发展,必须发挥资本作为生产要素的功能。从产业属性看,作为主要向老年群体提供产品和服务的营利性经济形态,老龄产业是一个覆盖范围十分广泛的产业集群,内部的异质性很大,有些属于私人产品类的产业,有些属于准公共产品类的产业。不同属性的产业,资本发挥的作用不同,资本在老龄产业集群中的边界和作用不能一概而论。

在老龄产业发展中,私人产品类的产业应引入市场机制,依靠社会资本有序投入和充分竞争,实现产业化和可持续发展。准公共产品类的产业,多属于保本微利产业,需要政府进行多方面的扶持,方能调动社会资本投资的积极性。总体来看,老年用品领域的日常生活用品、功能辅助产品、休闲陪护产品、康复护理产品等,都属于私人产品;养老金融领域的保险、储蓄、理财、信托、基金等产品,也都属于私人产品;养老服务领域的产品,有些属于兜底性的公共产品,有些属于普惠型的准公共产品,有些属于个性化、多样性的私人产品。从这个角度来看,老年用品和养老金融领域,是更适用于市场配置资源、实现产业化发展的领域,也是当前和今后一个时期老龄产业发展的优先领域。

在养老服务领域,给资本划好边界、发挥好资本作用,关键要区分清楚兜底性养老服务、普惠型养老服务、生活性养老服务。兜底性养老服务主要由政府提供,可以采取向社会组织或企业购买服务的形式履行提供责任。普惠型养老服务领域可以引入市场机制提供或运营,需要政府采取多种措施给予支持。多样化生活性养老服务完全可以通过市场配置资源,鼓励和引导社会资本举办与经营,满足人民群众多样化、个性化、高品质的养老服务需求。

四、正确认识和把握人口老龄化带来的挑战与机遇

人口老龄化给一个国家发展带来的影响是挑战还是机遇，以及影响的强度和烈度，取决于该国经济社会结构与人口年龄结构的匹配程度。在年轻型和成年型社会结构下，人口老龄化的挑战主要表现为经济下行压力加大、代际利益矛盾加深、城乡协调发展矛盾增强、社会保障和公共服务负担加重、居住和生活环境的宜居性下降等。

按照通常的发展规律，人口是慢变量；经济和社会结构的调整具有路径依赖与惰性，也是慢变量。但对中国而言，进入急速发展阶段的人口老龄化已经发展为快变量，由此产生的问题具有同步爆发、集中呈现、相互关联的效应。如果不能正确应对，经济增长下滑、公共财政赤字增加、农村发展活力衰减、代际矛盾冲突加剧、社会保障制度出现支付危机、特殊困难老年群体发生冲击道德底线的事件等风险相互叠加共振，我国提升核心竞争力和综合国力将面临积重难返的发展困境。总体来看，在经济社会结构和发展方式尚未作出根本性调整的背景下，人口老龄化带来的机遇越来越少、挑战越来越多。整体上，挑战大于机遇。

人口老龄化不同阶段带来的挑战和机遇不同，需要因时因势、相机抉择。而且，挑战和机遇可以相互转化。未来，人口老龄化的影响演变为挑战，还是演变为机遇，关键取决于当下的政策选择和行动。因势利导，应对得当，就可能化挑战为机遇；踟蹰不前，应对失当，机遇也会转瞬即逝，最终演变成为挑战。

实施积极应对人口老龄化国家战略，需要尽快树立积极老龄观。因为从理念到政策制度，再到具体行动的演化具有时滞性，必须提前着手培育理念。同时，应当认识到，在战略实施过程中，要避免盲目乐观和过度悲观两种错误倾向。树立积极老龄观，并不是要否认和低估风险，盲目乐观，而是要具备底线思维，充分预估风险，提前采取正确的应对措施，将机遇发挥到最大，将挑战降低到最小，从而争取最乐观的结果。

五、正确认识和把握战略实施面临的"合成谬误"与"分解谬误"

积极应对人口老龄化国家战略是一个目标多元、政策多元的战略，需要注重多目标均衡和政策协同配套。在实施战略过程中，要着力避免"合成谬误"与"分解谬误"。

首先，要着力避免"合成谬误"。顺应人口老龄化的经济社会结构调整，是一个

相互关联的复杂系统。积极应对人口老龄化的政策制度要促进结构调整顺利实现，必须注重系统性、整体性、协调性，避免"攻其一点，不及其余"，同时避免局部合理的政策制度叠加造成对总体政策制度效果的削弱。在实践中，以部门为主导形成的各种老龄政策制度创新，很容易出现"碎片化"以及部门权责交叉和政策摩擦等现象，进而导致"合成谬误"。对此，必须做实和强化跨部门的战略协调与实施机制，推动当前的战略应对由"碎片化应对"向"整体性应对"转变。

其次，要着力避免"分解谬误"。实施积极应对人口老龄化战略是一个"社会工程"，而非"基建工程"，要避免"基建工程化思维"。在战略实施环节，特别是在任务和目标分解过程中，很容易出现把整体任务简单机械一分了之的"分解谬误"，造成资金、项目、政策在基层条块分割，产生"买酱油的钱不能打醋"的现象。这会使国家层面积极应对人口老龄化的政策制度合力，在层层分解和层层加码中消蚀殆尽。实施"社会工程"要有冗余度，讲求的是社会耦合，而非精确的物理耦合。过于强调指标化分解和项目分解，可能会造成整体无序和相互掣肘，不仅难以带来确定性，反而会增加不确定性①。在不确定性增加以及信息不对称的背景下，战略实施需要预留一些模糊地带，实行"黑箱"管理。顶层设计也不是越细越好、指标越多越好，相反，顶层设计要为地方配套实施相应政策留有更多余地和弹性。

六、正确认识和把握战略实施面临的若干悖论

一是健康科技悖论。一方面，科技创新是积极应对人口老龄化的第一动力和战略支撑；但另一方面，健康科技越发达，人们的寿命会越长，人口老龄化问题可能更加严峻。破解这一悖论，关键要树立以人民为中心的发展思想和积极老龄观，把寿命延长以及由此带来的人口老龄化视为经济社会发展进步的标志，消除"人口老龄化是问题"的错误认识。此外，健康科技发展要致力于延长人口的健康预期寿命，避免带来"长寿不健康"的结果。

二是社会保障悖论。一方面，应对人口老龄化挑战，必须完善社会保障制度；但另一方面，假定社会保障制度非常完善，那么，人们的寿命可能会更长，同样也会加剧人口老龄化的严峻性。破解这一悖论，首先，应认识到完善社会保障制度的重要目的之一，就是满足广大老年人健康长寿的美好生活愿望。其次，要把社会保障制度的完善建立在经济和财力可持续增长基础之上。最后，要贯彻发展型和增权赋能型公共

---

① 刘尚希：《避免政策的"合成谬误""分解谬误"》，《北京日报》2022年5月16日。

政策的理念,进一步发挥社会保障制度提升人力资本、促进经济发展的功能。

三是养老资金准备悖论。一方面,应对人口老龄化必须进行资金准备,公民到老年期可以用积累的资金购买产品和服务;但另一方面,如果大家都去攒钱,可能导致金融市场上越来越多的资金对应越来越少的实体性产品和服务,资金不断贬值,难以发挥应对风险的作用。破解这一悖论,要坚持实体经济和虚拟经济协调发展的导向,重视金融型养老资产的规模和变化,将其规模增长建立在购买力同步提升的基础上。此外,要坚持世界眼光,推进人民币国际化,使我国积累的养老金融资产可以在全球范围内购买和配置养老资源,分散我国的养老风险。

四是生育率悖论。一方面,经济发展是应对人口老龄化的基础,经济越发展,社会福利水平越高,生育率就越低,人口老龄化日益严重;另一方面,在低生育率长期持续的条件下,人口负增长和老龄化越严重,将会从供需两侧影响经济增长潜力,削弱应对人口老龄化的经济基础。破解这一悖论,首先,要打破生育率随着经济增长单向下跌的认识。国际经验已经显示,在很高的人类发展水平和性别平等水平条件下,生育率趋于从过低水平向 2.1 的更替水平收敛。其次,要认识到,提高基本公共服务水平和促进性别平等,在社会范围和家庭内部创造更为合意的职业与"三育"(生育、养育和教育子女)之间的平衡,总和生育率有望得到回升①。最后,要着力推进人口数量红利向人口质量红利和配置红利转变,以质量替代数量,提升人力资本市场的供求配置能力,推动更高质量的经济社会发展。

第三节　实施积极应对人口老龄化国家战略的总体思路和政策取向

今后一个时期,实施积极应对人口老龄化国家战略,需要针对认识和实践误区,因时应势,进行思路更新调整。同时,应根据人口老龄化问题的阶段性特征,聚焦重点领域,针对性施策。

一、总体思路

实施积极应对人口老龄化国家战略,在总体思路方面要与时俱进、因势而新,实现以下"八个转变"。

---

① 蔡昉:《打破"生育率悖论"》,《经济学动态》2022 年第 1 期。

（一）将积极老龄观、健康老龄化理念转变为政策制度安排

《中共中央、国务院关于加强新时代老龄工作的意见》指出："实施积极应对人口老龄化国家战略，把积极老龄观、健康老龄化理念融入经济社会发展全过程"。这是构建与人口老龄化要求相适应的经济社会发展新格局的关键，也是构建与老龄社会相适应的公共政策体系的内在要求。

战略理念要落地生根、变成普遍性战略实践，必须外化为政策制度安排。无论是存量政策制度的调整，还是增量政策制度的创制，都要以积极老龄观、健康老龄化理念为引领，将是否有利于激发老龄社会发展活力、是否有利于发挥老年人积极作用、是否有利于代际协同发展、是否有利于促进全人群全生命周期健康老龄化实现作为重要评价标准。工作实践中，需要尽快建立涉老政策制度的评估审查机制，从积极老龄观、健康老龄化视角对政策制度制定、实施进行全过程的审查和评估，判断政策制度是否直接或间接对国家积极应对人口老龄化战略目标的实现产生不利影响，并据此对政策制度作出必要的调整。

（二）将中国特征转变为中国优势

积极应对人口老龄化是一个全球性战略议题，应对战略举措在各国之间存在趋同性的一面，但更多表现出显著的国别性特征。作为具有几千年优良文化传统的发展中人口大国，中国积极应对人口老龄化的资源禀赋和工具手段具有自身的特殊性。党中央的集中统一领导，为战略实施提供了坚强可靠的组织领导力量；新型举国体制，可以通过科学统筹、集中力量、优化机制、协同攻关，集中协调配置积极应对人口老龄化的战略资源；孝亲敬老的文化传统、注重自我修为的文化基因，为战略实施奠定了良好的思想观念基础；大国优势和城乡、区域发展进程的差异性，提供了战略实施的腾挪空间；作为后发老龄化国家，有先发老龄化国家的前车之鉴做参照，也具备先发老龄化国家在同等老龄化条件下不具备的科技手段优势。实施积极应对人口老龄化国家战略，应当扬长避短，将中国特征转化为中国优势，走出一条符合中国国情、发挥中国独特优势、具有中国智慧的应对之路。

（三）将风险挑战转变为高质量发展的机遇

实施积极应对人口老龄化国家战略是一项长期战略安排，实现高质量发展也是一项长期任务，二者相互促进、相得益彰。一方面，人口老龄化伴随新发展阶段我国高质量发展的始终，构成高质量发展的基本约束条件。积极应对人口老龄化的一系列战略举措，例如产业结构的调整、劳动力的有效供给、高质量为老服务和产品的生产、老龄科技的创新等，本身也是促进高质量发展的重要手段。另一方面，积极应对人口老龄化国家战略的成功实施必须依靠高质量发展做保障。高质量发展积累的社会财富,为建立健全相应的政策制度创造物质条件;高质量发展获得稳定的社会环境,为各项政策措施的施行提供外在环境条件。没有高质量发展的保障,积极应对人口老龄化就会成为无源之水、无本之木①。

在"十四五"时期,应以高质量发展为主题,全面实施积极应对人口老龄化国家战略。一方面"开顶风船",制定正确应对之策,将人口老龄化带来的负面影响转化为推进改革、促进发展、提高人民生活质量的积极因素;另一方面"开顺风船",因势利导,顺势而为,着力挖掘人口老龄化给国家发展带来的活力和机遇。

(四)将政策制度优势转变为治理效能

由制度主义转向行动主义,是提升老龄社会治理能力现代化水平的基本趋势。积极应对人口老龄化国家战略的顶层设计逐步定型完善。在此背景下,今后战略实施的重心应逐步由强调政策制定环节,向强调政策的执行与落实环节转移,不断提高战略行动的效率,跟上国家治理能力现代化的步伐。

将政策制度优势转化为治理效能,关键要做到以下"三个统一":一是坚持党的领导与群众主体有机统一。走好党的群众路线,把党积极应对人口老龄化的战略意图和主张,转化为广大人民群众的思想自觉和行动自觉。二是坚持顶层设计与基层探索的统一。一方面,不断完善政策制度的顶层设计,进一步提升系统性、整体性、协同性,形成战略实施的"全国一盘棋"。另一方面,充分认识基层的差异性,尊重基层的创造性,为地方政策创制提供冗余空间,鼓励基于各地资源禀赋优势的差别化创新。注重老龄政策制度顶层设计对基层探索的吸纳,发挥好顶层设计对基层探索的引领指导作用。三是坚持执行过程与实践效果的统一。严格老龄政策制度执行过程,推行权利清单和责任清单制度,加强对政策制度执行过程的监督。建立结果的绩效考核与监督问责机制,确保政策制度落地生根、产生实效。

(五)将老年人工作转变为积极应对人口老龄化工作

中国已进入人口老龄化急速发展阶段,预计在 2035 年左右迎来超老龄社会。老龄社会的整体结构性变迁现象越来越突出。在此背景下,老龄问题的发展方面日渐显现;老年人工作的思维和实践,越来越难以应对结构性变迁的挑战,而且很容易导致"局部最优解"与"全局最优解"的冲突。

在此前我国人口老龄化水平不高、老龄问题的人道主义方面占主导的情况下,将

---

① 林宝:《积极应对人口老龄化要以高质量发展为目标》,《经济日报》2021 年 2 月 7 日。

老龄工作议题聚焦解决老年人问题,有其合理性。在积极应对人口老龄化已经上升为国家战略的背景下,新时代的老龄工作如果将议题过于聚焦解决老年人问题,无异于刻舟求剑。新发展阶段的老龄工作应该站位更高、视野更宽、格局更大,从服务"国之大者"、贯彻落实国家战略的角度,围绕积极应对人口老龄化这条主线,进行前瞻性思考、全局性谋划、战略性布局、整体性推进。应积极破解就养老问题谈养老问题、脱离发展问题谈老年民生问题、脱离老龄社会形态谈积极应对人口老龄化的思维偏狭。应抛弃将老龄工作狭隘地理解为老年人工作的错误倾向,尽快实现向积极应对人口老龄化工作的转变。

(六)将"老有所养"转变为"养为并举"

总体来看,绝大多数老年人是积极、能动的社会主体,是可以开发利用的宝贵财富和资源。伴随经济社会发展水平提升和老年队列新老更替,老年群体的自我价值实现需求更加凸显。过度地把老年人"养"起来,既不符合积极老龄观的要求,也不符合老年人需求升级的现实逻辑。

2030年前,我国正处于老年人力资源开发利用的机会窗口期。在此期间,实现"养为结合""以为促养",变社会抚养人口为社会生产性人口,是走出一条低成本应对人口老龄化道路的必然选择。应尽快改变此前片面地将老年人作为积极应对人口老龄化行动中需要照顾、优待、救助等客体的错误做法,真正把老年人视为积极、能动的社会主体。在政策制度上,按照《中共中央、国务院关于加强新时代老龄工作的意见》提出的"统筹好老年人经济保障、服务保障、精神关爱、作用发挥等制度安排"的要求,制定出能更多激发老年人潜能、增强老年人参与社会发展能力、发挥老年人积极作用等方面的增权赋能型公共政策。

(七)将"老年友好"转变为"全龄友好"

人口老龄化是人口年龄结构的系统性变化,涉及各个年龄阶段的人口。从生命历程的视角看,公民老年期面临的问题,很大程度上是公民进入老年期之前存在问题不断积累和延续的结果。此外,我们要建设的老龄社会是"不分年龄、人人共享"的社会。过于强调对某一年龄群体友好,可能强化年龄鸿沟,不利于代际和谐共融。基于以上考虑,实施积极应对人口老龄化国家战略,应该树立全人群全生命周期的视角,将"老年友好"转变为"全龄友好"。战略举措应契合代际利益的最佳平衡点和最大公约数,不断促进代际共融共建共享,打造代际利益共同体。应将政策干预的关口前移,统筹解决好不同年龄群体的生育、教育、就业、退休和养老问题,引导公民在中青年时期就全面做好养老的物质、健康、技能、精神等准备,避免中青年时期的问题延续或积累到老年期。

(八)将条块推进转变为统筹协调推进

人口老龄化及其影响具有较大的弥散性和渗透性,常常涉及一系列超越功能边界的非结构化公共事务,并形成诸多超复杂系统问题[1]。积极应对人口老龄化国家战略的实施,必须基于这一特征展开。目前以部门为主导形成的老龄政策制度有碎片化趋势,各类老龄政策制度在不同职能部门发展序列中的排位以及政策优先对象的确定,都要取决于相关部门对老龄事务的理解,叠加部门权责交叉和政策摩擦现象,使实施积极应对人口老龄化国家战略的许多基础性工作难以顺利开展[2]。

统筹协调推进,就是要强化对老龄问题的整体性治理理念,健全战略的协同实施机制,理顺条块关系与条条关系,变分散作战、各自为政的"独唱"为多方参与、齐抓共管的"合唱",确保各项战略措施目标一致、功能协调、衔接配套,形成高效推进的合力。应当在党的领导下,建立不同治理主体的基本认同、信任和亲密合作关系,形成党委统一领导、政府依法行政、部门密切配合、群团组织积极参与、上下左右协同联动的老龄工作机制,为战略实施提供体制机制保障。

二、重点领域及政策取向

实施积极应对人口老龄化国家战略,应根据新发展阶段我国人口老龄化问题的阶段性特征,抓住主要矛盾,聚焦重点问题,针对性施策,带动战略实施向纵深发展。

(一)优化政策制度,打造人力资本综合竞争新优势

实施积极应对人口老龄化国家战略,在人口发展领域的目标就是维持人口适度规模优势,优化人口年龄结构,拓展人口质量红利,提升人力资本水平。

一是完善落实积极生育支持政策及配套措施,打造生育养育友好环境,促进人口长期均衡发展。推动《中共中央、国务院关于优化生育政策促进人口长期均衡发展的决定》落地见效,构建与三孩生育政策相配套的一揽子经济社会政策体系。培育和倡导新型生育文化,提升家庭生育意愿。完善孕前孕产期的优生优育全程服务,发展婴幼儿托育期的普惠托育服务,增加普惠型学前教育供给,有效解决入托难、入园难等社会痛点问题。探索采取现金和税收补贴、购房补贴、提供男女平等的产假和育儿假、推广弹性工作制、完善生育保险政策、建立合理的生育成本分担机制等措施,降

---

① 胡湛、彭希哲:《对人口老龄化的再认识及政策思考》,《中国特色社会主义研究》2019 年第 5 期。
② 胡湛、彭希哲:《应对中国人口老龄化的治理选择》,《中国社会科学》2018 年第 12 期。

低家庭生育的直接费用,以及时间成本和机会成本。

二是提高新增劳动力和存量劳动力的供给质量,实现从人口大国迈向人才强国、以人口质量红利替代人口数量红利。推进基本公共教育均等化发展,促进高等教育内涵式发展,完善职业教育和培训体系,创新发展终身教育,提升劳动者平均受教育程度,培育具有国际竞争力的创新型、复合型、技能型高素质人才队伍。深化产教融合,促进教育链、人才链与产业链、创新链有机衔接。

三是实施积极的就业促进政策,促进人力资源终身开发利用,提高劳动参与率。坚决预防和纠正就业中的年龄歧视。通过加强大龄劳动力在岗继续教育培训、职业健康服务等措施,挖掘大龄劳动力工作潜能。通过开发符合大龄劳动力身心特点的就业岗位,以及提供个性化职业指导、职业介绍、政策咨询等措施,促进大龄劳动力回归就业市场。严格规范提前退休政策,防范各种形式的变相提前退休。尽快落地实施渐进式延迟法定退休年龄政策[1]。

(二)推进产业高质量发展,培育银发经济新动能

应理清产业内涵边界、强化需求驱动、提升供给质量,使银发经济成为我国经济增长新引擎。

一是加强产业规划、标准、目录等基础性工作,为市场主体进入老龄产业发展领域提供基本指引。制定老龄产业统计指标体系,出台老龄产业指导目录,清晰界定老龄产业的内涵和外延。编制老龄产业发展专项规划,明确老龄产业发展的定位、产业体系、产业结构、产业链、空间布局等,给予市场主体稳定的预期和发展空间。

二是提升支付能力和意愿,促进潜在需求转化为有效需求。一方面,要破解支付端的制约。"保险+补贴"制度是培育老龄产业有效需求的基本制度安排,而长期照护保险制度是激发有效需求最重要的制度。应在国家层面尽快明确参保和保障范围、筹资机制、待遇政策、管理服务机制等,建立全国统一的长期照护保险制度。另一方面,要破解观念制约。加快培育现代养老消费意识,使老年群体愿消费、敢消费、会消费。

三是着力推进供给侧结构性改革,补齐3个短板。首先是补齐产业结构不合理的短板。促进老年用品业丰品种、提品质、强品牌,实现老年用品业和服务业协调发展。推动城乡、区域之间老龄产业优势互补、协调联动,居家社区机构服务业态之间

---

① 李志宏:《"十四五"时期积极应对人口老龄化的形势及国家战略对策》,《老龄科学研究》2020年第8期。

融合发展。加快形成以普惠型服务为主体的养老服务供给结构。其次是补齐市场主体活力不足的短板。针对市场主体小、散、乱、弱,产业链短,融合层次低的问题,应提高产业集中度,培育一批老龄产业综合体、集聚集群集约发展示范区和龙头企业。优化投资营商环境,减轻企业的税费负担;降低融资、用地、用工、用电、用网、物流等成本;破除不利于民间投资准入和存在不公平待遇的政策规定,为各类市场主体参与老龄产业创造更为统一、公平的市场环境。最后是补齐要素保障缺乏的短板。通过财政补贴、设立产业投资引导基金、扩大银行贷款抵押担保、上市、发行债券、融资租赁等多种方式加强资金保障,解决融资难、融资贵问题。通过公建民营、细化落实配套建设养老服务设施要求、盘活利用存量资源、促进各类服务设施共建共享、增设商业养老用地科目等方式,解决拿地难、用地贵等问题。通过健全人才的培养、使用、评价和激励制度,提高社会认同感,拓宽晋升渠道,促进劳动报酬合理增长等方式,解决招不来、留不住的用工难问题①。

(三)增进民生福祉,稳步实现共同富裕

民生是为政之要,也是实施积极应对人口老龄化国家战略的重中之重。应从保障和改善老年群体民生,防范和化解老年期收入、健康、失能三大风险的角度,健全社会保障、健康支撑、养老服务三大体系,着重解决老有所养、老有所医和失能后老有所护等问题。

第一,完善多层次养老保障体系。一是完善养老保险制度。以确保公平性和可持续性为导向,改革完善第一支柱基本养老保险制度,推动基本养老保险由制度全覆盖到法定人群全覆盖,完善待遇确定和正常调整机制,逐步缩小各类群体之间的基本养老保险待遇差距。综合采取延迟法定退休年龄、提高缴费年限、开展基金投资运营、划拨国有资本充实全国社会保障基金等措施,缓解基本养老保险支付压力,确保可持续发展。通过制定完善税收等支持政策,鼓励发展企业年金、职业年金和商业性养老保险,推动建立个人养老金账户,多渠道增加公民老年期收入。二是拓展收入渠道。我国经济下行和财政收支压力加大,今后社会养老保障重在保基本、兜底线、促公平。要想进一步改善老年人的生活,还要在优化老年人收入来源和结构上开阔思路、多想办法。比如,通过增加低龄健康老年人的劳动收入、拓展老年人财产性收入渠道、引导家庭转移收入、发展慈善捐赠等方式,为老年人提供多层次经济保障。

第二,加快健全健康支撑体系。要抓住以下 5 个关键:一是抓观念转变。将积极

---

① 李志宏:《银发经济呼唤产业政策升级》,《中国人口报》2021 年 9 月 20 日。

老龄观融入老年健康服务的全过程,树牢"预防优先于康复,康复优先于护理"意识。引导老年人树立积极的预防观、康复观、护理观,主动接受健康教育,贯彻健康管理措施,践行健康生活方式。二是抓制度转型。推进医疗保险制度向健康保险制度转型。重构服务提供方的激励结构,建立人群健康水平越高,服务机构收入就越高的正向激励机制。改变事后买单式的制度安排,通过将健康体检等费用纳入医保等措施,建立居民保持健康状态的激励机制。三是抓结构调整。按照"重心下移、两端延伸"的要求,推进健康服务体系的结构性改革,引导优质资源向老年人的身边、家边、周边聚集,向前端的健康教育、预防保健,以及后端的康复护理、长期照护、安宁疗护延伸。四是抓格局同构。推进养老服务体系和老年健康服务体系在居家、社区、机构层面深入结合、布局同构,最终形成居家、社区、机构相协调,基本公共服务、非基本公共服务和个性化服务相衔接的健康养老服务体系。五是抓公平普惠。把维护健康公平放在优先位置,以保障全体公民的老年期健康权益为出发点,推动城乡、区域、群体间老年健康服务均衡发展,确保全体老年人公平共享健康中国建设成果。

第三,加快完善养老服务体系。一是促进基本养老服务均等化发展。聚焦失能、失智等老年群体的基本生活照料和非医疗性康复护理需要,发展基本养老服务项目。随着经济发展、财力增强和科技进步,适当加大中央财政在基本养老服务方面的事权,逐步拓展基本养老服务的内容、标准和覆盖范围,使所有符合条件的老年人都能够大致均等地获得基本养老服务。二是促进养老服务一体化发展。打破养老服务资源调配的条块分割,在街(乡)层面统筹整合服务资源,在社区层面实现综合供给,真正使各类养老服务资源打通使用、一体化服务老年人。打破服务供给的群体分割,以养老服务设施为主线,推动面向老年人、残疾人、儿童的服务设施集中布局、共建共享。三是促进养老服务协调发展。增加居家、社区养老服务的有效供给,重点发展具有护理和医养结合功能的养老机构,健全转介流程和机制,推动居家、社区和机构养老服务协调发展。加强兜底性养老服务供给,着力发展成本可负担、方便可及、质量可靠的普惠型养老服务,规范发展高端多样化养老服务,逐步形成兜底供养有保障、普惠养老能满足、中高端市场可选择的多层次养老服务供给格局。四是促进养老服务高质量可持续发展。进一步健全养老服务质量标准、认证体系和社会信用体系建设,构建以信用为基础的新型监管体制,加强质量监管,防止"劣币驱逐良币"。通过更多创新举措,降低养老服务业的税费成本、制度性交易成本和要素成本,着力破解困扰养老服务业多年的运营难、融资难、赢利难、招人难等老大难问题,提升养老服务业的可持续发展能力。五是促进养老服务精准化发展。统筹老年人的能力、需求、健康、残疾、照护、消费等评估,建立老年人能力综合评估制度,精准识别服务需求,推进评估结果在全国范围内互认、各部门按需使用。通过建立规范统一、互联互通的智慧养老服务信息平台,推广养老服务顾问制度,促进养老服务供需双方实时精准对接。通过部门联动、全程监管、精准考核等措施进行精细化管理,从较为笼统的管机构,精准到管资产、管床位、管人员、管个案、管服务行为等关键要素管理。

(四)促进社会参与,激发老龄社会内生活力

实施积极应对人口老龄化国家战略,应激发老年人的积极能动性,丰富老有所为平台,促进广大老年群体更好融入和贡献社会。

一是促进从精英参与向大众参与转变。既要发挥"五老"等精英老年群体在社会参与中的引领和示范作用,更要为普通老年群体参与社会搭建平台、创造机会、提供条件,使所有有能力、有意愿的老年人的参与权利得到保障、参与愿望得到尊重、参与才能得到发挥。

二是促进从自发性参与向组织化参与转变。组织化参与有利于降低个体参与的成本和风险。应扶持发展自我管理、自我教育、自我服务的基层老年群众组织,有序引导老年人就地就近参与社会发展。充分利用好关工委、老科协、老体协、老教育工作者协会等全国性老年社会组织,在发挥会员专长、拓展会员发挥积极作用渠道等方面的独特优势。明确专门的部门或组织管理和指导老年人参与社会发展。

三是促进正式参与和非正式参与协同。拓展公共就业服务机构的服务对象范围,为有劳动能力和意愿的老年人提供求职登记、职业介绍与创新创业指导服务。发展老年志愿服务,引导老年人积极参与基层民主监督、社会治安、公益慈善、移风易俗、民事调解、文教卫生、全民健身等工作。以老年人生活的社区为平台,将社区服务项目与老年志愿服务结合起来,拓展老年志愿服务参与社区服务的新模式。

四是促进素质提升与技术赋能并举。转变现行的老年教育理念,发展赋能型老年教育,加强老年教育中职业培训课程体系的设置。推行终身职业技能培训制度,为有劳动能力和意愿的老年人参与职业技能培训提供便利。建立老年人才信息库,推进求职网站和应用软件的适老化改造。鼓励企业依托"互联网+",为老年人提供灵活多样的弹性就业模式。开展面向老年人的智能技术教育,提升老年人的数字素养,弥合"数字鸿沟",促进老年人的数字融入。

五是促进观念、政策共同发力。培育积极老龄观,引导老年人树立终身发展理念,保持自尊自爱自信自强的精神状态,自觉自愿参与社会发展。引导全社会正确认识、积极接纳、大力支持老年人参与社会发展。放宽老年人参加专业技术人员职业资格考试和职业技能鉴定的年龄限制。研究制定老年群体重新进入人力资源市场的法律问题，破除把老年人就业作为民事劳务关系来对待的政策瓶颈。建议把老年人就业的经济活动定性为视同劳动关系处理，在劳动合同期限和社会保障问题上允许灵活对待。

（五）打造安全便利舒适环境，建设全龄友好型社会

一是促进代际共融。将尊老爱幼的传统美德纳入国民教育和社会主义核心价值观宣传教育，引导老年人热情爱护、积极帮助、真诚提携年轻人，推动形成老少共融、代际和谐的家庭氛围和良好社会风尚。

二是支持家庭发挥养老育幼功能。现有社会政策大多以个人为基本单位，应逐步推进以家庭或家庭户为单位的社会政策，实现对养老育幼的一揽子支持。健全完善有利于家庭发挥养老育幼功能的住房、税收、护理假、经济补贴、劳动用工等政策。向需要育儿和照护失能失智老年人的家庭成员提供免费照护知识和技能培训。

三是建设宜居环境。强化全人群全生命周期友好理念，打造全龄友好型城市和全龄友好型社区。贯彻通用型和包容性设计与建造理念，避免住宅和社区随着居住人年龄增加被迫进行新的改造。一体化推进居住生活环境的适老化适幼化改造。探索通过政府购买服务、以奖代补、产业引导、业主众筹等方式进行改造，力争在2030年之前，形成安全便利舒适、老幼咸宜的生活环境。

四是促进数字适老。针对老年人不能用、不会用、不想用、不敢用智能设备和技术的问题，要综合施策。制定智能化终端产品和软件应用开发的适老化标准规范，确保企业紧贴老年人需求特点，生产并提供更多智能化适老产品和服务。民生服务信息化工程要有托底预案，保留一定比例的传统渠道，确保老年人出行、就医、消费、文娱、办事等高频事项和服务场景有老年人熟悉的传统服务方式。加强老年人防范网络电信诈骗宣传教育活动，加大针对老年人的网络电信诈骗打击力度，切实保障老年人安全使用智能化产品、享受智能化服务。

五是加强法治护老。注重源头维权和立法的上游干预，健全完善保障老年人合法权益的法律法规。按照增权赋能的要求，加强针对老年群体的法治宣传教育，提升老年人的自我维权意识和能力。建立完善涉老矛盾纠纷的预警、排查、调解机制，推进老年人权益保障联合执法常态化。建立适老型法律服务、法律援助和司法服务机制。针对老年人权益易受侵犯的重点领域，坚持宣传教育、依法打击、整治规范并举，持续开展专项整治行动。

（六）发挥文化优势，提高积极应对人口老龄化的文化软实力

人口老龄化对文化发展影响深远，文化在实施积极应对人口老龄化国家战略过程中举足轻重。应当发挥我国文化优势，注重文化手段的运用，推进文化养老，厚植成功应对人口老龄化的文化自信。

一是培育和践行积极老龄观、健康老龄化理念。将积极老龄观、健康老龄化理念融入国民教育、精神文明创建、文化产品创作生产全过程。树立导向正确的舆论引导机制，改进并创新对老年人正面形象和价值的宣传，消除社会对老年人、对老年生活的负面刻板印象；整合碎片化的健康教育服务体系，向老年居民提供统一、权威的健康科普知识，加快形成与积极应对人口老龄化要求相适应的老年人观、老年生活观、老龄社会观、主动健康观。

二是传承和弘扬孝亲敬老文化。把孝亲敬老传统美德列为公民道德建设、党员干部教育、村规民约的重要内容。持续开展孝亲敬老文化进机关、进乡村、进社区、进学校、进企业、进单位活动。加强中小学孝亲敬老课程的研究与开发，使之成为培养青少年孝亲敬老行为习惯的载体。支持各地加强干部德孝情况考察，作为干部晋级评先的重要依据。着力培育和表彰孝亲敬老先进典型，让孝亲敬老成为国家意志、公民素养和社会风尚。

三是优化公共文化服务供给结构。以提升为老公共文化服务水平、能力和满意度为核心，充实和调整公共文化服务内容与结构，增加为老服务的文化资源总量。将老年活动场所、养老服务设施与基层公共文化设施进行有机整合，形成集文化、教育、体育和养老服务于一体，具有规模和集聚效应的新型多功能综合性基层公共文化设施。完善老年题材公共文化产品创作生产传播的引导激励机制，打造一批思想性、艺术性和观赏性相统一，深受老年群众喜爱，老少皆宜的文化精品。

四是引导和促进老年休闲文化产业发展。激活市场主体参与"文化养老"的积极性，积极扶植和鼓励文化企业投入适合老年人特点的文化设施设备生产、文化产品供给、老年益智网络游戏开发等，满足老年群体高品质、多样性精神文化生活需要。

五是加强思想政治引领。坚持马克思主义在意识形态领域指导地位的根本制度，完善老年人思想政治教育机制，增强针对性、时效性和实用性，组织引导广大离退休党员和老年人学理论强党性、学形势增信心、学政策解疑惑，成为党的路线方针政策的坚定倡导者、维护者、践行者。

（七）推动老龄科技创新，强化积极应对人口老龄化的科技能力

实施积极应对人口老龄化国家战略应与深入实施创新驱动发展战略相结合，充分依靠科技创新,化解人口老龄化带来的风险和挑战。

一是健全老龄科技政策。将老龄科技政策创新,作为老龄政策创新的重要议题,加快补齐老龄科技政策缺项的短板。建立面向老年人特殊需要的科学技术服务的技术规范、技术标准、服务质量和伦理准则等,提高老龄科学技术服务的安全性、便捷性、有效性。

二是增强科技支撑能力。顺应劳动力减少和人口老龄化的趋势,把科技创新作为加快转变经济发展方式和调整经济结构的重要支撑,增强科技进步对经济增长的贡献度。推进劳动力替代技术、人体机能增强技术以及老年辅助技术和产品的研发应用,冲抵人口老龄化对劳动参与率和劳动生产率的影响。

三是提升老龄产业技术创新能力。加强老年用品产业基础能力建设,实施一批研发类、制造类和应用类重大科技攻关项目,建设标准计量、认证认可、检验检测、试验验证等产业技术基础公共服务平台。鼓励高校、研究机构从事生命科学、工程技术、信息技术等领域的老龄科技创新。支持行业龙头企业联合高等院校、科研院所和行业上下游企业,共建老龄产业创新中心、产业技术研究院。在现有科技产业园区开辟老龄科技产业创新单元,吸引研发机构和企业入园,开展面向老龄社会的科技创新与产业发展经营活动。结合新基建,促进5G、物联网、人工智能、大数据等与老龄产业深度融合,促进老龄产业数字化发展。

(八)完善体制机制,推进老龄社会治理体系和治理能力现代化

一是加强党对老龄工作的全面领导。将积极应对人口老龄化的重点任务纳入党委、政府工作议事日程,纳入经济社会发展总体规划、专项规划和部门规划,纳入政府民生实事,纳入财政预算,纳入党委、政府工作督查考核,使老龄事业的发展与经济社会发展同步规划、同步实施、同步考核,对加强老龄工作做到认识到位、领导到位、措施到位、保障到位。

二是改革完善老龄工作体制,强化协同共治网络。完善中央层面的议事协调机制,建议将全国老龄工作委员会由国务院的议事协调机构调整为党中央的议事协调机构,统筹老龄工作和人口工作。优化政府部门职能设置,解决职能交叉重叠问题。建议整合国家卫健委老龄健康司、全国老龄办、民政部养老服务司,以及中国老龄协会事实上承担的行政工作等职能,组建副部级的国家老龄事务局,作为全国老龄工作的行政主管部门。

三是加强老龄领域的社会组织建设。建议参照全国总工会、全国妇联和中国残联的组织模式,组建新的自上而下、上下贯通的中国老龄协会,赋予其指导地方老龄协会、调动发挥老年人积极性、宣传教育、参与国家和社会事务民主管理监督、资政建言、维护老年人权益、组织文体活动、参与国际交流合作等职责。

四是提升治理的科学化水平。推进跨领域、跨部门、跨层级的涉老数据共享,建设老年人口基础数据管理平台和老龄事业数据直报系统,切实做到底数清、情况明、决策有依据。建立积极应对人口老龄化工作的动态监测和绩效评估制度。引入政策模拟和大数据分析技术,努力提高决策的科学化水平。

第一章　推动人口长期均衡发展[*]

推动人口长期均衡发展是中国人口发展的战略性目标。中国当前人口老龄化态势严峻、人口年龄结构严重失衡,这是人口发展不均衡的重要表现。调整生育政策、维持适度生育水平,是在充分考虑我国经济社会发展水平与资源环境承载能力的前提下,缓解人口老龄化持续快速加深趋势、避免人口规模过快缩减、保持劳动力资源禀赋优势、推动实现人口长期均衡发展的现实选择。

第一节　快速老龄化是人口发展不均衡的重要表现

一、人口长期均衡发展的概念

促进人口长期均衡发展是中国人口发展的战略性目标,也是全面建设社会主义现代化国家的必然要求。

自 1949 年新中国成立以来,我国的人口发展先后经历了诸多问题与挑战,包括人口增长过快、人口规模过大、人口与资源环境关系紧张、性别结构失衡、少子化与老龄化并行发展等。从数量失衡到结构失衡,都是人口发展不均衡的体现。

人口均衡包括内部均衡和外部均衡。内部均衡是指在人口系统内部,规模、素质、结构与分布几大构成要素之间要维持平衡,各要素自身也要保持理想状态。比如,人口规模的理想状态是适度,人口素质的理想状态是不断提高,人口结构的理想状态是各部分比例适当,人口分布的理想状态是区域分布合理。外部均衡则是指人

---

　　* 本章作者:翟振武,中国人民大学人口与发展研究中心主任、教授;彭兰凌、孙青,中国人民大学人口与发展研究中心博士研究生。

口作为一个整体,应该与外部各方面因素的发展相平衡。人口发展既不能落后于经济、社会、资源、环境等外部因素的发展,也不能超出经济、社会、资源、环境等因素所能承受的范围。总的来说,人口均衡发展就是指人口的发展与经济社会发展水平相协调、与资源环境承载能力相适应,且人口总量适度、素质全面提升、结构优化、分布合理,以及人口系统内部各个要素之间协调平衡。随着经济、社会、资源与环境的持续发展,人口的内部均衡与外部均衡不断变化、相互作用,朝着理想的状态发展①。

二、中国人口老龄化的现状与趋势

在人口长期发展的过程中,会出现各种内部和外部的失衡,人口快速老龄化是人口年龄结构失衡的重要表现。2000 年末,全国 65 岁及以上人口占比达到 7.1%,中国迈入了老年型社会。尔后,人口老龄化发展的速度越来越快。2021 年末,全国 65 岁及以上人口占比达到 14.2%,中国已经步入中度老龄化社会。自 2019 年以来,65 岁及以上老年人口规模每年保持 1000 万人左右的巨大增幅,人口老龄化程度日益加深且呈现出不可逆转的态势,2000 年和 2020 年的中国人口金字塔反映出年龄结构的巨大变化。中国的人口老龄化过程呈现如下 3 个特征。

第一,老年抚养比快速提高,劳动年龄人口持续下降。从 1982 年到 2020 年近 40 年间,我国的老年抚养比从 8%迅速上升到 19.7%。老年人口快速增长也意味着劳动年龄人口占比不断下降,15—59 岁的人口占比从 2010 年的 70.1%下降到 2020 年的 63.3%,10 年间下降了 6.8 个百分点,而且,这种趋势还在加快。同时,劳动力规模在持续缩减。自 2012 年起,劳动年龄人口规模达到峰值,此后,每年都以数百万的规模减少。改革开放以来,我国实现了国民经济的持续高速增长,这在很大程度上得益于我国人口转变时期庞大的劳动年龄人口规模与相对而言较低的社会抚养压力。老年抚养比的快速增长与劳动力规模的持续减少,不仅对我国社会养老保障服务体系提出了更高的要求,对未来经济社会发展也形成巨大的挑战。

第二,人口高龄化问题越来越突出。近 3 次全国人口普查数据显示,2000 年、2010 年、2020 年,我国 80 岁以上人口规模分别为 1199 万人、2099 万人以及 3580 万人,占总人口的比重分别为 0.96%、1.57%以及 2.54%,呈现出持续增长的趋势。近 20 年间,我国高龄老年人口年平均增长率约为 5.6%,其增长速度高于 60 岁及以上老年人口增长速度(年平均增长率约为 3.6%)。与低龄老年人相比,高龄老年人自

---

① 翟振武:《建设人口均衡型社会》,《求是》2013 年第 23 期。

理能力更低、患疾病和残疾风险更高,需要得到更多的医疗保障与照料服务。高龄老年人口规模不断扩大,对我国社会养老保障服务体系是重大的考验。

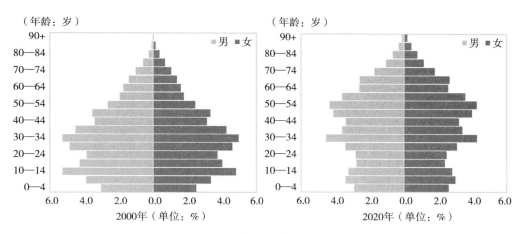

图 1—1 2000 年和 2020 年中国人口金字塔

资料来源:《中国 2000 年人口普查资料》,中国统计出版社 2002 年版;《中国人口普查年鉴 2020》,中国统计出版社 2022 年版。

第三,区域和城乡老龄化程度分化严重。如图 1-2 所示,乡村人口的老龄化程度与发展速度均高于城镇,人口老龄化发展呈现出城乡间、区域间差异不断扩大的态势。改革开放以来,我国人口流动主要是从乡村流向城市、从中西部地区流向东部沿海地区。人口流动对区域人口结构产生了重大影响。根据常住人口统计,我国城镇老龄化程度明显低于乡村,东部经济发达地区的老龄化程度也明显低于中西部经济欠发达地区。以中青年为主的乡—城人口流动,在为城市经济建设带去活力的同时,加快了乡村人口老龄化进程。

三、维持适度生育水平,缓解老龄化过程

随着中国经济社会发展进入新常态,人口形势发生了深刻而持续的转折性变化,也带来了一系列的新挑战。

人口长期均衡发展,要求人口数量、人口结构要与经济、社会、资源、环境状况相适应,实现可持续发展。生育率与死亡率是决定人口数量和人口结构的关键因素。目前,中国的总体死亡水平较为稳定,长期维持在较低水平,生育水平对塑造中国未来人口结构和形态、决定中国未来人口走势起着至关重要的作用。2020 年 10 月,党的十九届五中全会通过的《中共中央关于制定国民经济和社会发展第十四个五年规划和二〇三五年远景目标的建议》将积极应对人口老龄化上升为国家战略;在 2021

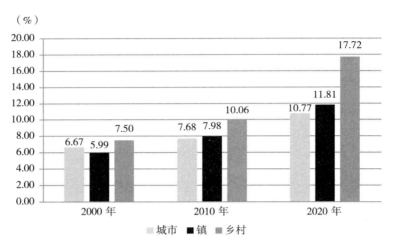

图1-2　65岁及以上老年人口占比

资料来源：《中国2000年人口普查资料》，中国统计出版社2002年版；《中国2010年人口普查资料》，中国统计出版社2012年版；《中国人口普查年鉴2020》，中国统计出版社2022年版。

年3月十三届全国人大四次会议上正式发布的"十四五"规划，强调要推动实现适度生育水平，以积极应对人口老龄化。

所谓适度生育水平，关键在于如何理解"适度"一词。在过去相当长的时期内，人口规模过大、人口增速过快是我国人口发展面临的最突出问题。为了纠正人口数量失衡，我国自20世纪80年代以来，实施了30多年以"一对夫妇只生育一个孩子"为主的计划生育政策。长期以来，限制性的人口政策在控制人口数量过快增长方面取得了巨大成效，我国总和生育率从1992年开始降至更替水平以下并连年降低。然而，生育水平下降与人口年龄结构改变密切相关。中国在生育水平下降的同时，人口年龄结构也开始了老化进程。2016年，国务院颁布《国家人口发展规划（2016—2030年）》，明确提出"到2030年全国总和生育率保持在1.8左右的适度生育水平"。总和生育率保持在1.8左右的适度生育水平，是在充分考虑我国经济社会发展水平与资源环境承载能力的前提下，缓解人口老龄化持续快速加深趋势、避免人口规模过快缩减、保持劳动力资源禀赋优势、推动实现人口长期均衡发展的现实选择。

当前，中国人口发展的主要矛盾早已由数量失衡转变为结构失衡。第七次全国人口普查数据显示，2020年我国出生人口数量约为1200万，总和生育率为1.3，这与前文提到的1.8的总和生育率相去甚远。面对新形势，国家对生育政策进行了一系列调整，努力保持适度生育水平，以缓解日益加剧的人口老龄化进程，促进人口长期均衡发展。

第二节　主动调整生育政策,积极应对人口老龄化

20 世纪 90 年代以来,我国生育率已经低于更替水平。截止到 2010 年,我国总和生育率在 1.7 上下波动,仍呈继续走低的趋势。为了能够推动人口均衡发展,亟须及时主动地调整生育政策,维持适度生育水平,减缓人口老龄化压力。

人口政策是影响我国人口变化的最重要因素之一,不仅在微观上影响亿万家庭的生活,而且在宏观上左右着人口的变化发展趋势和未来的经济社会发展。因此,计划生育政策的调整必须考虑多方因素,尽量使整个过程平稳、有序和可控。我国生育政策的调整完善大致可以分为"三步走"的思路:第一步是改变方向的"单独二孩"政策;第二步是"全面两孩"政策;第三步是实施三孩政策与相关配套措施,基本取消生育数量限制。我国人口政策从过去的降低生育水平转变到保持适度生育水平,从控制人口增长转变到适当鼓励人口增长。生育政策的变迁反映出,人口政策的重心开始从调整人口数量为主,转变为调整人口结构、积极应对人口老龄化为主。

一、启动:改变方向的"单独二孩"政策

2013 年 11 月 12 日,党的十八届三中全会通过的《中共中央关于全面深化改革若干重大问题的决定》提出,实施"一方是独生子女的夫妇可生育两个孩子"的政策①,即"单独二孩"政策,正式拉开了生育政策调整序幕。这是 1985 年农村生育政策调整后,近 30 年来生育政策的第一次全面调整,是生育政策的突破性改变,也是计划生育从控到放、从严到松的一个方向性调整。在原有的"双独二孩"政策基础上,先实行"单独二孩"政策,释放一部分累计的生育能量,有利于实现人口规模和结构均衡发展。"单独二孩"政策在我国生育政策历史进程中,具有方向性和开局性意义。

"单独二孩"政策启动实施之后,我国的生育状况总体保持平稳,人口出生数量基本符合预期,收到良好的成效。"单独二孩"政策启动后,中国出生人口迎来了两个新变化:一是出生人口性别比大幅回落,二是出生人口总数大幅上升。根据国家统计局公布的出生率计算可知,2014 年出生人口总数比 2013 年(1776 万人)增加了121 万人,达到 1897 万人的水平。在 2014 年,出生人口性别比由 2013 年的 117.6 下

---

① 《十八大以来重要文献选编》上册,中央文献出版社 2014 年版,第 539 页。

降至 115.88,降幅高达 1.72 个比点,出生人口性别比在短短一年之内出现前所未有的近 2 个比点的回落。通过增加出生人口来提升少儿人口比例,从而削减老年人口比例、改变人口年龄结构,这是遏制底部老龄化进程迅速演进、改变少子老龄化状况急剧发展的基本策略。实行"单独二孩"政策,一方面可以在一定程度上缓解我国严峻的老龄化形势和劳动年龄人口老化问题;另一方面,又能够将出生人口控制在一定数量内,保证出生人口平稳变化。"单独二孩"政策作为推动人口长期均衡发展的关键一步,在一定程度上有效缓解了老龄化程度、延缓了老龄化进程,为我国应对老龄化挑战赢得更多的时间和胜算。

二、跨步:"全面两孩"政策

"单独二孩"政策虽然是生育政策调整的一个标志性、方向性重大步骤,但又仅仅是生育政策调整过程的一个过渡性环节。对于促进人口长期均衡发展,"单独二孩"政策在有效释放部分生育势能的同时,对减缓老龄化快速演进趋势、改善劳动力供求关系格局的效果还不够理想,生育政策还有继续调整的空间。生育政策调整必然沿着既定方向继续跨步,向"全面放开两孩"的政策方向继续稳步发展,其最终目标是使我国生育水平稳定在能够促进人口长期均衡发展的水平[1]。

2015 年,在"单独二孩"政策实施两年后,党的十八届五中全会决定进一步调整生育政策。之后,十二届全国人大常委会第十八次会议决定,自 2016 年 1 月 1 日起实施"全面两孩"政策。"全面两孩"政策是指所有夫妇,无论城乡、区域、民族,都可以生育两个孩子的政策[2]。实施"全面两孩"政策,是党中央基于我国人口与经济社会发展形势作出的重大战略决策,是沿着"单独二孩"政策开启方向的一次大跨步,也是自 1980 年以来力度最大的一次生育政策调整。调整的目的是使我国生育水平能稳定和维持在适度水平,促进人口长期均衡发展。之所以说"全面两孩"政策是一次大的跨步,一方面是因为两孩政策满足了绝大部分家庭的生育数量需求,释放了绝大部分妇女的生育势能和潜力。生育政策作新一轮调整之前,城镇地区推行的是"一孩"为主的政策,而农村地区则推行的是"一孩半"为主的政策,相当数量的育龄人群受到政策限制不能生育二孩,尽管"双独二孩"和"单独二孩"政策相继得到贯彻落实,但毕竟只涉及部分人群。多次全国性调查结果都显示,妇女生育的平均理想子

---

① 翟振武、赵梦晗:《"单独二孩"政策的前因与后果》,《人口与计划生育》2014 年第 3 期。
② 见《中华人民共和国人口与计划生育法修正案》,2015 年 12 月 27 日。

女数基本在 1.8—1.9 个之间,全国育龄妇女中期望生育三孩及以上的比例不超过 10%。从"一孩"和"一孩半"政策走向"全面两孩"政策,满足了全国 90% 以上妇女的生育数量需求,释放了原来因为政策限制而压抑的生育潜力。另一方面是因为二孩政策涉及面扩大到了全地域、全人群。"全面两孩"政策实施之前,中国生育政策不仅有城乡之间的差别,而且还存在着地区之间的差别、民族之间的差别,甚至地理地貌的差别(山区和平原)、职业的差别(牧民与农民)等等。"全面两孩"政策完全取消了在城乡、地区、民族、职业等方面的差别,让生育政策告别了"碎片化"的时代,实现了全地域、全人群统一政策。

正是由于"全面两孩"政策在数量上和范围上的大跨步,该政策实施后,我国的总和生育率明显上升,总人口规模达到峰值的时间得以推迟。2016 年和 2017 年的出生人口数分别为 1883 万人和 1765 万人,与 2015 年相比,新增出生人口数分别为 229 万人和 111 万人。我国少儿人口规模和比例得到显著提升,劳动年龄人口规模持续减少的趋势将会延缓,人口老龄化在一定程度上减轻。

三、收官:实施三孩政策与相关配套措施

第七次全国人口普查数据表明,我国总和生育率已经下降到 1.3 的水平。按照国家的战略部署,为了进一步改善人口结构、落实积极应对人口老龄化国家战略,中国的生育政策再次作出重大调整,全国范围内实施一对夫妻可以生育三个子女的政策及配套支持措施。2021 年 5 月 31 日,中共中央政治局召开会议,审议《关于优化生育政策促进人口长期均衡发展的决定》,提出进一步优化生育政策,实施一对夫妻可以生育三个子女的政策及配套支持措施。同年 8 月,十三届全国人大常委会第三十次会议审议并通过了《中华人民共和国人口与计划生育法修正案》,从法律上明确规定:"实施一对夫妻可以生育三个子女政策;取消社会抚养费,生育四孩或更多子女不再受罚;采取支持措施,减轻家庭生育、养育、教育负担"。随后,政策端频繁发力,各部门纷纷出台各种支持生育的配套政策,比如延长产假政策、建设婴幼儿托育服务体系政策、3 岁以下婴幼儿照护个人所得税减免政策、教育"双减"政策等。

实施一对夫妇可以生育三孩的政策,是"全面两孩"政策合乎逻辑的进一步延伸。从"单独二孩"到"全面两孩",再到"可以生育三孩",政策允许的生育数量不断提高,涉及的人群范围不断扩大。虽然一对夫妇可以生育三孩政策本身还是包含了一定生育数量的限制,但是,由于想生育四孩及以上的夫妇比例非常低,对绝大多数夫妇来说,"可以生育三孩"基本上等于取消了生育限制。另外,新政策还取消了征

收社会抚养费的条款,意味着即使有部分夫妇生育了4个及以上孩子,他们也不会受到任何处罚。因此,仅从生育数量限制的角度讲,"可以生育三孩"政策事实上取消了生育限制,是20世纪80年代以来限制生育数量政策的收官和谢幕。

更为重要的是,新的政策中更加突出了配套实施积极生育支持措施。随着经济社会的快速发展,在中国生育率持续下降过程中,限制生育数量政策的影响和作用不断减小,而经济社会发展对生育率的影响和作用在持续增长。2000年以来的低生育率形成过程中,经济社会发展因素起着决定性作用。中国进入了"内生性"的低生育率时期,外在生育政策的影响变得越来越小,生育政策对个人生育的调节作用已经越来越微弱。考虑到生育率影响因素的变化,新政策除了明确放宽生育数量限制,从二孩提高到三孩,更大力度、全方位突出强调了实施积极生育配套支持措施,例如建立积极生育支持政策体系,完备服务管理制度,提高优生优育服务水平,加快建设普惠托育服务体系,显著降低生育、养育、教育成本,建立生育友好型社会环境,等等,以此推动生育水平适当提高,进一步优化人口结构。

第三节 生育政策调整与人口结构变化

一、人口年龄结构得到有效改善

近年来生育政策的逐步放开,是在权衡人口结构性失衡问题与经济社会发展和资源环境压力之间作出的合理选择,在提振生育水平、适当缓解人口老龄化态势、降低出生人口性别比、改善家庭代际人口结构等方面起到一定作用。

具体来看,在"单独二孩"与"全面两孩"等政策的影响下,我国人口性别、年龄结构得到了显著改善,出生人口性别比稳步下降,少儿人口数量与占比也出现了增加。第七次全国人口普查数据显示,2020年我国出生人口性别比为111.3,与2010年相比,降低了6.8,性别结构逐渐趋向正常水平。从年龄构成上看,2020年我国0—14岁人口占总人口比重为17.97%,与2010年相比,上升了1.35个百分点,数量增加了3092万人。其中,很大一部分是由受生育政策调整影响新增的二孩及以上孩次新生人口贡献的,出生人口中二孩占比从2013年的30%左右升高到2017年的50%左右[1]。

---

[1] 《第七次全国人口普查主要数据结果新闻发布会答记者问》,2021年5月11日,见http://www.stats.gov.cn/tjsj/sjjd/202105/t20210511_1817269.html。

二孩生育率在"单独二孩"政策实施后大幅上升,"全面两孩"政策实行后更是超过了一孩生育率,从 2013 年的 0.5 以下提升到 2017 年的 0.8 以上;此外,多孩生育率也出现明显上升,从 2013 年的 0.07 提高到 2019 年的 0.15。如果没有对计划生育政策进行调整,二孩及多孩生育率都继续维持 2005—2012 年的平均水平,那么,随着一孩生育率的下降,总体生育水平也必然会出现更加严重的下降趋势①。

二、现存问题与生育率变化趋势

从"单独二孩"到"全面两孩",再到"可以生育三孩",我国生育政策的调整对提振生育水平、缓解人口结构老龄化态势起到积极效果。然而,随着政策效应的消退,中国生育率出现回落,出生人口数大幅下降。生育政策调整使得积压的生育意愿得到一定程度上的释放,但年轻人后续生育意愿仍然严重不足。要解决当前生育率低的问题,在放宽生育限制的同时,还需要关注育龄人口生育意愿低迷的其他影响因素,完善生育支持体系。

进入 21 世纪以来,中国育龄人群的生育环境发生了巨大变化,过去影响中国生育水平的因素虽仍在起作用,但许多新因素开始凸显并在生育率走低的过程中逐渐占据主导地位。市场经济体制改革,对外开放力度增强,家庭养育负担加重,就业市场竞争激烈,城镇化大力推进,社会流动日趋频繁,文化观念快速变迁……这些经济社会环境的剧变无一不对中国的生育率变动产生影响。

经济因素方面。第一,我国进入全面建设小康社会阶段后,群众的收入水平大幅度提高,养育孩子的成本不断增加,孩子的效用却在降低。家庭越来越重视孩子的质量而非数量,对孩子的需求也随之下降。第二,我国近年来房价收入比居高不下,高昂的购房成本、飞速上涨的房价导致部分年轻人债务负担过重,承担生育成本的支付能力下降,故而选择推迟生育或减少生育。第三,随着优生优育观念的推广,家庭负担的生育养育物质成本与时间成本较过往大幅提高。学区房负担、择校费、校外培训费等是教育物质成本中最重要的组成部分,教育支出在我国居民家庭消费总支出中的占比居高不下,加之教育孩子过程中需要大量时间和精力,令家长们筋疲力尽,许多家庭无力承担,生育意愿受到抑制。第四,随着市场经济体制不断完善,我国市场竞争加剧,就业压力日益增加,青年就业问题较为突出,就业不稳定使年轻人不断推

---

① 陈卫:《中国的低生育率与三孩政策——基于第七次全国人口普查数据的分析》,《人口与经济》2021 年第 5 期。

迟婚育时间,阻碍生育率提升。

社会因素方面。第一,在当前生育支持配套措施尚不完善、职场竞争加剧的情况下,中国女性保持着较高的劳动参与率及传统的家庭内部性别分工模式,女性的劳动参与和育儿负担之间产生了剧烈冲突。很多女性无法兼顾家庭与事业,只能选择减少生育。第二,中国正处于城镇化加速发展阶段,快速的城镇化进程与频繁的社会流动带来了生育观念、生育行为的变化,不论是由于垂直流动带来的消费结构的改变还是因水平流动带来的工作状态、生活环境的不稳定,都使人们倾向于选择减少生育。第三,我国当前存在非意愿妊娠增多、人工流产数量居高不下的现象,不仅降低了生育率,也增大了发生继发性不孕的风险,对女性生殖健康造成损害。第四,当代社会,婚姻及家庭的模式开始变得更加复杂和多元化。由于传统婚恋观念的改变、个体主义的兴起以及过高的消费预期,我国适龄人口婚姻推迟速度越来越快。而在我国婚外生育情况较少的情况下,婚姻和生育具有递进性,婚姻推迟所导致的生育推迟对生育水平有显著抑制作用。此外,中国适婚人口未婚比例不断增加,提高了终身不婚的可能性,生育率不可避免地受到抑制。第五,我国在10余年来逐步建立起覆盖城乡、包括养老保险和医疗保险在内的全方位社会保障体系,传统家庭养老方式受到很大冲击,逐渐朝着"社会养老、家庭养子"的格局演变,子女作为父母老年生活保障来源的实际功能效用降低,从而改变了家庭对孩子的需求,对生育行为产生负向影响。第六,随着经济社会的发展,双职工家庭的数量不断增长,挤占了家庭抚养子女的时间。同时,家庭结构规模逐渐缩小,使得子女照料工作大多由父母尤其是母亲承担,这令许多家庭不堪重负,因此产生了较高的托育服务需求。然而,针对3岁以下婴幼儿群体的社会化照护服务供给极为不足,供需失衡现象十分严重,还存在结构失衡、质量不均、服务僵化等问题,这在一定程度上抑制了育龄父母尤其是育龄女性的生育意愿。

文化因素方面。第一,目前国内的教育焦虑已经成为社会流行现象。受到对子女教育的重视和代际向上流动期望的影响,我国居民在生育态度的形成上,除自身因素外,会更多考虑与子女未来发展相关的因素,例如成长中的教育竞争。这种现象除了给已经有孩子的家庭带来巨大负担之外,也让还没有生育的人群对养育子女产生未知的恐惧,影响了我国的总体生育意愿和生育水平。第二,新的婚育观念逐渐形成,并随着互联网和社交媒体的迅速发展得以广泛传播。传统的生儿育女、传宗接代的价值观念逐渐弱化,目前的生育群体更注重自己的生活质量,晚婚晚育、少生甚至不生的现象越来越常见。互联网的普及让这些文化更容易找到共鸣、汇聚声量,从而产生更大范围的传播。被算法与流量支配的社交媒体,也让人们更容易受到网络舆论的影响。

可以预见,在现有的社会、经济、文化条件不发生改变的情况下,未来中国的生育趋势将会维持在当前的低水平,并且还有进一步降低的可能,与适度生育水平存在相当的距离。为保持适度生育水平、缓解人口老龄化进程,在生育支持政策体系建设方面,还有大量的工作要做。

三、进一步打造生育友好环境,全力保持适度生育水平

为了进一步打造生育友好环境,将生育率维持在适度水平,应从以下几个方面着力推进。

其一,积极实施生育支持政策,从多个维度降低家庭生育和养育成本,创造生育友好和养育友好的社会环境。在就业、税收、医疗、家庭消费和融资等领域制定相关政策,减轻家庭生育和养育的经济压力。比如,通过完善生育保险制度,减少生育直接产生的费用(如产前检查、住院分娩等),保障生育和养育期女性的经济收入稳定;制定生育津贴、育儿补贴、儿童津贴制度,向生育二孩、三孩的家庭发放育儿补贴;在税收方面,对有子女和多子女家庭实施更大力度的个人所得税减免措施;在公共医疗领域提供更加完备和便利的服务,建设儿童医疗机构,在社区卫生服务中心增设儿科门诊和儿童专科医院,并在公立三甲医院增设儿童夜诊室,将一些自费疫苗纳入医保或免费接种疫苗目录。

其二,推动住房制度改革,缓解育龄人口过重的购房、租房负担。在完善房地产市场调控、促进房地产业高质量发展的同时,要统筹推进住房刚性需求、改善型需求和租赁型住房的发展,推动住房制度改革。对于首次置业人群,尤其是具有一定支付能力的年轻人群,应当提供更多的政策优惠,例如减轻税负、降低首付比例、给予较低贷款利率等,更大程度满足这类人群的住房刚性需求,为促进其生育创造有利的住房条件;积极落实"租购同权",切实保障承租家庭与自有住房家庭同等地享有子女就近入学等基本公共服务权益,增强社会大众对租赁型住房的认可度,提升居住在租赁型住房居民的生活满意度,促进承租家庭的生育意愿释放;多孩家庭可获得住房购买、租赁等方面的优惠倾斜。

其三,实现公共服务均等化,加大公共教育投资力度。政府必须加大改革力度,打破地区分割局面,实现公共服务均等化。尤其是公共教育方面,要推动教育资源向欠发达地区倾斜,并不断提升各学段公共教育的质量和水平,优化公办教育资源配

置。教育早期阶段的财政投入越大,提高社会生育意愿的效果就越显著。政府应加大对婴幼儿和早期教育的财政投入,还要做好公共教育服务的精准供给,减少其受到家庭资源约束所造成的后顾之忧,推动生育意愿的释放。比如,在义务教育阶段,政府应合理布局公办学校,加大对学龄人口多的区域的教育支出,优化公办学校制度环境,提高公办学校教学质量,加强公办学校之间、公办学校与优质民办学校之间的互助,缩小校际办学差距,努力让每个孩子都能享有公平且有质量的教育。此外,还可通过政府补贴、政府购买服务等手段加大公共财政对非营利性民办义务教育学校的支持,降低人民群众的教育成本。

其四,创造性别平等环境,增强社会保障能力,缓解女性"家庭—工作"冲突。首先,政府、企业和个体应共同参与进来,营造性别平等文化,增强社会保障能力,消除女性在工作单位的不公正待遇,同时也呼吁男性与女性共同承担家庭照料责任。其次,政府应继续完善劳动市场保护,降低女性生育风险,缓解女性"家庭—工作"冲突。积极出台有关女性生育后再就业的相关法律法规制度。比如,日本在2002年全面实行的育儿休业法规定,无论男女,养育不满一岁婴儿的正式从业人员可以提出休假,企业不能拒绝,也不能以此为由予以解雇。进一步延长生育多孩的产假、哺乳假和带薪休假时间,让生育多孩家庭有更多时间养育孩子。根据行业情况设置女职工比例低限,督促落实女职工产假制度和各项权益。同时,为生育后的女性提供各种就业信息和培训机会,给予一定就业补贴,给女性再就业创造更多条件。最后,积极完善社会公共服务与设施,增设公立育儿场所,解决年幼孩子的照料问题。用人单位应坚持性别平等的雇佣观念,对女性职工采取特殊的生育照顾措施,可以在单位附近建立育儿机构并附属育儿设施,如哺乳室等,为女性生育孩子后重返工作岗位提供便利条件。

其五,大力促进0—3岁婴幼儿托育服务发展。目前,我国0—3岁的婴幼儿托育服务仍处于起步阶段,不论在供给数量还是在供给质量上都存在明显不足。建立完善的早期婴幼儿托育服务体系,提供高质量的托育服务,是完善生育支持政策的重要环节,因而,托育服务的供给侧结构性改革迫在眉睫。构建更完备的托育服务供给体系,需要在以下几个方面发力:第一,政府应加大政策扶持力度,通过补贴、政策优惠等方式,扩大托育服务供给。对于普惠型托育机构,应该合理设置收费标准,对入托费用实行最高限价。可以通过加大政府补贴力度,让托育机构保有一定利润,以此激励民办托育机构的设立。第二,鼓励探索多种形式的托育服务。在供给主体上,由政府主导的同时,也需要整合社会资源扩大覆盖面,利用多种途径,增设托育机构,为有需要的家庭提供专业化、差异化、多样化的托育服务;在服务模式上,为满足家庭的实际需求,应提供丰富的托育服务模式,以全日制托育服务为主体,半日制、临时托管、计时托管等服务为补充。第三,针对不同地区的托育服务需求差异化对待。我国不同地区的经济社会发展水平还存在不均衡现象,托育服务的发展水平有较大差异,人民群众对托育服务的要求也不尽相同。相对落后地区需要建立更多的公立普惠型托育机构,相对发达地区应鼓励市场力量参与发展民办普惠型托育机构,对于不同地区的托育服务应进行差别化管理。第四,需提升托育机构的便利性,鼓励托育机构延长保育时间,推广休息日保育、临时保育、夜间保育等多样化的托育服务,鼓励社区、街道开办配套的婴幼儿照护中心。

其六,积极应对教育竞争,有效缓解教育焦虑。当前,全社会普遍的教育焦虑既是进入高收入社会阶段后民生需求不断升级的具体体现,也与不均衡的教育资源配置和不合理的教育评价体制有关。缓解教育焦虑,根本在于更加公平的教育资源分配,以及社会更加多样化的人才就业出路。国家已经在打击课外培训、回归学校教学方面发力,推动"双减"政策全面落地。同时,在舆论宣传上要淡化"鸡娃"和教育焦虑,突出教育目标和就业需求的多元性,并强调孩子身心健康、全面发展的重要性。

其七,做好生育价值观念的引导工作,加快家庭婚育文化建设步伐。婚嫁、生育、养育、教育要一体化考虑。在婚嫁方面最重要的是生育价值观念引导,不必一味地重复强调生育的社会责任,这种方式容易引起年轻人的逆反心理;而是应该积极引导人们从多角度深入挖掘生育价值,避免用单一的经济思维来看待生育问题。同时,相关宣传引导的设计也不能只聚焦到生育年龄段,正确的婚育观念引导应该覆盖不同年龄段。这样,大家在生育旺盛期才能愿意生、能够生。比如,让孩子们在原生家庭中感受到父母相亲相爱,让他们对婚姻、家庭充满向往。此外,积极采取措施,通过对婚嫁陋习、天价彩礼等不良社会风气进行治理,助力婚姻、家庭幸福稳定。

第二章 促进养老服务高质量发展[*]

伴随着我国人口基本国情的转变,积极应对人口老龄化已上升为国家战略,促进养老服务高质量发展也成为这项战略任务中的关键一环。在过去的10年间,我国的养老服务政策体系不断健全,养老服务的供给规模、保障类别、产业发展等方面取得突出进展,但同时也面临着诸多挑战。在细致分析养老服务发展现状的基础上,笔者对"养老服务高质量发展"的内涵进行界定,提出了促进养老服务高质量发展的重点任务、主要思路与具体路径。

第一节 促进养老服务高质量发展的宏观背景

一、促进养老服务高质量发展的人口背景

(一)老龄化呈现加速度发展的新格局

按照国家统计局公布的数据,2021年末,我国0至15岁的少年儿童人口数为2.63亿,占全国人口的比重为18.6%,与2020年相比下降0.4个百分点。而60岁以上的老年人口数为2.67亿,占比为18.9%;65岁以上的人口则突破2亿,占比首次超过14%[①];两者的比重分别比2020年上升0.2个和0.7个百分点。由此可见,我国人口金字塔"头重脚轻"的态势越发显著,人口发展的矛盾已从数量性向结构性转变[②]。

---

* 本章作者:陆杰华,北京大学社会学系教授、北京大学应对老龄化国家战略研究中心主任;黄钰婷,北京大学社会学系研究生。

① 王萍萍:《人口总量保持增长,城镇化水平稳步提升》,2022年1月18日,见http://www.stats.gov.cn/tjsj/sjjd/202201/t20220118_1826538.html。

② 陆杰华、林嘉琪:《中国人口新国情的特征、影响及应对方略——基于"七普"数据分析》,《中国特色社会主义研究》2021年第3期。

此外,依据国际标准,在2021年,我国已从轻度老龄化社会转为中度老龄化社会。若将历次全国人口普查数据里老年人口数量和比重的曲线绘制出来,便可发现其斜率始终保持显著增长的趋势,老龄化呈现加速度发展的新格局。

(二)家庭养老负担加重且功能弱化

在中度老龄化社会这一新形态下,传统的家庭养老方式面临着较大挑战。其一,人口红利下行。2020年全国老年人口抚养比为19.7%,相比2010年提高了近8个百分点[①],劳动力的养老负担愈加沉重。其二,家庭规模小型化。我国平均家庭户规模已从2010年的3.1下降至2020年的2.62[②],家庭的养老基础和养老功能日渐薄弱。其三,伴随着人口流动和居住意愿的转变,空巢独居老人的数量和比例也逐步增加。第四次中国城乡老年人生活状况抽样调查结果显示,我国空巢老人已超过1亿人,且有超过半数的老年人独居或仅与配偶同住[③]。因此,传统的家庭养老方式已难以满足庞大的养老照护需求,亟须引入社会化养老方式来提供养老支持和分担养老压力。

(三)老龄人口素质提升与内部异质性明显

第七次全国人口普查数据显示,我国老龄人口素质不断提升。健康素质方面,我国人口的预期寿命逐年增长,高龄老人的规模和比重也随之增大。2020年,80岁以上的人口有3580万人,占全国人口的2.54%。文化素质方面,2020年,60岁及以上的老年人中拥有高中及以上文化程度的比重为13.90%。这些老年人有较好的知识、技能优势,对养老服务也相应提出了更高的要求。与此同时,老龄群体内部的异质性也不断扩大,低龄健康的老年人对于精神文化活动和社会公共参与的需求更为显著,而高龄多病的老年人对生活辅助和医疗照护的需求则更加突出。因而,推动养老服务多元化、高质量发展已是适应当前人口新国情的必然选择。

二、促进养老服务高质量发展的经济社会背景

(一)新发展阶段呼唤养老服务高质量发展

党的十九大报告指出"中国特色社会主义进入新时代",并在经济层面首次提出"由高速增长阶段转向高质量发展阶段"的新要求。此后,2019年的《政府工作报

---

① 国家卫健委老龄健康司:《2020年度国家老龄事业发展公报》,2021年10月15日,见http://www.nhc.gov.cn/lljks/pqt/202110/c794a6b1a2084964a7ef45f69bef5423.shtml。

② 国务院第七次全国人口普查领导小组办公室编:《2020年第七次全国人口普查主要数据》,中国统计出版社2021年版,第8页。

③ 党俊武主编:《中国城乡老年人生活状况调查报告(2018)》,社会科学文献出版社2018年版,第25页。

告》将"坚持新发展理念,坚持推动高质量发展"拓展为经济社会发展的总体要求。2021 年发布的"十四五"规划更是明确指出,要坚持"以推动高质量发展为主题"的指导思想。养老服务作为社会发展的重要维度,关乎人民生活的获得感、幸福感和安全感。促进养老服务高质量发展既符合党和国家的要求,又回应了新时代的呼唤。

(二)经济社会发展为养老服务高质量发展提供坚实基础

"十三五"时期,我国经济社会发展取得了伟大的历史性成就,经济实力、综合国力和人民生活水平均迈上新的台阶,建成了世界上规模最大的社会保障体系,基本医疗保险覆盖人数超 13 亿,基本养老保险也覆盖了近 10 亿人。雄厚的物质资源和良好的社会环境为养老服务发展提供了坚实基础,对供需双方均产生积极促进作用,一方面可推动供给方创新服务方式、提高服务品质,另一方面也使需求方选择养老服务的意愿和能力得以大幅提升。

(三)人民养老新需求助推养老服务高质量发展

在全方位全周期的大健康观和"医—养—康—护"四位一体等新理念的引导下,人们对养老服务的需求更加多元,对养老服务质量的关注更加强烈,对社区居家养老模式的期待也更加高涨。有研究显示,2015 年老年人自报需要照护服务的比例相比前 10 年显著上升,需求结构包含了医疗健康、日常生活、心理咨询、法律/维权等多个层次[1]。这些新需求均成为养老服务高质量发展的重要助推力量。

(四)实施积极应对人口老龄化国家战略使养老服务高质量发展迎来新的机遇期

2020 年,党的十九届五中全会明确指出"实施积极应对人口老龄化国家战略",此后,该战略被专门纳入国家"十四五"规划中。党和国家对于人口老龄化工作的高度重视、对完善养老服务体系的坚定决心、对其作出的一系列制度安排,均为促进养老服务高质量发展提供了重要支持。"十四五"时期亦成为养老服务转型的重要窗口期和机遇期。

三、促进养老服务高质量发展的重要意义

(一)促进养老服务高质量发展是实施积极应对人口老龄化国家战略的重要支撑

《中华人民共和国国民经济和社会发展第十四个五年规划和 2035 年远景目标纲

---

[1]　党俊武主编:《中国城乡老年人生活状况调查报告(2018)》,社会科学文献出版社 2018 年版,第 32 页。

要》从推动实现适度生育水平、健全婴幼儿发展政策和完善养老服务体系3个方面，为积极应对人口老龄化国家战略指明了重点实施方向，其中对于养老服务的规划和安排最为详尽。促进养老服务高质量发展可以有效催生银发经济，甚至促进第二次人口红利产生，既是把握老龄社会发展机遇的主攻方向，也是实施积极应对人口老龄化国家战略的重要支撑。

（二）促进养老服务高质量发展是化解新时代我国社会主要矛盾的关键举措

当前，我国社会主要矛盾已经转化为人民日益增长的美好生活需要和不平衡不充分的发展之间的矛盾，而在养老服务领域，突出表现为老年人对于安享晚年的美好愿望和养老服务供给不平衡不充分之间的矛盾[①]。家庭规模小型化、家庭养老功能弱化、老龄化速度加快，均使得人们对于社会养老服务的需求日益扩大。因此，扩大养老服务供给、提升养老服务质量是化解新时代社会主要矛盾的关键举措。

（三）促进养老服务高质量发展是践行以人民为中心、共享发展成果的必由之路

为人民服务是党的根本宗旨与初心使命，以人民为中心更是新时代坚守的发展思想。党和国家始终坚持发展为了人民、发展依靠人民、发展成果由人民共享的发展理念，致力于建设共建共治共享的社会治理新格局。当代的老年群体是新中国艰苦启程之途的主要建设者和见证人，是为中国特色社会主义发展作出过杰出贡献的一代，理应在晚年享受高质量的养老服务，实现对社会发展成果的共享。

（四）促进养老服务高质量发展是全面建设社会主义现代化国家的必然要求

"十四五"时期是开启全面建设社会主义现代化国家新征程的第一个5年，需要在经济社会等各领域都继续强优势、补短板。现阶段，我国的养老服务还有较大提升空间，存在区域发展不平衡、产业标准待完善、专业人才尚欠缺等诸多难题。促进养老服务高质量发展，有利于补齐民生保障的短板、强化社会治理的弱项，为全面建设社会主义现代化国家开好局、起好步。

第二节　高质量视角下养老服务发展现状与挑战

一、养老服务发展相关政策体系

自2010年后，养老服务相关法律法规、规划制度和政策建议不断完善并细化。

---

① 杨翠迎、刘玉萍：《养老服务高质量发展的内涵诠释与前瞻性思考》，《社会保障评论》2021年第4期。

法律层面上,全国人大常委会多次修订与修正《中华人民共和国老年人权益保障法》。该法是我国养老服务依据的标志性法律,在"社会服务"章节中,对服务的形式、服务提供的主体责任、服务的监督检查措施、养老机构的服务标准、老龄健康及老龄产业发展等方面均进行了明确规定。顶层设计上,党中央、国务院于2019年印发《国家积极应对人口老龄化中长期规划》,国务院于2022年印发《"十四五"国家老龄事业发展和养老服务体系规划》。前者指出要"打造高质量的为老服务和产品供给体系",后者则更加细致地提出了"十四五"时期国家养老服务发展任务的主要指标。

在具体政策方面,我国已初步建立起支撑养老服务发展的制度框架,包含《关于制定和实施老年人照顾服务项目的意见》《关于推进养老服务发展的意见》《关于促进养老托育服务健康发展的意见》《关于加强新时代老龄工作的意见》等多个国家层面的文件。可以看到,随着对养老服务和老龄需求的认识更加深入,表述从"持续完善居家为基础、社区为依托、机构为补充、医养相结合的养老服务体系"转变为"构建居家社区机构相协调、医养康养相结合的养老服务体系和健康支撑体系",政策指示更加契合新时代的发展客观要求。此外,在国务院办公厅印发的《关于全面放开养老服务市场、提升养老服务质量的若干意见》《关于建立健全养老服务综合监管制度、促进养老服务高质量发展的意见》两个文件中,着重强调了"养老服务质量",通过加强养老服务业的供给侧结构性改革,积极引导、公正监管,让养老服务机构优化服务质量、提升群众的满意度。

二、养老服务发展的主要进展

(一)养老服务供给规模日趋扩大

截至2021年底,我国养老服务机构和设施的数量达到35.7万个,包含社会福利院、特困人员救助供养机构和社区养老机构等多类别的机构;床位数达813.5万张,其中半数是护理型床位①。这些设施可满足不同情况老年人的差异化养老需求,尤其能让经济困难的高龄、失能老人得到更好照顾。此外,随着居家社区养老服务模式的发展,城乡社区养老服务驿站也普及开来。这些"幸福晚年驿站"打通了养老供给的"最后一公里",让老年人得以在熟悉的环境内享受助餐、休闲、保健等一系列服务,极大便利了老年人的生活。

(二)养老服务社会保障稳步提升

"十三五"时期,我国老年人的社会保障水平稳步提升。一方面,福利覆盖范围

---

① 俞建良:《推动新时代养老服务迈向高质量发展》,《中国民政》2022年第5期。

逐渐扩大。截至 2020 年末,共有 3853.7 万老年人可享受老龄补贴;其中,享受高龄补贴的超 3000 万人,享受护理补贴的有 80 余万人,享受养老服务补贴的有 535 万人①。长期护理保险的试点城市也进一步扩大,两批共 49 个城市正进行相关探索。另一方面,老年福利支出日益提升,企业退休养老保险待遇和城乡居民基础养老金均有一定上涨。2020 年,全国共支出老年福利经费 385.7 亿元、养老服务经费 131.3 亿元,既强化了政策的兜底保障功能,又有助于推动养老服务供需协调发展。

(三)养老服务体系内容逐步丰富

从"医养相结合"到"医养康养相结合"的调整转变,充分体现出我国养老服务体系的内容愈加多样。现阶段,人们认识到老龄的多阶段性和多层次性,提出"医—养—康—护"四位一体的服务模式,以适应老年人从健康到衰弱的全周期全方位需要,保障养老服务的综合性与连续性,努力在实现老人自身意愿基础上提升其生命的品质。此外,越来越多的城乡社区开始基于当地人口特征和资源优势,发展出结对互助养老、志愿服务养老等因地制宜的特色服务方式,让各地区的养老服务更加高效、丰富。

(四)老龄事业产业协调发展势头良好

在政府的鼓励、支持和引导下,我国老龄事业和老龄产业均得到了加速发展。老龄产业是以老年人口为目标对象的产业体系,是由老年消费市场需求带动形成的多方面行业部门的总称②。当前,我国老龄产业的规模逐渐扩大、领域逐渐增多。养老服务产业作为其中支持政策最多、成长最迅速的板块,已拓展出"物业+养老""智慧养老"等多种创新模式,吸引了诸多社会资本投入其中。老年群体日渐提升的消费水平,也将成为老龄产业发展的重要推动力。

(五)老年人的养老需求得到基本满足

随着我国进入新发展阶段,"老有所养、住有所居、病有所医"的目标基本实现。全社会已经营造了较好的敬老孝老环境,大部分公共服务场所均配备了老龄友好的服务和设施。老年人遭遇困难时,可以及时快速地得到回应和帮助。在"社会治理和服务重心向基层下移"的推动下,各个社区的任务清单中也将发展养老服务作为惠民工作的重要一环,让老年人在衣食住行上无后顾之忧、在心理方面的需要得到满足。

---

①　民政部:《2020 年民政事业发展统计公报》,2021 年 9 月 10 日,见 http://images3.mca.gov.cn/www2017/file/202109/1631265147970.pdf。
②　陆杰华、王伟进、薛伟玲:《中国老龄产业发展的现状、前景与政策支持体系》,《城市观察》2013 年第 4 期。

三、养老服务走向高质量发展面临的突出挑战

（一）区域发展不平衡

2020 年第七次全国人口普查数据显示,我国城乡以及各地区的老龄化程度具有显著差异。城乡方面,乡村老年人口比重较城镇高出近 8 个百分点;从社会经济分区来看,东北地区的老龄化程度最深,中部和东部地区次之,西部地区最轻①。但从现实的养老资源分布上看,上述老龄化水平较高的地区占有的养老服务资源较为欠缺,主要体现为养老机构和床位数量相对较少、硬件设施环境相对较差等问题。这种不平衡状况会使得各地养老服务水平的差距越发拉大,不仅加重人们的不公平感,还将引发公众的养老焦虑感,降低人们对于养老服务的满意度。

（二）供需结构不匹配

虽然近年来养老服务机构的数量快速提升,老年人可及、可负担并且较满意的养老服务机构却相对较少,或是设施服务豪华但价格不菲,或是价格便宜但环境恶劣,故而出现"空置率高"和"一床难求"并存的困境。此外,我国的居家养老和机构养老模式相对成熟,而社区养老的发展仍较为滞后。许多社区的养老服务项目只局限于助餐、理发等较为单一简单的服务内容,无法适应老年人个性化、专业化的生活服务需求。这种供需不匹配的情况,极易导致服务的"形式化",不仅无法促进服务质量的提升,还造成了资源的极大浪费。

（三）政策实施受阻碍

从纵向来看,养老相关政策的传递和执行过程会出现目标偏移现象。一方面,地方部门对于"放管服"改革、社区居家养老、医养结合等指示的认识和理解程度存在差异,可能造成落实不到位;另一方面,由于养老服务发展缺乏较明确的评估指标,地方更愿意将资源和精力投入经济、文化、宣传等易作出成效的领域,使得养老服务发展工作常常被忽视。而从横向来看,不同政府部门间协调不畅和职权"空隙"也限制了政策的实施。例如,某地区曾出台养老床位改建补贴政策,发改部门可在收到完整的建设规划后进行资金拨款,但受历史遗留的土地问题影响,乡镇办理土地征调手续就要花费几年的时间,故此,设施改造没能在政策有效期内完成,乡镇敬老院"老破旧"的窘境也未能缓解。

---

① 陆杰华、刘芹:《中国老龄社会新形态的特征、影响及其应对策略——基于"七普"数据的解读》,《人口与经济》2021 年第 5 期。

（四）资源拓展不充足

如果说供需不匹配体现的是存量资源利用率低的问题，那么，专业服务人才缺乏、服务提供效能不高等情况则主要反映了养老资源拓展不足的突出问题。人力资源方面，高质量的养老服务人员稀缺且流失严重，现有服务从业者极少接受过长期系统的培训，大都只是经短期培训便上岗的"4050"人员，缺乏对于老年人需求的敏锐感知和适切回应能力。服务方法方面，"互联网+"等新兴技术的开发不足、与养老服务的结合不充分，使得信息传达和服务递送环节的效率较低，这些均制约了养老服务的高质量发展。

第三节　促进养老服务高质量发展的内涵与重点任务

一、养老服务高质量发展的主要内涵和内在要求

质量指的是某个产品或工作的优劣程度；而养老服务质量，简单来说便是养老服务产品和养老服务工作的优劣水平。但是，由于"服务"是较为抽象的概念，难以采用单一维度进行评估衡量，所以，我们将服务细分为以下 3 个方面：其一，主观层面上，表现为老年人及其亲属对其获得服务的满意度，以及整个社会大众对于当前可供选择的养老服务的认可程度。其二，客观层面上，体现为养老服务机构、公共基础设施、产业发展状况、服务人员和技术环境等达到标准化指标的程度。其三，供需层面上，展现为养老服务资源得到优化配置的程度，即是否已经形成能够适应养老服务需要的、较均衡高效的养老服务供给结构。

开启新时代以来，党和国家不仅要推动经济领域的提质增效，还需要着重关注民生领域人们享受的社会服务和社会保障水平的提高。如今的养老服务业已进入高速增长与高质发展并重的阶段。对于什么才是"高质量的养老服务"，不同学者有着不同的观点。有学者指出，高质量的养老服务要能够适应老年人差异化、多样性和多层次的养老服务需要①。也有学者认为，促进养老服务高质量发展的核心是明晰多元主体责任，个人、家庭、社区、机构、政府均应履行相应的职责和任务，聚集合力提升养

---

① 张思锋、张泽滴：《适应多样性需要的养老服务及其质量提升的多元主体责任》，《人口与社会》2018 年第 4 期。

老服务质量①。还有学者提出,高质量的养老服务不仅是适当的、达标的、可及的,还应该是有效的、充分的、科学的、专业的,能够提升老年人的安全感和幸福感②。此外,还有研究从整合多种养老服务模式、构建综合的服务管理体系、完善全过程—全方位—全时段的服务内容等角度,对构建高质量养老服务体系提出了系统的要求③。

总而言之,结合既往学界的讨论,笔者对养老服务高质量发展的内涵作出以下界定:养老服务高质量发展是指养老服务既能在横向的协调性上有所提升,又能在纵向的成长性上有所突破;高质量的养老服务将以老年群体的多层次、差异化需求为导向,构建起多方主体责任共担、多种资源优化配置、各项服务均衡发展的养老服务供给体制,养老服务设施、人才和技术均达到指标规定的较高水平,老年人的体面和尊严得到维护,个人和家庭的获得感、安全感、幸福感得以显著提升。

基于上述对养老服务高质量发展内涵的理解,我们认为,促进养老服务高质量发展具有 4 项内在要求:第一,兼顾效率与公平,在强优势的同时更应着力补短板,提升经济社会欠发达地区的养老服务水平。第二,促进供需精准匹配,形成异质性需求牵引多样化供给、创新性供给释放积极性需求的动态平衡。第三,多方主体协调配合,让老年人的亲属家庭、社区"两委"、机构经营者、产业投资人,以及各级政府部门等在提升养老服务质量的过程中各司其职、整合联动。第四,加强标准体系建设,为客观评估和保障养老服务质量提供可靠的依据。

二、促进养老服务高质量发展的重点任务

(一)补齐短板、缩小差距,促进社会公平

在养老服务的目标群体中,失能半失能(包含失智)老人、经济困难老人、空巢独居老人等是服务提供者应当重点关注的人群。但现实的情况是,这类老人受限于身体和经济等原因,拥有的社会支持力量非常薄弱,接受到的服务也大都是无标准、非专业、情感缺失的,难以满足其晚年所需,更无法维持其体面与尊严。因此,促进养老服务高质量发展,首先要从保障和提高兜底性服务质量做起。要加强资金资源的投入与监管,严格落实标准,补齐养老服务中最弱的短板,缩小地域、贫富或健康素质等

---

① 张泽滈、肖瑶、雷佳:《将养老服务推向高质量发展阶段——"养老服务质量理论与实践论坛"观点综述》,《西安交通大学学报(社会科学版)》2018 年第 4 期。

② 杨翠迎、刘玉萍:《养老服务高质量发展的内涵诠释与前瞻性思考》,《社会保障评论》2021 年第 4 期。

③ 薛令熙:《广西养老服务产业高质量发展路径探析》,《市场论坛》2021 年第 7 期。

造成的服务差距,促进社会公平公正。

(二)创新方式、提升效率,增强服务体验感

创新养老服务方式内蕴了两方面要求:一方面,要在既有养老服务模式和方法的基础上不断开阔思路,充分发掘当地优势、整合可利用的资源,提升养老服务的可及性与便捷性;另一方面,要在有限人力、物力的基础上持续创新供给方式,通过引入互联网新技术或规范标准化流程等方式,提升养老服务递送效率,让服务与资源支撑能力相协调、与老年人的消费意愿和支付能力相匹配[①],让养老服务得以长期稳定发展。

(三)普惠与个性相结合,满足差异化需求

在养老服务数量型增长时期,养老服务产业和养老服务机构提供的服务更多的是普惠性的。出于投入产出比的考虑,满足绝大多数老年人普惠需求的服务更容易持续地获得回报,也更利于争取相关资金支持。但在养老服务高质量发展时期,更需要注重老年群体的异质性,可根据收入分层和需求分类,来构建包含"政府兜底—政府主导、社会提供—纯市场性"的多层次养老服务体系。政府主导的养老服务内容更注重保障老年人最基础的物质和安全需要;而偏社会市场的养老服务则可以在科学评估调研基础上针对更细分类的老年群体,满足其社会交往、自我实现等更多样的需求。

(四)软件、硬件同步发展,提高专业化水平

缺乏高素质的养老服务人员以及养老服务设施产品破旧落后,始终是制约养老服务质量提升的两大难题。当前,我国更多的支持政策注重硬件设施提升,例如给予专项补贴进行养老床位的升级改造、在社区等公共场所安装适老设施等,这些举措更多的是推动第二产业发展。但是,"服务"终究离不开人的作用,高质量养老服务应更多有赖于第三产业的发展。因而,要促进软件与硬件同步发展,加强养老服务人才队伍建设,增强养老服务的人文性与专业性。

(五)支持市场力量与社会力量,拓展服务供给途径

养老服务供给不能仅依仗单一主体,而是要在政府主导下,支持和引导市场力量与社会力量加入其中,拓展服务供给途径。市场方面,要深化"放管服"改革,鼓励企业发展银发经济,加强优质养老产品的开发和推广,让有支付能力的老年人能在市场

---

① 杨翠迎、刘玉萍:《养老服务高质量发展的内涵诠释与前瞻性思考》,《社会保障评论》2021 年第 4 期。

中自主挑选适宜的服务。社会方面,要积极引导公益慈善资源进入养老服务领域,发挥社会组织的专业优势,促进社会组织与社区紧密合作,强化社区的居家养老服务能力,让服务更富有人情味。

第四节　促进养老服务高质量发展的主要思路与路径

一、促进养老服务高质量发展的主要思路

立足当前、放眼未来,若想有效应对人口老龄化、促进养老服务高质量发展,必须综合施策,突出以下 4 个方面的思路。

第一,顶层设计,规划先行。需要依照人口新国情,不断创新完善法律法规,进一步调整和完善老年人权益保障法,对养老服务各项标准作出更加明确的规定,并加大对不合格事项的惩处力度。同时,各省区市应在国家整体的工作要求下,拟订符合当地实际的中长期规划,指导养老工作有序发展。

第二,补齐短板,均衡发展。贯彻落实共享发展理念,加大对于老龄事业、产业发展较弱地区的政策倾斜与财政转移支付力度,推进基本养老服务均等化。逐步建立长期护理保险制度,完善基本养老保险、基本医疗保险和社会救助等社会保障制度,解决老年群体在经济层面的后顾之忧,降低其享受养老服务的负担。

第三,保基提质,满足需求。从轻度老龄化社会向中度老龄化社会转变,将带来养老服务的需求升级,老年人的消费模式将从过去的生存型逐步转向参与型、享受型和发展型,故而需要推动兜底性、普惠性与个性化养老服务共同发展。

第四,创新推动,持续发展。坚持以“放管服”改革激发创新动力,降低制度门槛、优化营商环境,着力打造新模式、发展新产业、培育新业态,逐步拓展智慧养老应用试点,以新兴科学技术支撑养老服务持续升级。

二、促进养老服务高质量发展的主要路径

(一)开展以城带乡、对口支援,助力公平协调发展

解决养老服务不平衡的问题,就要从提升农村养老服务水平和中西部欠发达地区的养老服务质量开始。首先,要求各省区市对城乡养老问题进行统筹规划,加强对农村地区的实地调研和资源考察,加大对于农村养老的扶持和优惠力度,努力将城市

积累的优秀经验,因地制宜地转化到农村的服务实践中,形成以城带乡、城乡合作的良好互动机制。其次,在中东西部地区之间,可以尝试构建对口支援关系,将养老服务较发达地区的先进理念、技术和产品等,通过人员培训、经验分享与物资配送等方式传递给欠发达地区,逐步提升后者的养老服务水平,让当地民众得以共享社会发展红利。

(二)优化存量资源配置,推进智慧养老与规范化建设

养老服务发展不充分,很大程度上受制于资源的配置与使用不当。针对这一问题,目前已经有了一些措施和创新。例如,在硬件资源方面,多地采用闲置房屋改造的方式来建设养老服务驿站,一方面可以节约资金,解决用地短缺问题;另一方面,也缩短了建设周期,让老年人能更快、更便捷地享受服务。而在人力资源方面,逐步推广的"窗帘行动"正是充分利用志愿者资源、创新社区居家养老模式的有力举措。所以,如何使现有资源的效用最大化,是养老服务从量变走向质变的关键。一方面,推进智慧养老,以互联网整合养老服务信息,节约人们寻求服务的时间和精力成本;还可以用云计算精准匹配供需,让人工智能协助老年人健康生活。另一方面,加强养老服务递送和评估过程的规范化建设,让服务有规可循,减少任意性造成的资源浪费。

(三)重视需求评估环节,创制分层分类服务供给体系

在老年社会工作的专业要求中,服务对象的需求评估是一切服务开展的基础性工作。唯有细致地了解老年人的身体、心理、社会等多方面特征,才能提供最为适切的服务。但是,现有的社区养老工作和社会组织的养老服务项目甚少重视这一环节,甚至直接略过需求评估,而仅凭工作人员的个人认知或机构的目标规划来设计服务内容,从而导致服务质量不佳、民众满意度不高。因此,不论是政府、企业还是社会组织,均应提升人力、时间在老年人需求评估上的投入比重,进而在扎实调研的基础上结合自身能力来明确服务目标与服务定位。当老年群体不同维度、不同方面的需要均可以在不同供给主体处得到满足时,分层分类的高质量服务供给体系便得以构建起来。

(四)加强人才队伍建设,"留存"与"纳新"双线并行

经实地调研发现,家政服务业内普遍的共识是,只有年龄较大、能力较差的人,才会当老年护工;而年轻的、受过许多培训的人,会选择薪资待遇更高、更不易受人歧视的家庭整理师或是月嫂的岗位。这一现实情况与当前倡导的目标正好相悖,因为只有拥有更多专业能力较强、对养老服务怀有热情、对老年群体有充分认识的高素质人才,才能促进养老服务持续高质量发展。因而,必须推动"留存"与"纳新"双线并行:

一方面,社会需要提供为老服务的专业培训,可由政府牵头,同养老服务企业与社会组织合作,共同拟定养老服务分级考核制度,依据不同等级设立指导性的工资标准,激发现有从业者提升服务能力的积极性。另一方面,高等学校应开设养老服务的专项课程,并建立起与医院、养老服务企业、社会组织等多种形式的合作实习基地,培养专业人才;同时,后者可通过提升薪资待遇、构建明晰的职业晋升渠道,来吸引专业人才加入养老服务行列。

(五)健全养老服务标准,采用科学的质量督查机制

在 2017 年,国家质量监督检验检疫总局、国家标准化管理委员会发布了《养老机构服务质量基本规范》,对养老机构的服务提供指导;2019 年末,国家市场监督管理总局、国家标准化管理委员会发布了养老服务领域的第一个强制性国家标准《养老机构服务安全基本规范》和 8 项养老机构服务行业标准,将其作为科学审查的依据,要求各养老机构对标进行整改。养老机构标准化制度的渐趋完善,越发凸显出居家社区养老标准化建设的不足,而后者却在养老服务模式中发挥着更加基础性的作用,所以,健全居家社区养老服务标准对于养老服务高质量发展具有更为重要的意义。如今,北京、江苏、广东等地已经有了类似政策。国家相关部门可以整合地方经验,出台全国层面的《关于居家养老服务规范的指导意见》,建立养老服务机构和组织的等级认证制度,敦促各地加强监督审查,秉持公正的态度奖优罚劣,净化行业环境、整治服务乱象。

(六)统筹多方主体力量,构建养老服务共同体

促进养老服务供给主体的多元化,已经是老生常谈的内容。但在越来越多主体进入养老服务领域的同时,如何有效地建立起各方的合作关系、达成优势互补的"1+1>2"的嵌合成效,是高质量发展阶段需要仔细思索的问题。一方面,需要在制度上搭建桥梁。例如,在街区中完善政府购买服务流程,由街区提供资源,支持社会组织开展助老服务。行政部门与专业社会工作者在这个过程中能够彼此交流理念和方法,提升基层服务水平。另一方面,可以在模式上进行创新优化。例如,建设一站式家庭养老服务中心、打造"15 分钟便民养老服务圈",将辖区内的商业主体、政务主体等有机整合,合力构建养老服务共同体。

第三章　健全多层次养老保障体系[*]

实施积极应对人口老龄化国家战略,是我国建设社会主义现代化强国和实现中华民族伟大复兴的重大战略部署之一。健全多层次养老保障体系,则是实施积极应对人口老龄化国家战略的重要一环。我国积极应对人口老龄化的战略性、综合性、指导性文件——《国家积极应对人口老龄化中长期规划》明确提出:"健全更加公平更可持续的社会保障制度,持续增进全体人民的福祉水平。"《中共中央、国务院关于加强新时代老龄工作的意见》明确要求:"统筹好老年人经济保障、服务保障、精神关爱、作用发挥等制度安排","完善多层次养老保障体系"。由此可见,健全多层次养老保障体系是应对人口老龄化的关键举措,也是实施积极应对人口老龄化国家战略的重要任务和中心工作之一。多层次养老保障体系可以从广义和狭义两个角度来理解。从狭义上讲,多层次养老保障体系主要是指多层次的养老保险体系;从广义上讲,多层次养老保障体系是保障老年生活质量的正式制度安排与非正式支持的统称,涉及收入保障、健康保障和服务保障等多个方面。根据全书的内容安排,本章主要关注多层次养老保险体系和医疗保障体系的制度化安排。

第一节　人口老龄化对养老保障
体系的影响日渐加深

当前,我国正处于人口老龄化快速发展时期,已经进入中度老龄化阶段。人口老龄化对基本养老保险制度和基本医疗保险制度的影响正在加大,对这两大基本制度

---

* 本章作者:林宝,中国社会科学院人口与劳动经济研究所研究员、养老与保障研究室主任,中国社会科学院应对人口老龄化研究中心副主任兼首席专家。

的长期可持续性提出了严峻挑战,进一步健全制度体系以应对人口老龄化的挑战已成为当务之急。

一、人口老龄化对基本养老保险制度的影响

经过几十年的改革,我国的养老保险制度框架已经基本定型,形成了两个覆盖不同对象的基本养老保险制度:城镇职工基本养老保险制度和城乡居民基本养老保险制度。城镇职工基本养老保险制度于 1997 年正式确立了全国统一的社会统筹和个人账户相结合的制度模式①,2005 年确定了现行制度的主要参数②,2015 年与机关事业单位工作人员养老保险制度实现了并轨③,2019 年对社会统筹部分的缴费率进行了调整④。城乡居民基本养老保险制度建立的时间相对较短,来源于 2009 年开始试点的新型农村社会养老保险制度⑤和 2011 年开始试点的城镇居民社会养老保险制度⑥。2014 年,"新农保"和"城居保"两项制度合并实施,在全国范围内建立统一的城乡居民基本养老保险制度⑦。以上两个基本制度虽然在制度模式上有相似之处,但也存在一些明显的差异:城镇职工基本养老保险基础养老金的筹资主要是来源于单位缴费,且缴费水平与收入相关联;而城乡居民基本养老保险中的基础养老金则来自财政资金,个人缴费由参保者在既定的缴费档次中自愿选择缴费水平,与收入不直接挂钩。

人口老龄化对这两个基本制度都会产生一定的冲击,表现形式却有所不同。对于城镇职工基本养老保险制度而言,一方面,人口老龄化将使制度赡养率(养老金领取者和缴费者之比)不断攀升,从而影响社会统筹部分的财务可持续性。另一方面,个人账户部分,在计发月数长期未做调整的情况下,预期寿命不断延长将使个人养老金的缺口越来越大。近年来,我国城镇职工基本养老保险的制度赡养率处于攀升态势,从 2000 年的 30.34% 逐渐上升至 2015 年的 34.87%。此后,增速明显加快,到 2020 年已经上升至 38.84%。人口平均预期寿命从 2000 年的 71.40 岁⑧增长至 2020

---

① 《国务院关于建立统一的企业职工基本养老保险制度的决定》。
② 《国务院关于完善企业职工基本养老保险制度的决定》。
③ 《国务院关于机关事业单位工作人员养老保险制度改革的决定》。
④ 《国务院办公厅关于印发降低社会保险费率综合方案的通知》。
⑤ 《国务院关于开展新型农村社会养老保险试点的指导意见》。
⑥ 《国务院关于开展城镇居民社会养老保险试点的指导意见》。
⑦ 《国务院关于建立统一的城乡居民基本养老保险制度的意见》。
⑧ 《中国统计年鉴 2021》表 2-3。

年的 77.93 岁①,而个人账户养老金的计发月数自制度建立以来就没有调整过,显然会加大个人账户养老金的支付压力。对于城乡居民基本养老保险制度而言,人口老龄化的主要影响则是会导致养老金领取者数量增加,从而增加财政支出。截至 2020 年,城乡居民基本养老保险参保人数为 54244 万人,其中实际领取待遇的人数为 16068 万人②,占比为 29.6%,领取者人数和占比分别比 2015 年增加 1268 万人及 0.3 个百分点③。在人口老龄化、覆盖面扩大和养老金水平提高等多种因素的影响下,基本养老保险的支出规模不断扩大,从 2010 年的 10755.3 亿元增长至 2020 年的 54656.5 亿元④,增长了 4.08 倍。基金收支比持续下降,已经从 2010 年时的 1.2 下降至 2020 年的 0.9⑤,出现收不抵支的状况。

从长期来看,随着人口老龄化深入发展,基本养老保险制度面临的压力将进一步加大。由于人口老龄化将导致养老金制度中的制度赡养率一直上升,在其他因素不变的情况下,将要求缴费率一路上升。即便考虑到其他因素对人口老龄化影响的干预,城镇职工基本养老保险制度的可持续性也存在问题⑥。郑秉文等人测算了 2019—2050 年的养老金平衡状况,发现全国城镇企业职工基本养老保险基金最终到 2050 年当期结余坠落到 -11.28 万亿元;如果不考虑财政补助,当期结余到 2050 年为 -16.73 万亿元⑦。曾益等人的研究认为,当没有其他政策干预,2019 年实施的降费政策最多持续 5 年;实施征缴体制改革后,如果征缴率从 61.59% 提高至 70%—100%,降费政策可持续 6—17 年;当进一步延迟退休并引入外源性融资,降费政策至少可持续 31 年⑧。面对人口老龄化形势的快速发展,继续完善基本养老保险制度、构建多层次的养老保险制度势在必行。

二、人口老龄化对基本医疗保险制度的影响

与基本养老保险制度类似,我国的基本医疗保险制度也包含城镇职工基本医疗

① 《国务院办公厅关于印发"十四五"国民健康规划的通知》。
② 人力资源和社会保障部:《2020 年度人力资源和社会保障事业发展统计公报》,2021 年 6 月 3 日,见 http://www.mohrss.gov.cn/SYrlzyhshbzb/zwgk/szrs/tjgb/202106/t20210604_415837.html。
③ 2015 年数据来源于人力资源和社会保障部网站:《2015 年度人力资源和社会保障事业发展统计公报》,2018 年 5 月 21 日,见 http://www.mohrss.gov.cn/SYrlzyhshbzb/zwgk/szrs/tjgb/201805/t20180521_294285.html。
④ 《中国统计年鉴 2021》表 24-24。
⑤ 根据《中国统计年鉴 2021》表 24-24 相关数据计算。
⑥ 林宝:《人口老龄化对企业职工基本养老保险制度的影响》,《中国人口科学》2010 年第 1 期。
⑦ 中国社会科学院社会保障研究中心网站,见 http://www.cisscass.org/yanjiucginfo.aspx? ids=26&fl=3。
⑧ 曾益、李晓琳、石晨曦:《降低养老保险缴费率政策能走多远?》,《财政研究》2019 年第 6 期。

保险和城乡居民基本医疗保险两个制度。城镇职工基本医疗保险制度建立于 1998年,基本医疗保险基金由统筹基金和个人账户构成。职工个人缴纳的基本医疗保险费,全部计入个人账户。用人单位缴纳的基本医疗保险费分为两部分,一部分用于建立统筹基金,另一部分划入个人账户①。城乡居民基本医疗保险由新型农村合作医疗保险和城镇居民医疗保险合并而来②,前者于 2003 年正式建立③,后者则于 2007年开始试点④。城乡居民基本医疗保险实行以个人缴费与政府补助相结合为主的筹资方式,鼓励集体、单位或其他社会经济组织给予扶持或资助。2020 年,党中央、国务院要求深化医疗保障制度改革,完善基本医疗保险制度,逐步将门诊医疗费用纳入基本医疗保险统筹基金支付范围,改革职工基本医疗保险个人账户,建立健全门诊共济保障机制⑤。

人口老龄化对基本医疗保险制度的影响更为复杂。对于城镇职工基本医疗保险而言,由于退休人员参加基本医疗保险,个人不缴纳基本医疗保险费,因此,存在人口老龄化导致制度赡养率上升的问题。除此之外,人口老龄化还因为不同年龄人群患病率的差异而对医疗支出水平产生明显影响。对于城乡居民基本医疗保险而言,由于参保者全员缴费,人口老龄化的影响主要体现在参保者年龄结构变化带来的支出变化。近年来,城镇职工基本医疗保险的制度赡养率呈上升趋势,从 2010 年的33.4% 上升至 2020 年的 35.5%⑥。在生物层面上,衰老以循序渐进、终生积累的分子和细胞损伤为特点,这些损伤引起身体上很多渐进而广泛的功能损伤,增加老年人面对环境挑战的脆弱性,导致患疾和死亡风险增加⑦。有研究显示,年龄是影响人均医疗费用的最主要因素⑧,年龄对医疗费用增加具有显著影响。对中国营养和健康调查数据的分析发现,医疗费用随年龄增加而增多⑨。受人口老龄化等多种因素影

① 《国务院关于建立城镇职工基本医疗保险制度的决定》。
② 《国务院关于整合城乡居民基本医疗保险制度的意见》。
③ 《国务院办公厅转发卫生部等部门关于建立新型农村合作医疗制度意见的通知》。
④ 《国务院关于开展城镇居民基本医疗保险试点的指导意见》。
⑤ 《中共中央、国务院关于深化医疗保障制度改革的意见》,2020 年 3 月 5 日,见 http://www.nhsa.gov.cn/art/2020/3/5/art_37_2808.html。
⑥ 根据历年《中国统计年鉴》相关数据计算。
⑦ 世界卫生组织:《关于老龄化与健康的全球报告》,见 http://apps.who.int/iris/bitstream/handle/10665/186463/9789245565048_chi.pdf? sequence=9。
⑧ Colombier Carsten & Weber Werner, "Projecting health-care expenditure for Switzerland: further evidence against the 'red-herring' hypothesis", *The International Journal of Health Planning and Management*, Vol. 26, No.3(2011), pp.246-263.
⑨ 周少甫、范兆媛:《年龄对医疗费用增长的影响:基于分位数回归模型的分析》,《中国卫生经济》2016 年第 6 期。

响,我国基本医疗保险的收入支出比也有所下降,从 2010 年的 1.22 下降至 2020 年的 1.18。

长期来看,由于人口老龄化将继续深入发展,由其带来的制度赡养率上升和疾病负担增加具有长期趋势,将对基本医疗保险制度造成持久的压力。杨昕等人测算发现,如果不考虑经济发展、技术进步、消费偏好等其他因素的影响,按照日历年龄计算,65 岁及以上老年人口 2010—2050 年的卫生费用可能从 1.45 万亿元上升到 3.32万亿元,增加 128.96%;其中,80 岁及以上高龄老年人口的卫生费用将从 1833.58 亿元上升到 7944.60 亿元,上升幅度高达 333.28%[①]。我国基本医疗保险已经接近人群全覆盖,未来卫生费用的变化趋势也大体上可以反映医保支出水平的变化趋势。快速的增长趋势表明,随着人口老龄化形势的发展,必须进一步深化医疗保障制度改革,建设多层次的医疗保险体系。

第二节　近年来健全多层次养老保障体系的主要举措

2013 年,党的十八届三中全会通过的《中共中央关于全面深化改革若干重大问题的决定》深刻剖析了我国改革发展稳定面临的重大理论和实践问题,阐明了全面深化改革的重大意义和未来走向,其中明确提出要"建立更加公平可持续的社会保障制度",并制定了一系列具体改革措施,成为此后社会保障制度改革的重要政策依据,建设多层次养老保障体系取得了积极的进展。本节将从养老保险制度和医疗保障制度两个方面,介绍改革的进展情况。

一、养老保险制度改革的主要进展

(一)完善基本养老保险制度,增强第一支柱应对能力

一是推动制度并轨,形成"2+1"的基本养老保险制度体系。2014 年 2 月,国务院发布《关于建立统一的城乡居民基本养老保险制度的意见》,决定将新型农村社会养老保险和城镇居民社会养老保险两项制度合并实施,在全国范围内建立统一的城乡居民基本养老保险制度。同月,人力资源和社会保障部、财政部颁布《城乡养老保险

---

① 杨昕、左学金、王美凤:《前瞻年龄视角下的人口老龄化及其对我国医疗费用的影响》,《人口研究》2018 年第 2 期。

制度衔接暂行办法》,建立了城镇职工基本养老保险和城乡居民基本养老保险之间的转移衔接机制。2015年1月,国务院发布《关于机关事业单位工作人员养老保险制度改革的决定》,实现了机关事业单位工作人员养老保险制度与城镇职工基本养老保险制度并轨。至此,两个基本养老保险制度(职工、城乡居民)和一个衔接机制(职工和居民之间)的"2+1"基本养老保险制度框架基本形成。

二是通过参数改革和全国统筹,完善城镇职工基本养老保险制度。包括以下几项措施:第一,降低单位缴费率,减轻缴费负担。2016年4月,人社部和财政部发布《关于阶段性降低社会保险费率的通知》,正式开启了阶段性降低社会保险费工作。2019年4月,《国务院办公厅关于印发降低社会保险费率综合方案的通知》正式发布,阶段性降费变成了制度性降费,要求自2019年5月1日起,降低城镇职工基本养老保险(包括企业和机关事业单位基本养老保险,以下简称"养老保险")单位缴费比例。第二,改变待遇调整机制,保持养老金待遇合理增长。2016年4月,人社部和财政部印发《关于2016年调整退休人员基本养老金的通知》,改变了此前连续多年固定按照10%调涨养老金的做法,采取定额调整、挂钩调整与适当倾斜相结合的调整办法,按6.5%左右增幅调整企业和机关事业单位退休人员基本养老金水平。此后几年,增幅又有所降低。第三,出台个人账户记账利率办法,规范利率确定和公布机制。2017年4月,人社部和财政部发布了《关于印发统一和规范职工养老保险个人账户记账利率办法的通知》。第四,推动全国统筹,增强抗风险能力。2018年5月,《国务院关于建立企业职工基本养老保险基金中央调剂制度的通知》发布,标志着中央调剂金制度正式出台。2022年1月,正式实施全国统筹,在全国范围内对地区间养老保险基金当期余缺进行调剂,确保养老金按时足额发放①。

三是建立待遇确定和调整机制,进一步完善城乡居民基本养老保险制度。2018年,人力资源和社会保障部、财政部发布了《关于建立城乡居民基本养老保险待遇确定和基础养老金正常调整机制的指导意见》,对完善基本养老保险待遇确定机制、建立基础养老金正常调整机制、建立个人缴费档次标准调整机制、建立缴费补贴调整机制、实现个人账户基金保值增值等提出了明确的要求。党的十八届三中全会以来,全国城乡居民基本养老保险基础养老金最低标准已经3次调整,目前为每人每月93元。

① 人力资源和社会保障部:《基本养老保险全国统筹已启动实施》,光明网,2022年2月22日,见https://m.gmw.cn/baijia/2022-02/22/35535644.html。

（二）建立职业年金制度并完善企业年金制度，规范第二支柱发展

在职业年金方面，2015 年 1 月，国务院发布的《关于机关事业单位工作人员养老保险制度改革的决定》要求：机关事业单位在参加基本养老保险的基础上，应当为其工作人员建立职业年金。同年 3 月，国务院办公厅发出《关于印发机关事业单位职业年金办法的通知》，对职业年金的具体事项进一步明确。该办法明确，职业年金是指机关事业单位及其工作人员在参加机关事业单位基本养老保险基础上，建立的补充养老保险制度。2016 年 9 月，人社部和财政部发布了《关于印发职业年金基金管理暂行办法的通知》，对职业年金基金的基本范畴、管理方式、参与各方管理职责、基金投资、收益分配及费用、计划管理及信息披露、监督检查等作了详细的规定。至此，作为一项新的补充养老保险制度，职业年金已经建立了比较完整的制度架构和管理运行机制。

在企业年金方面，2017 年 12 月，人社部、财政部联合印发《企业年金办法》，对企业年金制度进一步完善。该办法规定，在资金筹集上，企业年金所需费用由企业和职工个人共同缴纳，基金实行完全积累，为每个参加企业年金的职工建立个人账户。企业缴费每年不超过本企业职工工资总额的 8%，企业和职工个人缴费合计不超过本企业职工工资总额的 12%，具体所需费用由企业和职工一方协商确定。《企业年金办法》中对企业年金制度的相关规定，与职业年金相比，在缴费率上保持了相同水平，领取条件和方式也基本类似。

（三）鼓励商业养老保险发展并出台个人养老金制度，推动第三支柱发展

在商业养老保险方面，2017 年 6 月，《国务院办公厅关于加快发展商业养老保险的若干意见》发布，提出依托商业保险机构专业优势和市场机制作用，扩大商业养老保险产品供给。2018 年 4 月，财政部等 5 部门发布《关于开展个人税收递延型商业养老保险试点的通知》，启动了税收递延型商业养老保险的试点工作。自 2018 年 5 月 1 日起，在上海市、福建省（含厦门市）和苏州工业园区实施个人税收递延型商业养老保险试点。

在个人养老金发展方面，2022 年 4 月，《国务院办公厅关于推动个人养老金发展的意见》正式发布，明确提出：推动发展适合中国国情、政府政策支持、个人自愿参加、市场化运营的个人养老金，与基本养老保险、企业（职业）年金相衔接，实现养老保险补充功能，协调发展其他个人商业养老金融业务，健全多层次、多支柱养老保险体系。该文件规定，在中国境内参加城镇职工基本养老保险或者城乡居民基本养老保险的劳动者，可以参加个人养老金制度；个人养老金实行个人账户制度，缴费完全由参加人个人承担,实行完全积累;参加人每年缴纳个人养老金的上限为 1.2 万元;参加人达到领取基本养老金年龄、完全丧失劳动能力、出国(境)定居,或者具有其他符合国家规定的情形,经信息平台核验领取条件后,可以按月、分次或者一次性领取个人养老金,领取方式一经确定不得更改。

二、医疗保障制度改革的主要进展

(一)完善医疗保障顶层设计,明确建设多层次体系

2020 年 2 月,《中共中央、国务院关于深化医疗保障制度改革的意见》正式发布,明确提出"坚持以人民健康为中心,加快建成覆盖全民、城乡统筹、权责清晰、保障适度、可持续的多层次医疗保障体系",明确了 2025 年和 2030 年的改革发展目标,为下一阶段深化医疗保障制度改革提供了明确的指引。该文件具体提出了完善公平适度的待遇保障机制、健全稳健可持续的筹资运行机制、建立管用高效的医保支付机制、健全严密有力的基金监管机制、协同推进医药服务供给侧改革、优化医疗保障公共管理服务等重点任务,对多层次医疗保障体系建设进行了系统的制度设计和完善。该文件明确要求促进多层次医疗保障体系发展,强化基本医疗保险、大病保险与医疗救助三重保障功能,促进各类医疗保障互补衔接,提高重特大疾病和多元医疗需求保障水平。该文件对每个层次都提出了具体明确的改革方向和要求。

(二)完善基本医疗保险制度,强化医疗保障主体作用

一是规范参保工作和保障待遇,增强制度运行的规范性。一方面,改进重点人群参保工作。2020 年 8 月,国家医保局、财政部、国家税务总局出台《关于加强和改进基本医疗保险参保工作的指导意见》,要求合理设定参保扩面目标,落实参保缴费政策,做好跨制度参保的待遇衔接,有序清理重复参保,完善个人参保缴费服务机制,加强财政补助资金管理,加强建档立卡贫困人口、大中专学生(含全日制研究生)、新生儿、退役军人、短期季节性务工人员及灵活就业人员、被征地农民等重点人群的参保缴费服务。另一方面,建立医疗保障待遇清单制度。2021 年 1 月,国家医保局、财政部发布《关于建立医疗保障待遇清单制度的意见》,明确医疗保障待遇清单包含基本制度、基本政策,以及医保基金支付的项目和标准、不予支付的范围,根据党中央、国务院决策部署动态调整,适时发布。

二是建立制度间和制度内的共济机制,强化基金共济能力。一方面,推动生育保险与基本医疗保险合并实施。2019 年 3 月,国务院办公厅发布《关于全面推进生育保险和职工基本医疗保险合并实施的意见》,正式全面推进生育保险和职工基本医

疗保险合并实施,要求遵循保留险种、保障待遇、统一管理、降低成本的总体思路,推进这两项保险合并实施,实现参保同步登记、基金合并运行、征缴管理一致、监督管理统一、经办服务一体化。另一方面,建立健全职工基本医疗保险门诊共济保障机制。2021年4月,国务院办公厅发布《关于建立健全职工基本医疗保险门诊共济保障机制的指导意见》,提出了增强门诊共济保障功能、改进个人账户计入办法、规范个人账户使用范围、加强监督管理,以及完善与门诊共济保障相适应的付费机制等改革措施。

三是推进医保基金监管制度体系改革,完善医保基金安全防控机制。2020年6月,国务院办公厅发布《关于推进医疗保障基金监管制度体系改革的指导意见》,要求明确监管责任,加强党的领导,强化政府监管,推进行业自律管理;推进监管制度体系改革,建立健全监督检查制度,全面建立智能监控制度,建立和完善举报奖励制度,建立信用管理制度,建立综合监管制度,完善社会监督制度;同时,完善保障措施,强化医保基金监管法治及规范保障,加大对欺诈骗保行为的惩处力度,统筹推进相关医疗保障制度改革等。

四是深化基本医疗保险支付方式改革,提高医保基金使用效率。2017年6月,国务院办公厅发布《关于进一步深化基本医疗保险支付方式改革的指导意见》,提出了多项改革内容,包括实行多元复合式医保支付方式,重点推行按病种付费,开展按疾病诊断相关分组付费试点,完善按人头付费、按床日付费等支付方式,强化医保对医疗行为的监管,以及加强医保基金预算管理、完善医保支付政策等配套改革措施。2020年2月发布的《中共中央、国务院关于深化医疗保障制度改革的意见》,进一步提出了"持续推进医保支付方式改革"的要求。

(三)建立大病医疗保险制度并健全医疗救助制度,加强重大疾病风险保障

一是全面实施城乡居民大病保险制度。2015年7月,国务院办公厅发布《关于全面实施城乡居民大病保险的意见》,要求到2017年,建立起比较完善的大病保险制度,与医疗救助等制度紧密衔接,共同发挥托底保障功能。该文件就大病保险的筹资机制、保障水平、制度衔接、承办服务、监督管理、组织实施等进行了具体的安排。根据该文件规定,大病保险的保障对象为城乡居民基本医保参保人,保障范围与城乡居民基本医保相衔接;参保人患大病发生高额医疗费用,由大病保险对经城乡居民基本医保按规定支付后个人负担的合规医疗费用给予保障;从城乡居民基本医保基金中划出一定比例或额度作为大病保险资金;大病保险原则上实行市(地)级统筹,鼓励省级统筹或全省(区、市)统一政策、统一组织实施。

二是健全重特大疾病医疗保险和救助制度。2021年10月,国务院办公厅发布《关于健全重特大疾病医疗保险和救助制度的意见》,聚焦减轻困难群众重特大疾病医疗费用负担,建立健全防范和化解因病致贫返贫长效机制,强化基本医保、大病保险、医疗救助(以下统称"三重制度")的综合保障。该文件要求,科学确定医疗救助对象范围,根据救助对象类别实施分类救助;全面落实城乡居民基本医保参保财政补助政策;夯实医疗救助托底保障功能;明确救助费用保障范围,合理确定基本救助水平;建立健全防范和化解因病致贫返贫长效机制。

(四)规范发展健康保险,发挥商业保险的补充作用

一是加强健康保险管理。2019年12月1日,新修订的《健康保险管理办法》正式实施。该办法将健康保险定位为国家多层次医疗保障体系的重要组成部分,突出健康保险的保障属性,从健康保险的定义分类、产品监管、销售经营等方面作了全面修订,规范健康保险的产品设计、销售经营和理赔行为,鼓励健康保险充分承担社会责任①。

二是规范城市定制型商业医疗保险发展。2021年5月,中国银保监会办公厅发布《关于规范保险公司城市定制型商业医疗保险业务的通知》,强调保险公司开展定制医疗保险业务,应遵循商业健康保险经营规律,实行市场化运作;应因地制宜,保障方案要体现地域特征;应严格遵守监管制度。保险公司应坚持稳健经营,提供专业服务,对开展定制医疗保险业务负主体责任。银保监会派出机构应加大监管力度,维护市场秩序。鼓励保险行业协会充分发挥自律组织的作用。

第三节　健全多层次养老保障体系的政策建议

尽管近年来养老保险制度改革和医疗保障制度改革取得了一系列的进展,但与应对人口老龄化的长期任务相比,仍然存在一些问题,需要继续推动改革。在养老保险制度方面,存在养老保险待遇确定和调整机制不合理、退休年龄过低和"一刀切"、企业年金发展滞后②、城乡居民基本养老保险标准低和调整慢等问题。在医疗保险

---

① 中国银保监会发布新修订的《健康保险管理办法》,2019年11月12日,见 http://www.cbirc.gov.cn/cn/view/pages/ItemDetail.html?docId=853696&itemId=915&generaltype=0。

② 根据人力资源和社会保障部的数据,截至2022年第一季度,全国建立企业年金的企业仅为12.22万个,参保职工为2925.41万人,覆盖面较小。相关数据可见《2022年1季度企业年金基金业务数据摘要》,2022年5月24日,见 http://www.mohrss.gov.cn/shbxjjjds/SHBXJDSzhengcewenjian/202205/t20220524_449691.html。

制度方面,存在两个基本制度缺乏衔接和待遇保障不平衡、医保基金使用效率有待提高、大病保障能力不足、商业健康险补充功能发挥有限等问题。为此,特提出以下具体的政策建议。

一、建设多层次、多支柱养老保险体系

《中华人民共和国国民经济和社会发展第十四个五年规划和2035年远景目标纲要》(以下简称《纲要》)已经明确,养老保险体系改革的基本方向是"发展多层次、多支柱养老保险体系",并就养老保险制度改革和退休年龄改革等提出了具体的要求。《人力资源和社会保障事业发展"十四五"规划》又进一步细化了相关改革措施。其中,针对一些改革,《纲要》发布以来已有相关政策出台,例如基本养老保险全国统筹、个人养老金发展等。这里,就几项还需要重点推进的政策提出具体建议。

(一)优化城镇职工基本养老保险待遇确定和调整机制,增强制度的公平性和可持续性

在待遇确定上,一方面应进一步增强制度的公平性。基于各地区缴费率不同,为保障公平,必须将缴费率纳入统筹后的基础养老金待遇计算方法,使养老金待遇同全国平均工资及个人的历史缴费贡献挂钩。另一方面,应进一步增强制度的可持续性。将人口老龄化因素纳入待遇确定计算公式之中,确保待遇计算参数如计发月数等反映当期人口老龄化状况。在调整机制上,将人口老龄化因素纳入养老金指数。应该真正建立起工资指数、物价指数、人口结构变化与养老金调整机制之间的联系。建议确定一个包含工资指数、物价指数和人口结构因素的基础养老金调整机制,对社会公布,实现调整机制的透明化和科学化。

(二)做好弹性设计,以渐进式扩大弹性实现延迟退休年龄

《纲要》提出,要综合考虑人均预期寿命提高、人口老龄化趋势加快、受教育年限增加、劳动力结构变化等因素,按照小步调整、弹性实施、分类推进、统筹兼顾等原则,逐步延迟法定退休年龄。如何做好弹性设计,是减小改革阻力的关键。建议在提高法定退休年龄的同时,将原退休年龄作为最低退休年龄,以法定退休年龄再加5岁作为最高退休年龄,不断扩大弹性退休年龄范围,最终形成男性可在60—70岁之间、女性可在55—70岁之间弹性退休,使渐进式延迟退休年龄的改革实质上成为渐进式扩大退休年龄弹性的改革。改革后,养老金待遇与退休年龄密切挂钩。根据延迟退休年龄的改革目标,为鼓励劳动者尽量在弹性区间内增加工作年限,可以改革养老缴费年限和基础养老金待遇之间的关系。由此,形成越晚退休、缴费价值越高的局面,引

导人们延迟退休,从而实现改革目标①。

(三)降低企业年金门槛并加强正向激励,提高企业年金覆盖率

进一步提高企业年金覆盖率,是充分发挥企业年金制度作用的基本前提。由于企业年金是自愿加入型的补充养老保险制度,必须从降低企业年金加入门槛和正向激励企业加入的角度入手,进一步增强企业建立企业年金的便利性和积极性。特别是应当加大税收优惠支持力度,提高企业年金免税的缴费比例,并在企业年金待遇领取时给予适当的税收优惠。

(四)建立待遇动态调整机制,提高城乡居民基本养老保险保障水平

尽管相关文件提出要建立城乡居民基本养老保险待遇的动态调整机制,但从实际情况来看,常态化的调整机制仍然没有建立。建议将城乡居民养老保险基础养老金与农村居民人均可支配收入或物价指数挂钩,建立动态调整机制。从长远看,可进一步推进两个基本养老保险制度的整合,将城乡居民养老保险基础养老金部分改革为公民养老金,扩展至全体老年公民,形成覆盖全民的普惠性和兜底性的第一层次养老金②,最终建立起工资指数、物价指数、人口结构变化相关联的动态调整机制。

二、健全全民医保制度

在《纲要》中单列一节"健全全民医保制度",对未来一段时间的医疗保险制度改革进行了规划;《"十四五"全民医疗保障规划》明确提出,要"加快建设覆盖全民、统筹城乡、公平统一、可持续的多层次医疗保障体系",对"十四五"期间的医疗保险制度改革进行了具体部署。现就下一步改革提出几点具体建议。

(一)推动两个基本制度相互融合,建立统一的全民基本医疗保险制度

城镇职工基本医疗保险制度和城乡居民基本医疗保险制度在制度的具体设计上还有较大差异,要进一步推进二者相互融合。一方面是城镇职工基本医疗保险制度向城乡居民基本医疗保险制度借鉴,包括:取消个人账户,提高医保基金的共济能力;引入退休人员缴费机制。退休人员缴费可以采用渐进的方式引入,确定一个过渡期,从每年调涨的养老金中确定一定比例用于缴纳基本医疗保险费,直至达到与在职职工相同的缴费水平。另一方面是城乡居民基本医疗保险制度向城镇职工基本医疗保险制度借鉴,改变定额缴费模式,向与收入挂钩的缴费模式转变。此外,要通过建立

① 林宝:《积极应对人口老龄化:内涵、目标和任务》,《中国人口科学》2021年第3期。
② 林宝:《从七普数据看中国人口发展趋势》,《人民论坛》2021年第15期。

待遇清单制度,逐步统一两个基本医疗保险的待遇水平,最终将两个基本制度统一为全民基本医疗保险制度①。

(二)深化支付方式和医药价格形成机制改革,提高医保基金使用效能

避免医保基金浪费、提高医保基金使用效能,是医疗保险制度改革的长期课题。为此,必须加大力气治理过度医疗和药价虚高等问题。一方面,要继续深化支付方式改革,在总量控制和精准付费上双向着力,改进医保基金总额管理,在全国范围内普遍实施按病种付费为主的多元复合式医保支付方式,引导医疗机构合理诊疗。另一方面,继续深化药品和医用耗材集中带量采购制度改革,形成常态化、制度化的集中采购机制,推动集中采购成为医保目录药品和耗材价格的主要形成机制,引导医保药品和耗材采购价格更加合理,提高医保基金使用效能。

(三)完善大病保险制度,增强大病保障能力

重大疾病是对医疗保障制度的最大考验,当前因重大疾病致贫返贫的案例仍时有发生。因此,必须进一步完善大病保险制度,加强基本医疗保险、大病保险、医疗救助三重制度之间的衔接,增强大病保障能力。建议在整合基本医疗保险制度的过程中,同时整合城乡居民大病保险、职工大额医疗费用补助、企业补充医疗保险等制度,建立统一的全民大病保险制度。引入大病保险个人缴费制度,建立大病保险独立筹资渠道,扩大大病保险筹资规模,提高保障能力。进一步优化大病保险支付条件,适当降低报销门槛并提高报销比例。加强与医疗救助制度的衔接,适当扩大重特大疾病的医疗救助范围,在重点保障困难群体的基础上惠及更多大病患者。

(四)鼓励产品和服务创新,大力推动商业健康险发展

城市定制型商业医疗保险(俗称"惠民保")的快速发展表明,商业健康险有很好的发展前景。更加注重发挥商业医疗保险的作用,引导商业保险机构创新完善保障内容,积极挖掘市场需求,鼓励产品和服务创新,在医疗、疾病、康复、照护、生育等多领域开发产品和服务,成为构建全民医保制度和建设多层次医疗保险体系的重要一环。对于商业保险机构开发的具有普惠性的产品和服务,应在数据共享、相关政策等方面给予大力支持。

---

① 郑功成:《全面深化医保改革:进展、挑战与纵深推进》,《行政管理改革》2021年第10期。

第四章　完善老年健康支撑体系[*]

　　提升老年人健康水平,减少老年人对家庭和社会的依赖,促进实现健康老龄化,是人口老龄化不断深化、老年人口规模持续增长背景下,实施积极应对人口老龄化国家战略的基础。2021 年 11 月发布的《中共中央、国务院关于加强新时代老龄工作的意见》,明确提出完善老年人健康支撑体系的发展方向,并从提高老年人健康服务和管理水平、加强失能老年人长期照护服务和保障、深入推进医养结合三方面提出了具体要求。完善老年健康支撑体系,成为实施积极应对人口老龄化国家战略的重要实践。本章从老年健康含义、主要健康风险人群以及老年人面临的未来健康风险三方面,对老年健康支撑体系建设的重要性作出分析;从政策体系构建、老年健康服务体系完善以及医养结合推进三方面,对老年健康支撑体系建设的近期实践进行梳理;在此基础上,围绕未来完善老年健康支撑体系的关键选择提出相关建议。

第一节　老年健康支撑体系建设具有重要意义

一、老年健康包含 3 层含义

　　传统意义上的健康,多指身体状态良好、无任何疾病的物理状态。进入近代以来,随着医学技术的进步以及认识的深化,人类对健康的理解不断加深。现代意义上的健康,在身体健康基础上,向精神层面和社会层面进一步拓展,成为包含多个维度的概念。

　　当前国际范围内惯用的健康概念,是 1946 年由世界卫生组织(WHO)给出的定

---

　　[*]　本章作者:冯文猛,国务院发展研究中心公共管理与人力资源研究所研究员、研究室主任。

义。依照这一定义,健康不仅为疾病或羸弱之消除,而且系体格、精神与社会之完全健康状态①。借鉴国际研究进展,基于建立在中国国情上的实践探索,中国医学界对健康的理解也在不断变化。在 2013 年由中华医学会老年医学分会给出的概念中,对健康老年人的界定包括 5 个方面:一是重要脏器的增龄性改变未导致功能异常,无重大疾病,相关高危因素控制在与其年龄相适应的达标范围内,具有一定的抗病能力。二是认知功能基本正常,能适应环境,处世乐观积极,自我满意或自我评价好。三是能恰当地处理家庭和社会人际关系,积极参与家庭和社会活动。四是日常生活活动正常,生活自理或基本自理。五是营养状况良好,体重适中,保持良好的生活方式。自 2021 年开始,我国有关部门对如何在新形势下界定健康老年人展开研究,相关指标体系也在不断完善,但整体上仍然秉承了多维度的思路。

当前,国内外对健康的理解涵盖了身体健康、心理健康和社会健康 3 层含义,对老年健康的理解也遵从了上述维度划分。在这 3 层健康中,身体健康和心理健康多为医学界所关注,谋求以技术进步和服务改善来克服相关问题;社会健康的重点,则是聚焦以政策调整和机制完善来消除引发老年人"社会排斥"的各类障碍②。

二、老年人是主要健康风险人群

迄今为止影响人类健康的主要风险,经历了从瘟疫、饥荒到传染病再到慢性非传染性疾病和退行性疾病的变化。在生活水平提升、饮食结构变化、医疗技术进步、医疗卫生服务体系不断完善等多重因素推动下,中国居民的主要疾病负担也逐步转化为慢性非传染性疾病。2016 年,中国全人群中死因排在前 10 位的依次为:脑血管病、缺血性心脏病、慢阻肺、肺癌、肝癌、高血压心脏病、胃癌、道路交通事故、糖尿病和食道癌③。目前,由主要慢性病引发的死亡占比超过了 88%。

对我国居民分年龄组进行健康风险分析的结果显示,进入 40 岁之后,居民中有各类健康问题的发生比例明显增多。当前,中国健康风险主要发生人群集中在中老年人群,特别是 60 岁及以上的老年群体当中。国务院发展研究中心中国民生调查持

---

① 这一定义,来源于 1946 年 6 月 19 日至 7 月 22 日在纽约召开的国际卫生会议通过、61 个国家代表于 1946 年 7 月 22 日签署(《世界卫生组织正式记录》第 2 号第 100 页),并于 1948 年 4 月 7 日生效的《世界卫生组织法》序言。自 1948 年以来,该定义未经修订。

② 关于老年人"社会排斥"的讨论,可参见 Wenmeng Feng, 2011, "Social Exclusion of the Elderly in Contemporary China: One Empirical Study Based on the Surveys in Six Provinces", in OECD Perspectives on Global Development, https://www.oecd.org/development/pgd/46837621.pdf.

③ 《中国死因数据集 2016》。

续多年的入户调查结果显示,进入40岁之后,居民中有各类健康问题的比例超过10%;进入60岁之后,人群中有各类健康问题的比例超过四成;进入70岁以后,这一比例增长至六成(见图4-1)①。这一结果显示,在慢性病成为主要疾病负担的大背景下,老年人是我国的主要健康风险人群,也是医疗卫生服务体系需要关注的重点人群。

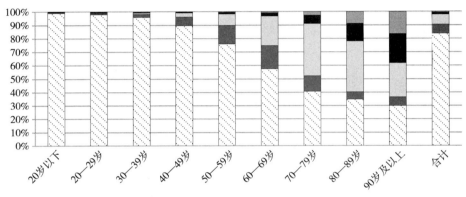

图4-1 分年龄看我国居民的健康风险

三、我国老年健康未来面临多重挑战

2017年,我国65岁及以上老年人的死因中,排在前10位的依次为:心脏病占25.83%,脑血管疾病占24.88%,恶性肿瘤占20.09%,呼吸系统疾病占14.01%,伤害占3.95%,内分泌/营养代谢疾病占2.85%,消化系统疾病占1.91%,神经系统疾病占1.18%,泌尿生殖系统疾病占0.98%,传染病占0.71%。除上述10种疾病外,其他因素构成的死因占比合计占到3.61%。疾病负担集中在慢性病上这一特点,在老年人当中有着更为清晰的呈现。

慢病流行已成为当前我国老年人健康面临的突出问题。《中国居民营养和慢性病状况报告(2020年)》显示,我国60岁及以上老年人中,高血压患病率为59.2%,糖

---

① 上述分析数据来源于国务院发展研究中心中国民生调查入户问卷部分。该调查每年在全国12个省份随机抽取1.2万户居民进行入户调查,涉及的家庭成员数量超过4万人。详情参见冯文猛:《"十四五"养老工作需关注三个重点问题》,国务院发展研究中心调查研究报告,2021年3月。

尿病患病率达 24.6%。近些年,受膳食结构不合理、运动不足等多种因素影响,城乡老年人的慢性病患病率呈持续走高的态势。使用全球疾病负担(GBD)数据对健康领域目标值未来发展趋势进行的预测分析显示,到 2030 年,我国重大慢性病合计早死概率为 13.2%,高于联合国可持续发展目标(SDGs)确定的 12.2% 的目标值,慢性病在我国未来健康风险中的挑战依然巨大①。

除了慢性病,老年人健康当前面临的另一突出问题是共病多发。一项对北京三甲医院 80 岁以上住院老人的研究显示,这些老年人所患疾病的种类平均达到 9 种。老年人中多病共存的问题,对既有的医疗卫生体系服务模式提出了挑战。对患有多种疾病且生理机能有所下降的老年人进行诊治,无法简单适用针对只患有一种疾病患者的分科诊治模式。将老年人作为一个整体,综合考虑存在的各种疾病,据此制定系统性的诊疗方案,成为新的探索模式。

老年人健康还面临一些新的风险因素挑战。新的疾病如阿尔茨海默病、帕金森病等带来了全球性的挑战,中国的诊断率和治疗率更低,亟须有效治疗手段。中国老年人疾病谱与医药产业发达的国家有所区别,需要疾病防治体系与生物医药产业共同发力应对。特别是在肝癌、胃癌和食管癌等方面,中国老年人的疾病负担大大高于美日等发达国家。近些年,肺癌的疾病负担状况也超过了美日等国家,上升明显。受过快的社会转型、城镇化、收入分配差距、人口快速流动、家庭规模和结构变化等因素影响,老年人的精神健康压力越来越大。但由于社会偏见等因素影响,这类疾病的就诊率、治疗率都明显偏低,以抑郁为主的老年人精神健康问题需要特别引起关注。

在疾病负担变化的同时,老年人未来健康还面临着人群结构变化的影响。随着预期寿命的延长,未来老年人中 80 岁以上高龄老人的数量将会出现显著增长。2030年之后,80 岁及以上高龄老人的数量进入快速增长轨道;到 2050 年,总规模达到 1.3亿人,在 60 岁及以上人口中的占比超过四分之一。鉴于年龄增长和失能半失能比例之间存在的关联,高龄老人数量增加,将不可避免地带来失能半失能老年人数量快速增长。如果按照当前趋势发展下去,到 2050 年,半失能老人的数量会超过 1 亿人,失能老人也将达到 2000 万人②。随着现代化建设进程不断推进,环境风险更为多元,人们面临的健康风险也在逐渐增大,将老未老人群未来面临的健康风险更为复杂。

---

① 昆山杜克大学、国务院发展研究中心联合课题组:《中国落实联合国 2030 年健康相关可持续发展目标:机遇与挑战》,2018 年出版。

② 国务院发展研究中心社会发展研究部课题组:《健康老龄化:政策与产业双轮驱动》,中国发展出版社 2019 年版。

日趋复杂的健康风险以及老年人群特别是高龄老年人数量的增加,将会显著增加居民未来对医疗健康服务的需求。最大限度地延长老年人的健康余寿,促进功能残障期的扩张模式转为压缩模式,提升老年人的健康预期寿命,成为解决中国未来养老负担的关键。

第二节　我国老年健康支撑体系建设的近期实践

疾病负担模式的变化以及老年人口规模的不断增加,为全社会强化老年健康支撑体系共识的形成提供了基础。在政府有关部门和社会各界合力推动下,近些年,我国从政策体系完善、服务模式探索和医养结合试点三方面,积极推动老年健康支撑体系建设的相关实践。

一、政策体系日渐丰富

政策体系日渐完善,主要体现在医药卫生体制改革和人口老龄化应对制度建设两个领域。这两个领域的探索,前期相对独立,随着关联程度不断增加,近几年逐步走向融合发展。

2009 年,中国启动了新一轮医药卫生体制改革。经过几年努力,医疗卫生系统的服务能力有了显著提高。改革推进过程中,随着疾病负担转向慢性病、健康风险人群更多集中在中老年群体,以及人口老龄化深化后老年人对医疗健康的需求进一步增长,对老年人医疗健康需求的关注逐步加大。2010 年之后,中国老年医疗卫生政策的出台频率越来越高。"十二五"期间,相关政策文件达 17 个,包括《关于促进健康服务业发展的若干意见》《卫生事业发展"十二五"规划》等。"十三五"时期,更多关注老年人健康的重要政策文件相继颁布,包括《"健康中国 2030"规划纲要》《"十三五"卫生与健康规划》《"十三五"健康老龄化规划》等,老年医疗卫生政策逐渐趋于完善。

2019 年 12 月 28 日,十三届全国人大常委会第十五次会议审议通过了《中华人民共和国基本医疗卫生与健康促进法》,2020 年 6 月 1 日起施行。这项法律明确提出了"国家制定并实施老年人健康工作计划"的要求。

在政策密集出台过程中,关注的重点也在发生变化,从重视病后治疗转向病前预防。同时,除总体规划外,针对某专项领域的规划也陆续出台。《"健康中国 2030"规划纲要》《全民健身计划(2016—2020 年)》《全民健康素养促进行动规划(2014—2020 年)》和《"十三五"健康老龄化规划》等文件,重心都放在从普及健康生活知识、加强健康教育、塑造健康行为、做好慢病预防和提高身体素质等方面积极推进政策引导。2016年，国家卫生健康委与中央宣传部、中央综治办、国家发展改革委等22个部门印发《关于加强心理健康服务的指导意见》，强调要关注老年人的心理健康。

2019年6月，国务院印发《关于实施健康中国行动的意见》，并颁布《健康中国行动（2019—2030年）》，成立健康中国行动推进委员会，重申要转变观念，从以治病为中心转到以健康为中心，将老年健康促进行动确定为15项重大行动之一。这一行动针对老年人膳食营养、体育锻炼、定期体检、慢病管理、精神健康以及用药安全等方面，给出个人及家庭行动建议，并分别提出老有所医、老有所养、老有所为的社会和政府主要举措。

2022年4月，国务院办公厅印发《"十四五"国民健康规划》，在全周期保障人群健康部分提出促进老年人健康的任务，从强化老年预防保健、提高老年医疗和康复护理水平、提升医养结合发展水平三方面提出了具体举措。在具体目标上，提出到2025年，65岁及以上老年人的城乡社区规范健康管理服务率达到65%以上，二级以上综合医院设立老年医学科的比例达到60%以上。

应对人口老龄化相关制度建设中对老年健康支撑的重视，主要体现在对养老服务模式顶层设计的调整上。随着对老年健康重要性认识的深化，养老服务体系的顶层设计从21世纪初提出的"以居家为基础、社区为依托、机构为支撑"，在党的十八届五中全会上调整为"以居家为基础、社区为依托、机构为补充、医养相结合"。此次调整中的一个重要变化，就是引入了医养结合的提法，以加大在发展完善养老服务体系过程中对强化老年医疗健康服务的重视。

在此基础上，2019年10月，党的十九届四中全会通过的《中共中央关于坚持和完善中国特色社会主义制度、推进国家治理体系和治理能力现代化若干重大问题的决定》，进一步对养老服务体系的整体设计，提出"加快建设居家社区机构相协调、医养康养相结合的养老服务体系"的要求。2020年10月29日通过的《中共中央关于制定国民经济和社会发展第十四个五年规划和二〇三五年远景目标的建议》，明确提出将构建居家社区机构相协调、医养康养相结合的养老服务体系作为未来发展方向，老年健康服务体系成为养老服务未来建设中的两个重点之一。

2021年11月，《中共中央、国务院关于加强新时代老龄工作的意见》发布，在第三部分明确提出完善老年人健康支撑体系的任务，并从提高老年人健康服务和管理水平、加强失能老年人长期照护服务和保障、深入推进医养结合三方面提出具体要求和举措。

2021年12月,国务院发布《"十四五"国家老龄事业发展和养老服务体系规划》,第六部分明确提出完善老年健康支撑体系的目标,从加强老年人健康教育和预防保健、发展老年医疗康复护理和安宁疗护服务、深入推进医养结合、强化老年人疫情防控4个方面作出部署,并提出了老年健康促进工程、老年健康服务体系建设工程、社区医养结合能力提升行动、医养结合示范行动4个专项行动。

二、服务体系不断完善

在相关政策推动下,老年健康服务体系在实践中不断得到完善。2018年的政府机构改革中,国家卫生健康委员会新设立老龄健康司,不仅意味着养老服务对健康问题的重视提升到更高水平,也直接推动了老年健康服务体系的快速发展。

2019年10月,国家卫生健康委等8部委联合发布《关于建立完善老年健康服务体系的指导意见》,从健康教育、预防保健、疾病诊治、康复和护理服务、长期照护服务、安宁疗护服务等6个方面,提出了完善老年健康服务体系的相关要求。2020年,国家卫生健康委联合国家中医药局印发《关于开展建设老年友善的医疗机构工作的通知》,推动医疗机构在文化、管理、服务、环境等方面建设成为老年友善医疗机构。同年,国家卫生健康委联合国家中医药局印发《关于加强老年人居家医疗服务工作的通知》,进一步推动老年人居家医疗服务的发展。2022年3月,国家卫生健康委等15个部门联合发布《"十四五"健康老龄化规划》,进一步提出推动老年健康服务高质量发展,增量与提质并重的要求,并提出了一系列新的任务①。

老年健康服务体系的相关实践,遵循《关于建立完善老年健康服务体系的指导意见》提出的6个方面要求,都在积极推进。在健康教育方面,以传统媒体、新媒体等为平台,各类旨在提升老年人健康素养的健康信息传播陆续丰富;社区基层医疗卫生机构和社区定期举行针对老年人的健康知识讲座等活动,也在多数一线城市的基层社区逐渐成为常态。为提升老年人的健康素养,国家卫生健康委先后印发《老年健康核心信息》《老年失能预防核心信息》《阿尔茨海默病预防与干预核心信息》等,

① 这些任务包括:强化健康教育,提高老年人主动健康能力;完善身心健康并重的预防保健服务体系;以连续性服务为重点,提升老年医疗服务水平;健全居家、社区、机构相协调的失能老年人照护服务体系;深入推进医养结合发展;发展中医药老年健康服务;加强老年健康服务机构建设;提升老年健康服务能力;促进健康老龄化的科技和产业发展。在全社会开展人口老龄化国情教育,树立积极老龄观。引导老年人将"维护机体功能,保持自主生活能力"作为健康目标,树立"自己是健康第一责任人"的意识,强化"家庭是健康第一道关口"的观念,促进老年人及其家庭践行健康生活方式。普及营养膳食、运动健身、心理健康、疾病预防、合理用药、康复护理、生命教育、应急救助等老年健康知识,宣传维护感官功能、运动功能和认知功能的预防措施,不断提高老年人健康核心信息知晓率和健康素养水平。

并制作老年健康科普系列视频,组织开展全国老年健康宣传周活动,宣传老年人健康政策和健康知识,结合世界精神卫生日及心理健康相关主题活动,指导各地充分利用广播、电视、报刊和网络等渠道,广泛开展老年人等重点群体常见心理行为问题科普宣教活动,提升老年人的心理健康意识。同时,针对高血压、糖尿病、老年痴呆等老年人常见病和多发病的知识宣传,也逐步成为各养老驿站和老年大学组织活动的重要内容。在一些地区,还出现了一些专门针对上述病症预防宣传的志愿者组织等专业团队。

在预防保健方面,重点依托基本公共卫生服务项目的拓展,做实对社区老年人的健康服务。从 2019 年起,将原重大公共卫生服务和计划生育项目中的老年健康服务与医养结合,纳入基本公共卫生服务项目,强化了基层医疗卫生机构对老年人的健康服务管理。同时,国家卫生健康委组织 6 个国家老年疾病临床医学研究中心分别针对 6 方面危险因素开展老年人失能预防干预工作,部署 13 个省份开展老年人失能(失智)预防干预工作;在全国 1600 个城市社区、320 个农村行政村实施老年人心理关爱项目,为 50 余万名老年人提供心理评估、随访和心理干预服务。结合社会心理服务体系建设试点工作,探索开展抑郁症、老年痴呆防治特色服务工作,提高老年痴呆、抑郁、焦虑等心理问题和常见精神障碍的筛查、识别、处置能力。截至目前,全国各地 65 岁及以上老年人的每年定期体检已实现常态化。与此同时,借助家庭医生签约、设置老年人服务专门窗口等模式,基层医疗卫生机构服务老年人的能力进一步增强。

在常见疾病干预方面,以疾病预防控制中心和各地卫生健康部门为平台,一些区域针对高血压、糖尿病人管理和痴呆人群的照护体系建设等进行重点探索。中国疾控中心先后开展老年健康服务机制与策略研究、阿尔茨海默病和帕金森病的干预试点、老年心理关爱项目、失能预防干预项目等工作,并取得有效进展。2020 年 11 月,中国疾控中心同苏州市疾控中心联合建立快乐与长寿研究合作中心,针对老年身心健康影响因素与重点疾病发病机制等方面开展基础性研究。进入 2021 年之后,包括重新定义健康老年人标准、推动主动健康发展等研究也在部署推进。

在疾病诊治方面,面向老年人的医疗健康服务机构建设、老年用药和老年就医服务改善等方面均取得了明显进展。国家卫生健康委联合相关部门,依托复旦大学附属华山医院、中国人民解放军总医院、中南大学湘雅医院、四川大学华西医院、北京医院、首都医科大学宣武医院等,在老年疾病领域布局建设 6 个国家老年疾病临床医学研究中心。2019 年,中国医学科学院成立老年医学研究院,寻求为健康老龄化提供科技支撑。截至 2020 年底,全国设有 1 个国家老年医学中心和 6 个国家老年疾病临床医学研究中心。在推进国家级老年健康机构建设的同时,全国范围内二级及以上综合性医院设置老年医学科的建设也在积极推动。截止到 2020 年底,2642 个二级及以上综合性医院设立了老年医学科。

强化老年人用药保障的成效逐步凸显。2021 年 8 月,为满足老年人慢性病患者的长期用药需求,国家卫健委办公厅联合国家医保局办公室发布《关于印发长期处方管理规范(试行)的通知》,对高血压、糖尿病等老年人常见的慢性病建立了长期处方制度,大大方便了老年人的用药需求。为提升用药依从性,多地在社会力量积极参与下借助智慧手段,对老年人用药使用情况进行监测,加强老年人用药指导。为充分发挥中医治疗未病、服务老年人健康管理的独特优势,全国大力推进国医馆、中医堂等建设。截至目前,全国几乎所有街道/乡镇的社区卫生服务中心/乡镇卫生院都设置了国医馆区域,积极推进开展社区和居家中医药健康服务,促进优质中医药资源向社区、家庭延伸。

改善老年人就医服务在多方面取得了明显成绩。在全国全面落实老年人医疗服务优待政策指导下,医疗机构普遍建立老年人挂号、就医绿色通道,探索优化老年人就医流程、为老年人看病就医提供便利服务的有效做法。有条件的医疗卫生机构积极探索建设老年友善机构,山东全境、北京部分地区探索鼓励医疗卫生机构为居家失能老年人提供家庭病床、巡诊等上门医疗服务。此外,推进医保异地直接结算工作进展显著。截至 2022 年 4 月底,住院费用跨省直接结算已覆盖全国所有省份、所有统筹地区、各类参保人员和主要外出人员,全国 96% 以上的县至少有一家定点医疗机构能够跨省直接结算普通门诊费用,大大方便了老年人异地就医。

在康复和护理方面,以充分发挥康复医疗在老年医疗服务中的作用,为老年患者提供早期、系统、专业、连续的康复医疗服务为导向,从机构建设、服务能力提升、人才培养等多方面进行了积极推进。实践中,通过鼓励医疗资源丰富的地区将部分公立医疗机构转型为护理、康复医疗机构,鼓励二级及以上综合性医院设立康复医学科,提高基层医疗卫生机构的康复、护理床位占比,支持农村医疗卫生机构利用现有富余编制床位开设康复、护理床位等方式,推动康复、护理机构建设取得了明显进展,护理人才队伍也显著增加。2020 年底,全国注册护士总数为 470 余万人,较 2015 年增幅达 45%。每千人口注册护士数达到 3.34 人。人才培养上,在北京大学、山东大学等高等院校大力强化新型护理学院创建的同时,一些职业院校以实操性人才培养为导向,积极进行康复护理人才的培养。

　　长期护理在这一时期取得了明显进步。一方面,自2016年开始,长期护理保险试点在全国积极推进。2020年9月,经国务院同意,国家医保局会同财政部印发《关于扩大长期护理保险制度试点的指导意见》,长期护理保险试点城市增至49个。另一方面,长期照护服务也在积极发展。在养老实践基础上,各地对长期照护的内容形成了不同版本,并根据情况发展持续进行调整。2021年7月,国家医保局办公室会同民政部办公厅联合印发了《长期护理失能等级评估标准(试行)》,从三方面17个指标对长期护理失能进行了界定,将我国长期护理的发展带入了新阶段。在实践中,针对居家、社区专业机构的失能老年人长期照护服务模式探索不断丰富。上海、北京等多地通过政府购买服务方式,支持发展社区嵌入式为老服务机构。一些地区还积极推进长期照护服务内容不断拓展。

　　安宁疗护是为疾病终末期患者提供疼痛及其他症状控制、舒适照护等服务,对患者及其家属提供心理支持和人文关怀。2017年1月,国家卫生计生委办公厅印发《安宁疗护实践指南(试行)》《安宁疗护中心基本标准(试行)》和《安宁疗护中心管理规范(试行)》,专项启动安宁疗护相关工作。其后的实践中,按照患者"充分知情、自愿选择"的原则,国家积极推进医疗机构的安宁疗护科室建设,并先后启动两批市(区)国家安宁疗护试点。截至2020年末,全国设有安宁疗护科的医院有510个,安宁疗护试点扩大到91个市(区)。除医疗机构外,实践中,不少养老机构也在根据需要积极推进安宁疗护专区的相关设置,探索机构内提供安宁疗护的有效做法。

　　在分领域专项推进的同时,国家还从综合及系统角度全面推进老年健康服务的发展。在国家卫生健康标准委员会增设老年健康标准专业委员会,将老年医学人才纳入中央财政转移支付卫生健康紧缺人才培养项目,并建成运行全国老龄健康信息管理系统。结合推进扶贫工作,部署做好建档立卡失能贫困老年人照护工作,确认74.6万失能贫困老年人,其中71.4万人落实家庭医生签约服务。从构建老年友好型社会角度,推进创建全国示范性城乡老年友好型社区。2021年启动创建工程后,同年完成992个全国示范性老年友好型社区的命名,2022年继续推进相关工作。

三、医养结合扎实推进

　　自2013年国务院发布《关于加快发展养老服务业的若干意见》后,我国的养老服务事业和产业进入了发展的快车道。经过持续努力,包括老年供餐、日常照料、文娱活动等在内的养老服务内容不断丰富,面向老年人的产品种类也日渐丰富,极大满足了居民的养老需求。但同居民日益增长的养老需求相比,养老服务的发展依然面临着一些短板,其中最突出的领域是医疗健康服务。

国务院发展研究中心中国民生调查①的调查结果显示,近些年,城乡上门医疗和健康监测紧急救助两项服务成为居民最期望发展的养老服务内容(见图4-2)。

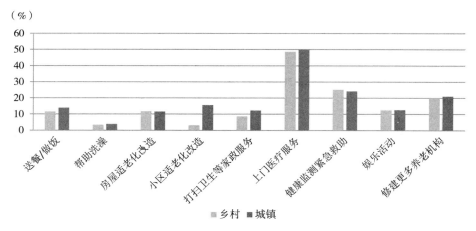

图4-2 分城乡看为老服务最需要发展的内容

上门医疗需求突出,源自两方面的原因:一是随年龄增长,老年人患各种疾病的风险不断上升,自理能力出现下降,医疗健康成为生活中的重要刚需;二是当前我国城镇楼房中有电梯的比例不超过30%,且修建年代越久远的楼房越没有电梯,但居住的人群往往是老年人。行动能力下降、医疗需求上升,加上居住地没有电梯,使得很多行动不便的老年人很难去医疗机构就医,亟须在家中获取医疗服务。健康监测紧急救助,主要源于老年人中空巢或独居的比例上升。患病且处于独居状态的老年人,在意外发生时能够被知晓并启动紧急救助体系非常关键。鉴于此,健康监测紧急救助成为居民对养老服务最期望发展的第二项内容。

发展养老服务需要充实医疗服务,发展医疗健康服务需要重点关注老年人。实践中,这两方面需求交叉在一起,共同形成了推动医养结合发展的现实基础。在上述背景下,相关部门开启行动,以政策和实践推动医养结合的实际发展。2016年5月,国家卫计委、民政部发出《关于遴选国家级医养结合试点单位的通知》,提出遴选国家级医养结合试点单位,为全国医养结合工作提供示范经验。同年6月,国家卫计委、民政部联合下发通知,确定了第一批国家级医养结合试点单位,北京市东城区等50个市(区)入选。该通知表示,各省(区、市)要积极探索地方医养结合的不同模

---

① 中国民生调查最早于2009年以中国发展研究基金会为平台启动,2012年正式转到国务院发展研究中心,电话调查每年覆盖对象达5万人以上,入户调查每年覆盖对象为1.2万个家庭。

式,并积极协调解决存在的困难和问题。2016 年底前,每省份至少启动 1 个省级试点,积累经验、逐步推开。

实践中,各地的举措包括多个方面。通过深化"放管服"改革,出台税费、投融资、用地等相关优惠政策,积极支持社会力量举办医养结合机构。引导社会办医疗机构转为康复医院、护理院和医养结合机构,强化有效供给。鼓励发展健康旅游、旅居养老等各类医养康养新业态。

积极重视发挥试点单位的示范作用。医养结合示范项目被列入全国创建示范活动项目。国家确定山东省、四川省为医养结合创建示范省,并在全国范围内设立 90 个国家级医养结合试点市。国家卫生健康委组织开展老龄健康医养结合远程协同服务试点工作。2020 年,国家卫生健康委确定 174 个医养结合机构,作为开展老龄健康医养结合远程协同服务的首批试点单位。

当前,我国各地的医养结合主要形成了 4 种模式,具体包括:医疗卫生机构与养老机构签约合作、医疗卫生机构开展养老服务、养老机构依法开展医疗卫生服务、医疗卫生服务延伸至社区和家庭。截至 2021 年 6 月底,全国医疗卫生机构与养老机构建立签约合作关系的共有 7.8 万对。两证①齐全(具备医疗机构执业许可或备案,并进行养老机构备案)的医养结合机构共约 6100 家;其中,设立医疗卫生机构的养老机构约 3900 家,开展养老服务的医疗卫生机构约 2200 家,超过 90%的养老机构都能够以不同形式为入住的老年人提供医疗卫生服务。

第三节　完善老年健康支撑体系的关键选择

一、老年健康支撑体系建设当前仍面临突出挑战

尽管近些年老年健康支撑体系建设已取得了明显进展,但同人口老龄化的快速发展以及老年人口不断增长的健康需求相比,仍存在明显不足。目前,完善老年健康服务体系涉及的健康教育、疾病预防、疾病诊治、康复护理、长期照护、安宁疗护 6 个环节的发展过程中,都存在一些有待改善的部分。医养结合发展、老年人就医整体环境、老年人的医疗负担等多个方面,也面临着诸多需要进一步完善的地方。

同人均预期寿命相比,当前我国居民人均健康预期寿命比人均预期寿命要低 10

---

① 两证,指医疗机构执业许可证和养老机构备案证。

岁,表明老年人在相当长的一个时期内仍处于带病生存状态,健康状况不容乐观。整体上,我国老年人的健康素养依然停留在一个较低水平上。2020年全体居民的健康素养水平为23.15%,老年人的水平仅为居民平均水平的一半左右。健康知识的匮乏,使得多数居民还缺乏慢性病的预防和管理知识,包括高血压、糖尿病、痴呆等在内的各类慢性病近些年仍呈快速上升势头。

在健康服务体系构建上,65岁及以上老年人的城乡社区规范健康管理服务率和二级以上综合医院设立老年医学科的比例仍然不高,老年医学科人才整体匮乏的局面仍没有改变。此外,康复和护理发展不足;长期护理服务内容缺乏,覆盖面有限;安宁疗护整体进展不快,发展仍受多重因素制约。在医养结合领域,虽然近些年进展明显,但仍存在部分地区的机构积极性不高、服务协同效率有待提升、部分规章制度制约机构内服务有效满足需求等多方面的问题。此外,对于满足绝大多数人需求的社区层面的医养结合服务,仍有待作出探索和突破。

二、推动老年健康支撑体系建设的政策建议

完善老年健康支撑体系是个系统工程,需要做好长期准备,久久为功。在当前和今后一个时期内,需要聚焦重点领域和关键环节,以问题为导向推进相关举措落地。

一是推进全生命周期的健康教育。贯彻个人是健康第一守门人原则,着眼生命全周期,综合施策,尽快提升人群健康素养水平。针对老年人的常见病、多发病,开发老年健康教育科普教材,开展老年人健康素养促进项目,加强老年期重点疾病的早期筛查和健康管理,提升老年人城乡社区规范健康管理服务率。

二是完善老年医疗卫生服务体系。进一步推进老年专科医院和综合医院老年病专科建设,提升基层医疗卫生机构服务老年人的能力。推动开展老年人健康综合评估和老年综合征诊治,促进老年医疗服务从单病种向多病共治转变。完善从居家、社区到专业机构的长期照护服务模式。提升基层医疗卫生机构的康复护理服务能力,开展老年医疗照护、家庭病床、居家护理等服务,推动医疗卫生服务向社区、家庭延伸。支持有条件的医疗机构与残疾人康复机构等开展合作,稳步扩大安宁疗护试点。积极发展上门医疗、远程诊疗等新模式,推进医疗卫生服务体系适老化改造,打造老年友好型医疗卫生服务体系。

三是夯实老年人心理关爱体系。以城乡社区养老驿站为基层网点,打造覆盖全民的老年人心理关爱体系。依托专科团队、社工等专业化力量,提升社区和家庭照料者的心理服务能力。以独居老人为重点,建立重点联系机制,发展常态化服务,做好

兜底保障。加大对农村地区的干预,重点关注留守、独居老人的心理问题,积极促进其参与社会。

四是推动医养康养结合发展。大力发展立足社区的医养结合服务,积极推进发展上门医疗服务,结合长期护理保险和长期护理服务发展,打造立足居家、基于社区的养老医疗健康服务体系。完善医疗卫生机构和养老服务机构合作机制,提升为老年人提供治疗期住院、康复期护理、稳定期生活照料、安宁疗护一体化的服务水平。鼓励农村地区通过托管运营、毗邻建设、签约合作等多种方式构建医养联合体,实现医养资源共享。开展医养结合示范项目,提升服务质量和水平。结合未来发展趋势,积极探索推动主动健康,实现从医养向康养发展的各类服务新模式。

在近期,老年健康支撑体系建设可考虑以推进上门医疗和健康监测紧急救助体系为抓手,推动相关工作尽快取得进展。在上门医疗方面,可考虑在总结山东等地试点经验基础上,从人员配备、服务内容界定、服务质量监管、报销制度安排、激励机制完善、风险防控机制设置等多方面入手,构建起上门医疗的系统性制度安排,并逐步从地方向全国推广。

在健康监测紧急救助方面,需要做好两方面具体工作。一是对重点人群进行筛查,确定需要进行监测的具体对象。具体对象以身患疾病、行动不便且独居或处于空巢状态的老年人为重点,可借助信息技术等手段,建立起对这些人群的常态化监测机制,确保他们发生意外情况时能够迅速被发现。二是建立应急反应救助机制。考虑以监测机构为平台,连接民政、消防、医疗、社工、物业等多方力量,在监测对象发生紧急情况时,能够迅速启动反应机制,确保发生问题的被监测对象能够得到即时救助。

第五章　建立长期照护和保障体系[*]

近半个世纪以来,中国人口的预期寿命有了快速增长,然而,长寿并非意味着健康。随着中国经济社会的发展,在人口预期寿命不断延长的同时,老年人失能的风险随之上升[①]。近 20 年来,中国的失能老年人口数量持续扩张。2020 年,我国 60 岁及以上失能人口超过 718 万人,预计到 2030 年会达到 1080 万人,到 2050 年则将超过 2062 万人[②]。失能人口快速增加带来了照护服务的需求不断上升,家庭及社会的养老和照料负担日益沉重。如何满足老年人日益旺盛的养老服务需求,成为积极应对人口老龄化、提高老年人生活质量的重要内容。

第一节　长期照护体系和长期护理保险

长期照护体系是满足失能者照护需求、提高失能者生活质量的重要途径。长期照护体系建设既需要专业的、综合性的社会化照护服务体系,也需要长期的、可持续的资金支持。因此,长期照护体系建设是一项复杂的社会工程,对老龄社会的保障体系建设、养老服务产业发展,以及多主体参与的老龄社会治理体系建构,都提出了诸多挑战。

一、中国的长期照护体系建构

失能意味着老年人将无法继续维持独立的生活方式,需要长期在他人的帮助下维持正常生活。失能老年人的照料强度、照料时长和照料需求高于普通老年人,而随着老

---

[*]　本章作者:张文娟,中国人民大学人口与发展研究中心、老年学研究所教授。

[①]　张立龙、张翼:《中国老年人失能时间研究》,《中国人口科学》2017 年第 6 期。

[②]　宋靓君、王雪辉:《老龄社会中的长期照护服务》,见彭希哲等:《中国老龄社会的治理与政策选择》,科学出版社 2021 年版,第 99 页。

年人失能水平的提高,对照料活动的专业性和规范性要求也随之升高。因而,专业的长期照护服务支持在维持失能老年人生命质量方面发挥着重要作用。经济合作与发展组织(OECD)将老年人长期照护定义为:为需要日常生活活动帮助的人提供的一系列服务,不仅是社会照护和医疗照顾的结合,还是正式支持和非正式支持相结合的一种公共服务①。西方发达国家的经验表明,长期照护制度在服务提供和资金支持方面减轻了家庭照料的负担②;通过照护保险的方式,将长期照护服务从专业的医疗卫生服务体系中相对剥离,抑制了医疗卫生成本的上升势头③。长期照护制度在提高失能老年人对养老服务的购买力、满足他们对长期照护服务的需求方面,发挥了重要作用④。

随着中国人口老龄化的加剧和失能老年人口的增长,中国的长期照护体系建设也日益受到社会各界关注,成为缓解失能老年人家庭照料服务负担、提高失能老年人生存质量的关键性举措。自2010年以来,国务院出台了多项涉及长期照护的概念与具体实施规定的政策措施,对长期照护制度的探索和尝试已经被列为中国社会养老服务体系发展规划的重要内容。2011年12月,国务院办公厅发布《社会养老服务体系建设规划(2011—2015年)》,提出了"9073"的养老格局:90%的老年人居家养老辅以社会化服务,7%的老年人由社区提供养老服务,3%的老年人进行机构养老。在"9073"这一政策指导下,各地纷纷加强对养老服务体系的研究和建设;其中,对失能老年人的照料成为关注重点,机构养老成为满足失能老年人照护需求的关键途径之一。然而,在浓重的家庭养老氛围下,居家养老依旧是绝大多数老年人的首要选择⑤。党的十八大以来,社区养老服务成为社会养老服务体系建设的重点。2013年,中国确立了在2020年实现基本养老服务对居家老年人全覆盖的发展目标;2017年发布的《"十三五"国家老龄事业发展和养老体系建设规划》提出,要夯实居家社区养老服务基础,提供有针对性和专业化的服务。但是,社会养老服务发展过程中,医养割裂成为服务发展的瓶颈,导致老年人的专业医疗和护理需求无法得到有效满足,而医养结合成为破解这一困局的关键⑥。2013年9月,《国务院关于加快发展养老服务

---

① Organization for Economic Cooperation and Development, *Long Term Care for Older People*, 2005.

② 刘德浩:《长期照护制度中的家庭团结与国家责任——基于欧洲部分国家的比较分析》,《人口学刊》2016年第4期。

③ 王磊、林森、赵晔:《日本介护保险制度改革及其启示》,《地方财政研究》2013年第5期。

④ 苏群、彭斌霞、陈杰:《我国失能老人长期照料现状及影响因素——基于城乡差异的视角》,《人口与经济》2015年第4期。

⑤ 蔡敏等:《我国60岁及以上老年人口养老意愿及选择居家养老的影响因素分析》,《中国医院统计》2021年第4期。

⑥ 姜巍、王荣荣:《我国医养结合产业发展现状、问题与对策》,《中国卫生经济》2020年第6期。

业的若干意见》首次明确提出,积极推进医疗卫生与养老服务相结合。2016 年,国家卫计委、民政部等部门联合启动医养结合试点项目。同年,党中央、国务院发布《"健康中国 2030"规划纲要》,提出要"推动医养结合,为老年人提供治疗期住院、康复期护理、稳定期生活照料、安宁疗护一体化的健康和养老服务"。医养结合项目的开展,有效促进了失能老年人长期照护服务体系建设,提高了医疗服务资源的利用效率,也提升了养老服务的质量[1]。近年来,这种"医中有养,养中有医"的养老服务机构已经逐步成为提供长期照护服务的主要力量。

二、长期照护保险在照护体系中的作用

长期照护服务体系的发展改善了照护服务资源的供给,增强了失能人群获得专业照护服务的可能性。然而,在这一过程中,稳定的资金来源和服务购买力是保障失能者获得长期照护服务的另一关键。世界银行的调查报告指出,缺乏系统的长期照护服务融资抑制了服务的有效需求,而"需求方"的资金匮乏也阻碍了高效能服务提供者的发展,因而,持续的长期照护融资体系是长期照护体系发挥作用的重要保障[2]。为了保证失能老年人能够获得稳定的长期照护服务,许多国家陆续建立了长期照护制度,从资金和照护服务资源上为失能者及其家庭提供保障。除了主要由国家提供资金的救济型和普惠型制度之外,以互助共济方式筹集资金的长期照护保险制度在满足失能老年人照料需求方面的有效性,已经被越来越多国家和地区的实践经验证实。经济合作与发展组织成员国的经验表明,长期照护服务必须建立在稳定的公共财政资源基础之上(或基于税收,或基于社会保险),但持续增长的服务需求迫使各国更加强调个人责任,社会保险筹资方式的优势逐渐显现[3]。

有学者认为,长期照护保险是指为那些因老年、疾病或伤残导致丧失日常生活能力而需要入住专门的护理机构接受长期康复和支持护理或在家中接受他人护理时,发生的各种费用予以补偿的一种保险[4]。但是,从目前长期照护保险在欧美和日韩等国家实施的经验来看,保险为失能者提供的支持方式不仅限于现金支付,还包括提

---

① 高鹏、杨翠迎、周彩:《医养结合与老年人健康养老》,《财经研究》2022 年第 4 期。
② 葛蔼灵、冯占联等:《中国养老服务的政策选择:建设高效可持续的中国养老服务体系》,中国财政经济出版社 2018 年版,第 29 页。
③ 葛蔼灵、冯占联等:《中国养老服务的政策选择:建设高效可持续的中国养老服务体系》,中国财政经济出版社 2018 年版,第 39 页。
④ 中国老龄科学研究中心课题组:《全国城乡失能老年人状况研究》,《残疾人研究》2012 年第 2 期。

供服务的实物支付,或者根据失能者的情况进行灵活选择。因此,经济合作与发展组织将长期照护保险界定为:旨在为日常生活不能自理的人群提供长期护理服务或者费用补偿的保险。与其他保险不同的地方在于,长期照护保险不仅可以提供资金补偿,还能以实物方式兑现保险责任[1]。

综上所述,长期照护保险制度成为缓解老年照护危机的首选。为了应对中国不断加剧的人口老龄化挑战和持续增长的失能老年人照护需求,近年来,中国积极推动探索建立长期照护保险制度。自 2014 年青岛首次开展试点以来,长期照护保险制度正式进入中国人的视野。该保险以重度失能者为主要受益人群,以专业化的医疗护理和康复服务为支撑。为了突出这一特点,长期照护保险在中国被称为长期护理保险。

第二节　中国的长期护理保险试点实践

随着失能老年人养老问题日益突出,建立长期护理制度的呼声日益高涨,中国政府开始尝试探索建立长期护理制度体系。2016 年,人力资源和社会保障部发布《关于开展长期护理保险制度试点的指导意见》,明确在全国 15 个城市开展长期护理保险制度试点,并以吉林和山东两省作为国家试点的重点联系省份。2020 年,国家医疗保障局会同财政部印发《关于扩大长期护理保险制度试点的指导意见》,在之前试点的基础上进一步扩大试点范围,力争在"十四五"期间基本形成适应中国经济发展水平和老龄化发展趋势的长期护理保险制度政策框架。2021 年,《中华人民共和国国民经济和社会发展第十四个五年规划和 2035 年远景目标纲要》也明确提出,要"稳步建立长期护理保险制度"。

一、长期护理保险的政策框架

2016 年印发的《关于开展长期护理保险制度试点的指导意见》,为试点地区开展长期护理保险制度试点提供了基本的制度框架和实施原则。2020 年,在总结前期试点经验的基础上,国家医保局和财政部发布《关于扩大长期护理保险制度试点的指导意见》,进一步阐述了长期护理保险制度设计和实施的相关原则,明确了长期护理保险试点运行的主要规程,形成了长期护理保险的制度框架(见表 5-1)。该框架对

---

① Organization for Economic Cooperation and Development,*Long Term Care for Older People*,2005.

长期护理保险试点的参保对象、保障范围、资金筹集、待遇支付等基本的保险制度设计要素作出了明确规定;对长期护理保险运行过程中的基金管理、服务管理、经办管理等主要环节应该遵循的基本原则提供了规范、详细的要求,上述规定和要求为各地区试点工作的开展提供了重要的政策依据。

表 5-1　长期护理保险试点项目的制度要点和基本运行规范

制度环节	基本原则
参保对象	从职工基本医疗保险参保人群起步,可逐步扩大参保对象范围
保障范围	重点解决重度失能人员基本护理保障需求
资金筹集	筹资渠道:互助共济、责任共担,以单位和个人缴费为主
	资金测算:按照"以收定支,略有盈余"的原则,科学测算,合理确定各地区的年度筹资总额
	筹资标准:单位和个人缴费原则上按同比例分担;其中,单位缴费基数为职工工资总额,个人缴费基数为本人工资收入
	调整机制:与经济社会发展和保障水平相适应的动态调整机制
待遇支付	差别化待遇:根据护理等级、服务提供方式实行差别化待遇保障,鼓励使用居家和社区护理服务
	支付范围:为基本生活照料和与之相关的医疗护理提供服务或资金保障
	支付水平:基金支付水平总体控制在70%左右
基金管理	基金独立:基金独立管理,有规范的管理制度
	基金安全:建立举报投诉、信息披露、内部控制、欺诈防范等风险管理制度
服务管理	标准建设:建立服务机构和从业人员的协议管理与监督稽核制度
	监督管理:建立对经办服务、护理服务的第三方监管机制
	资金管理:加强费用控制,实行预算管理
经办管理	社会力量:引入社会力量参与长期护理保险经办服务
	能力建设:建立绩效评价、考核激励、风险防范机制
	经办监管:健全经办规程和服务标准,对委托经办机构进行协议管理和监督检查

资料来源:根据 2020 年国家医疗保障局和财政部发布的《关于扩大长期护理保险制度试点的指导意见》整理。

二、长期护理保险试点的地区实践

截至 2021 年底,中国共建立了 49 个国家级长期护理保险试点地区,其中包括 2016 年启动长期护理保险制度试点后设立的 35 个首批国家级长护险试点地区,以及 2020 年进一步拓展的 14 个第二批国家级试点地区。具体地区详见表 5-2。

表 5-2　2016—2020 年长期护理保险国家级试点地区

批次	试点地区
第一批试点 （35 个）	齐齐哈尔市、承德市、上海市、南通市、苏州市、宁波市、安庆市、广州市、荆门市、成都市、重庆市、石河子市、上饶市、山东省 16 市（青岛、济南、潍坊、淄博、枣庄、东营、烟台、威海、济宁、泰安、日照、临沂、德州、聊城、滨州、菏泽）、吉林省 6 市（长春、松原、梅河口、珲春、通化、吉林）
第二批试点 （14 个）	北京市石景山区、天津市、晋城市、呼和浩特市、开封市、盘锦市、湘潭市、福州市、南宁市、昆明市、汉中市、甘南藏族自治州、黔西南布依族苗族自治州、乌鲁木齐市

经过 5 年的探索和实践,长期护理保险试点探索形成了固定的制度流程(见图 5-1),并在资金筹集、失能评估、待遇给付、保险经办和服务管理等环节积累了丰富的实践经验,因地制宜地探索出了不同模式。

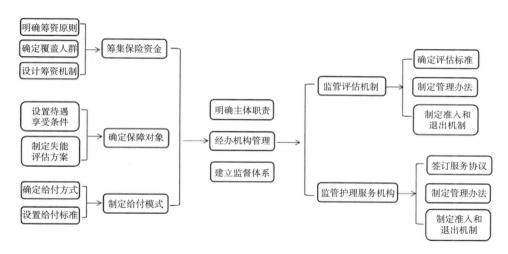

图 5-1　长期护理保险制度流程图

(一)资金筹集

2020 年的《关于扩大长期护理保险制度试点的指导意见》在参保范围的设定上明确"试点阶段从职工基本医疗保险参保人群起步",有条件的地方可随试点探索深入,逐步扩大参保对象范围、调整保障范围。依据上述文件精神,有 29 个试点城市仅覆盖城镇职工医疗保险参保人群,18 个地区覆盖了城镇职工医疗保险和城乡居民医疗保险参保人群,2 个地区覆盖了城镇职工医疗保险和城镇居民医疗保险参保人群。城镇职工医疗保险和居民医疗保险参保人群在长期护理保险缴费方案上的差异,延续了这两类人群在基本医疗保险缴费方式和缴费渠道上的差异。

目前的长护险制度在城镇职工医疗保险参保人群中的筹资渠道建设目标是,形成互助共济、责任共担的多元筹资渠道。试点地区采用的筹资渠道包括个人、单位、统筹基金、财政补助、福彩公益金,但在具体的渠道组合方面,各地存在很大的差异。在诸多的筹资渠道中,以个人和单位缴费渠道建设为重点,但是,在试点开始的第一阶段,个人和单位缴费普遍采用从职工基本医疗保险基金中划转,或者从职工基本医疗保险统筹基金中划转的方式。除此之外,财政补助也发挥了重要作用,特别是在试点启动阶段。在覆盖居民医疗保险参保人群的试点地区中,形成了"个人+财政"的筹资渠道,但部分试点地区尚未落实个人筹资责任,依靠财政补贴或者医疗保险统筹资金划拨的形式代替了个人应承担的保险缴费。

(二)失能评估

失能评估是由保险经办方组织专业的评估团队,按照保险制度规定的标准和规范,对申请享受长期护理保险待遇的失能者的身体状态进行的综合评估。失能评估是确定待遇享受者资质的关键环节,也是控制资金支出的重要途径。长护险的给付水平和方式以对参保人员的失能状态评定为前提,过于简单的评估标准容易造成制度保障人群定位不准确的问题。当前,各地均已根据实际情况形成自己的标准,可以分为两大类:第一类是专业量表模式,主要依据比较成熟的专业量表来评估申请人的失能状态,以南通市、齐齐哈尔市、湘潭市等地区为代表;第二类是本土化标准模式,是指主要根据当地情况制定标准,以上海市、成都市、荆门市等地区为代表。除失能标准之外,青岛市、南通市等地区在实践中进一步摸索对失智人员的评估,并制定了失能失智人员照护需求等级评估标准和评估工具。尽管各地在评估标准和评估工具方面存在诸多差异,在国家医保局和民政部公布《长期护理失能等级评估标准(试行)》后,各地区均将在此后的2年时间内陆续转换为国家标准。

申请失能评估是申请长期护理保险待遇的首项工作,其服务的便利性、可及性,以及操作的复杂度会对长护险的制度产出和社会效果产生直接影响。目前,各试点地区已经大致形成了提出申请、初筛、复审、组织评估等程序流程。各试点地区的长护险申请主要由失能者本人或家属发起,申请承接主体存在些许差别,主要有服务机构模式、经办机构模式和按需选择模式三类,如表5-3所示。

表5-3　试点地区的主要申请模式

模式	特点	代表地区
服务机构模式	申请由定点服务机构发起,并负责初筛	济南市、长春市、青岛市、广州市、宁波市等
经办机构模式	申请人直接向经办机构提出申请,经办机构或服务机构负责初筛	成都市、天津市、上海市、齐齐哈尔市、北京市石景山区等

续表

模式	特点	代表地区
按需选择模式	同时提供多种申请渠道，供申请人选择	南通市

资料来源:根据长期护理保险试点地区的相关政策文件梳理总结所得。

在受理失能评估申请后,各地普遍建立了现场收集信息→集中复核信息→确定失能等级→公示评估结果的评估流程。如今,各地区执行评估的团队主要有两种类型:第一类由专业评估人员或医疗护理人员组成,第二类的团队成员主要是来自经办机构的服务人员和部门工作人员。在所有试点地区中,多数城市和地区的评估人员属于第一类,由专业的评估人员或医疗护理人员组成。这些专业人员包括接受过专业培训的评估师,来自医疗机构或护理机构的专业从业人员,如医生、护士、资深的护理师等。在第二类地区,为申请者开展失能评估的队伍主要由来自经办机构的专业人员构成,他们会按照评估操作流程在现场收集信息,并在专业医疗护理人员的指导下,综合各种信息来确定失能等级。

(三)待遇给付

在试点过程中,各个地区形成了不同的给付形式,总体上可分为服务给付、现金给付和混合给付3种类型。其中,现金给付是按照一定的条件和标准把现金支付给服务对象或家庭,由家庭或个人在市场购买护理服务;服务给付是服务供给者依据服务对象的资格和需求,直接提供护理服务。从这两种模式的优势、劣势来看,前者能够保证失能人员的选择权,同时有利于节省管理运营费用;后者在服务的选择权上有所限制,即要求在指定的场所、按照指定的价格接受服务,但可以有效监管资金使用情况。在无法获得社会服务,或家庭成员可以胜任照顾者角色的情况下,人们更倾向于选择现金给付方式。目前,49个国家级试点地区均提供服务给付方式,33个地区采取服务加现金的混合给付方式,罕有地区单独采用现金给付方式。需要指出的是,有30个试点地区提供了由亲属进行照护的服务方式(该方式被称为亲情照护)供受益人选择。在该类服务形式下,采取按月、按日定额(限额)方式支付现金。

受社会经济条件的限制,各地支付的待遇水平差别较大,但普遍实行差异化待遇保障政策。一是按照失能(失智)等级确定待遇水平;二是根据照护场所的不同制定差别化的待遇支付方案,且普遍对社区和居家服务进行倾斜支付。现在,所有试点地区均明确了支付范围并建立了支付目录。支付范围主要包括生活照料、医疗护理、认知障碍护理和辅助器具等,其中的生活照料类和医疗护理类服务的需求度较高,所有地区均涵盖了这两类服务项目。

（四）保险经办

引入专业化的社会力量参与保险经办,是保证当前长期护理保险试点稳定运行的重要策略。截至 2021 年底,49 个国家级试点地区中的 44 个地区引入了商业保险机构作为社会力量参与保险经办。目前,我国试点地区的保险经办方式可以大致划分为 3 种管理模式:委托经办管理、并行经办管理和政府经办管理。这 3 种模式之间存在较大差异,也存在一定的转化关系。根据是否引入社会力量参与保险经办管理,划分为政府经办管理与委托经办管理两类。在引入社会力量参与保险经办管理的地区,根据制度设计、政府与社会力量职能分配等因素,可以划分出一类具有过渡性质的合作经办管理模式。该模式属于从政府经办管理模式向委托经办管理模式转变调整的中间形式。这 3 种模式在社会力量参与程度、人财物支出、制度体系建设上存在诸多差异,详见表 5-4。

表 5-4 长期护理保险经办管理的 3 种模式比较

指 标	经办管理模式		
	委托模式	并行模式	政府模式
社会力量参与程度	高	中	低
人财物支出	低	中	高
经办机构监管	政府	政府	政府
服务机构监管	经办机构	政府、经办机构	政府
制度体系建设	较完善	不完善	较完善
典型地区	天津	长春	上海
类型	社会型	过渡型	政府型

资料来源:根据对长期护理保险试点地区的相关政策文件梳理总结。

委托经办管理模式会依靠完善的监督管理制度体系,最大限度发挥社会力量的作用。此模式下社会力量的参与程度较高,承担了大量的经办职能,而政府从经办管理运营者转变为规则制定者和监督者。政府经办管理模式是政府全权负责的运行模式,第一批试点地区在试点初期大多尝试过此种模式。政府经办管理模式对于经办管理的掌控能力最强,相对于委托经办管理模式具有更强的稳定性、可控性和抗风险能力,但对政府的财政实力、部门协作、行政效率提出更高要求。并行经办管理模式是政府与社会力量共同参与经办管理。此模式与委托经办管理模式最大的区别在于,虽然引入社会力量参与经办管理,但政府未从一线经办管理中完全脱身,商业保险机构作为行政部门的补充力量参加经办管理,在政府和社会力量之间未形成明确的职能划分。在政府经办管理模式向委托经办管理模式转型时,有可能会经历并行经办管理模式这个过渡阶段。

（五）基金管理

基金是长护险制度正常运行的物质基础。必须建立可靠、安全、相对稳定的基金管理制度,才能实现长护险的平稳健康运行,实现人民群众的福祉。根据人力资源社会保障部办公厅《关于开展长期护理保险制度试点的指导意见》和国家医保局、财政部《关于扩大长期护理保险制度试点的指导意见》精神,"长期护理保险基金管理参照现行社会保险基金有关管理制度执行。基金单独建账,单独核算。建立健全基金监管机制,创新基金监管手段,完善举报投诉、信息披露、内部控制、欺诈防范等风险管理制度,确保基金安全"。目前,试点地区普遍参照社会保险基金的管理方式进行基金管理。但是,在具体的基金划拨方式上存在三方面差异:一是划拨时间,二是经办机构是否参与资金划拨管理,三是划拨周期。

按照划拨时间的不同,试点地区形成了预付制和后付制两种模式。预付制通常是由市医保经办机构定期将长期护理保险基金划拨至委托经办机构,委托经办机构需要定期将其基金会计报表交给医保经办机构,合同期结束后,按规定清算所需支出费用,结余资金退回医保经办机构;后付制要求定点护理机构定期将上一周期与参保人结算的护理保险费用结算单及汇总表报送医保经办机构,由医保经办机构审算护理保险资金支出所需费用,按照实际金额进行拨付。从商业保险公司的经办职能划分来看,一种模式是市级医保中心协同财务审计部门直接与定点机构进行费用结算;另一种模式是委托商业经办机构严格按照财务列支和会计核算的相关规定管理基金,定期向财政部门申请基金,并负责拨付定点机构结算费用。从拨付周期来看,大多数试点地区采用按季度或者按月进行预拨和结算的模式,亦有少部分试点地区采用按年拨付的形式。

（六）服务管理

2021年,中国人民大学组织了对全国49个国家级长期护理保险试点地区的综合评估。由评估结果发现,长护险制度试点工作开始以来,各地在不同的社会经济发展水平、政府财政能力、已有养老设施和服务供给水平等影响下,在服务管理方面探索出各有特点的实践方案和措施。

当前,长护险提供的护理服务主要包括机构护理、居家上门护理和居家自主护理三种类型,而各地在实践过程中也探索出了3类不同的组合方式。第一类仅提供机构护理服务,这一类主要以宁波市、长春市、吉林市为代表。第二类同时提供机构护理和社区居家上门护理服务,这一类主要以青岛市、南通市等地为代表。除此之外,绝大部分试点地区还提供由家属、保姆等家庭成员亲情照护的居家自主护理方式供失能者选择,如成都、齐齐哈尔、松原、承德、广州、湘潭等地。在荆门、成都、上海等地的农村试点地区,因为缺少社会化的居家护理资源,亲情照护成为主要的居家护理方式。

长护险提供的服务内容多样,为了更好地对服务过程进行监管,提高服务的个性化水平,试点地区普遍建立了长护险服务项目清单制度。按照服务项目清单的内容,各地的服务内容设置可以分为标准项目模式、重医疗模式以及多功能模式。标准项目模式主要涵盖生活照料以及医疗护理两大类内容;重医疗模式主要依托医疗机构以及专业护理人员为失能者提供照护服务,其中的医疗护理服务项目占比较高;多功能模式涵盖的服务内容更加多样,除了基本的生活照料与医疗护理服务外,还包括诸如康复训练、治疗性照护、风险防范、功能维护、工娱训练、心理疏导辅具租赁等服务内容。为了提升护理服务的规范化、专业化水平,试点地区均要求服务人员持相关资格证书上岗,服务和经办机构利用各种信息化工具及大数据平台,采用线上和线下相结合的方式,对服务过程进行监管,保证服务质量。

三、长期护理保险试点的效果评价[①]

随着长护险试点工作的推进,享受这一保险待遇的人数大幅上升。截至 2021 年上半年,长护险累计筹集资金规模达到 760 亿元,参保人群规模约 1.4 亿人,目前现有的享受待遇人数约 76 万人,累计享受长护险待遇的人群规模达到 160 万人,受益人群规模稳定增长。试点项目在各地有序运转、持续拓展,也证明了长期护理保险制度框架的科学性和可行性。同时,试点地区在制度框架之外因地制宜进行了诸多探索和实践,亦为长护险制度的进一步完善提供了事实依据。

长护险支持在家庭层面显著降低了照护者误工的频率,减少了家庭的照护负担,提高了家庭成员的满意度。针对长护险受益人群和对照组人群的调查显示,居家接受护理的受益人家庭中,有 45% 的家庭表示照料的时间负担有所减轻,受益人的主要照护者从不误工的比例高出对照组人群 6 个百分点;约 63% 的受益者家庭表示经

---

① 此部分的数据来自中国人民大学老年学研究所受国家医疗保障局委托完成的《2021 年中国长期护理保险试点第三方评估报告》。

济负担明显减轻,家庭自付的照护费用支出降低了近 17 个百分点;受益人在享受长护险之后,超过 70% 的家庭因照料造成的体力或精神负担有所减轻;照护负担的变化也提高了家属对受益群体当前生存和照料状况的满意度,约 63% 的受益人家属对目前的生活和照料状况表示满意,远超对照人群中 32% 的比例。

长护险对医保基金支出增长的抑制效应已经显现。试点地区相关数据汇总结果显示,超过一半的试点地区在 2021 年前两季度出现受益者人均医保支出费用下降趋势。对长护险受益人的问卷调查显示,该人群两个月内住院和问诊的比例显著低于对照组人群,也从微观角度验证了长护险服务在缓解医疗系统压力、降低失能群体就诊和住院率的效果。

长护险的实施也带动了当地健康养老服务产业的发展。对 48 个试点地区(福州市除外)定点服务机构的统计结果显示,截至 2021 年上半年,长护险的定点服务机构接近 6600 家,专业服务人员数量近 21 万人。专业的失能综合评估机构达到 423 家,从事失能评估的专业人员有 1.33 万人。

第三节　中国长期照护体系建设面临的问题与挑战

建设长期照护体系已经成为中国实施积极应对人口老龄化国家战略的重要任务之一,是提高失能老年人生活质量、为家庭养老提供社会支持的强有力手段。在"十二五"和"十三五"期间,中国的长期照护服务体系建设取得了长足进步,医养结合不断深入,照护服务的供给数量和质量均有了大幅度提升;在保障制度建设方面,目前的长期护理保险试点也较好完成了预定任务,长期护理保险制度框架已经形成,并不断得到检验和完善。上述举措不仅缓解了失能老年人家庭的照护负担,提高了失能者和照料者的生活质量,也促进了各地区健康养老服务业的发展。但是,在长期照护体系建设过程中,仍然存在一些问题,面临着诸多新的挑战。

一、独立的多元化筹资渠道建设面临的挑战

长期护理保险试点地区在建立独立的、多元化的筹资渠道方面作出了诸多尝试,并且取得了明显的进展,但如今各试点地区筹资渠道差异较大,个人和单位筹资渠道建设有待强化,多元化的独立筹资渠道尚未完全建立,长护险的筹资渠道依然没有摆脱对医保基金筹资方式的路径依赖。虽然目前的筹资渠道已经向多元化方向发展,

却依然普遍依赖医疗保险资金划拨和财政补贴,个人和单位的责任尚未落实到位。在项目开展过程中,为了降低群众对项目的抵触,各试点地区特别是第一批试点地区,依然以医保结余资金划转加财政补贴为主要筹资渠道。目前的长护险资金筹集采用以收定支的方式,基金的供给依赖当地医保结余资金的充沛度。如果长护险作为一个独立的新险种,这种非正规的资金安排,无疑会威胁到新制度的持续发展,而且有可能会给医保基金带来巨大压力。医保基金转移支付可以作为一种过渡的临时安排,但最终必须与医保基金脱钩。而且,各地建立资金统筹渠道需要严重依赖当地医保部门的影响力、地方财政状况、政府主要领导的重视度,这也给制度的运行带来了不确定性,影响了长护险的可持续发展。

二、资金利用效率与财务可持续性之间的取舍

按照当前长期护理保险制度"以收定支、略有盈余"的资金管理原则,除个别经济不发达、受益者覆盖范围较大的地区外,大多数试点地区的长护险基金资金充盈。基于大规模人口调查数据的统计研究结果表明,在长护险将受益人群限定为重度失能者时,由于重度失能状态的存活时间较为稳定,受到寿命延长的影响较小[1]。但是,在将受益群体扩大至中度失能,特别是轻度失能人群时,会带来受益人群规模的大幅扩张。而且,随着预期寿命的延长,这种扩张会进一步加速,对基金的可持续性也会带来很大冲击。因此,基于当下以重度失能人群为受益对象的设定,长护险的负担系数在未来30年将维持低水平下的缓慢上升;在筹资和支付水平相对稳定的情况下,当前的资金盈余状态仍将持续。这种情况会带来两种风险:第一,评估团队在进行失能评估时对于标准的把握较为宽松,特别在临近资金结算期时,为了实现预期基金支出目标,这一行为倾向更为突出,从而造成资金使用效率下降。第二,持续的资金盈余状态会导致试点地区过高估计基金的可持续性,盲目扩大项目受益人群范围或保险制度覆盖范围,从而降低基金的可持续性。然而,以重度失能人群为受益对象也存在弊端。低水平的失能率虽然抑制了人口老龄化带来的基金支出快速增长,但也导致受益人群的空间分布相对稀疏,提高了长护险运行过程中的服务和监管成本,降低了基金使用效率。因而,如何在资金的使用效率和财务可持续性之间实现平衡,需要进行科学的规划和测算。一方面,未来的试点工作需要加强对基金支出的审核与监管;另一方面,政府需要对长护险的拓展进行长期规划,对未来基金的财务平衡

---

① 张文娟、王东京:《中国老年人临终前生活自理能力的衰退轨迹》,《人口学刊》2020年第1期。

进行科学预测,进一步提高资金利用效率,促进社会公平。

三、长期照护体系对养老服务产业的更高要求

长期照护体系的主要目标是满足失能者的照护需求。在家庭照护资源和照护能力不足的情况下,社会养老若无法实现对家庭照护力量的有效支持和补充,则会严重制约长期照护体系作用的发挥,更无法保障该体系未来的高效和可持续发展。从过去5年的长期护理保险试点工作开展情况来看,专业的养老和护理服务体系发展已经成为制约长护险发展的瓶颈。在中西部地区和东部地区的小型试点城市,长护险提供的服务以机构护理为主导,居家护理严重匮乏,而且普遍以日常生活照料为主。这种现状偏离了为失能者提供社区和居家服务、提供专业化护理服务的制度设计初衷。其根本原因是专业护理特别是社区专业护理资源严重匮乏,导致长护险资金无法有效转化为护理服务。调查显示,超过三分之一的受益者仅接受了长护险提供的护理津贴。大多数试点地区设置了亲情服务类型,这一设计的主要考量之一亦是因为社会服务体系有效供给不足。然而,如果像目前设计的,制度普遍依赖亲情照护来弥补社会服务资源的短缺,难以实现对亲情照护的服务质量控制和监管。2021年对试点效果进行综合评估时的调查发现,采用亲情照护服务地区的受益人对服务的安全性、可靠性的评价低于其他地区。在实现了城镇职工和城乡居民长护险全面覆盖的地区,如青岛、济南、上海、广州等地,其偏远社区特别是农村地区照护服务的提供成为影响这一地区长护险能否得以真正实施的关键因素。上述事实说明,长期照护体系的发展亟须养老服务体系提供更多的专业化、个性化长期护理服务。这不仅是未来基本养老服务体系建设的重要内容,也是对养老服务产业发展提出的新要求。

四、因地制宜和全国统筹的两难选择

建设长期照护体系是实施积极应对人口老龄化国家战略的一项重大举措,是一项在全国统筹推进的任务。可是,长期照护体系的建设发展与各地区的人口、社会、经济发展背景密切相关,而当前的中国在人口老龄化、社会建设、经济发展、产业结构等方面存在广泛的地区差异,这要求各地需要因地制宜地推进长期照护体系建设。在这一背景下,中国的长期照护体系发展和制度建设方面就出现了两难局面。在相关政策制定方面,既要保证政策的普适性,又需要鼓励地方充分发掘自身潜力,提高制度的科学性和可行性。这种两难局面在目前的长期护理保险制度建设方面表现得尤为突出。如今的长期护理保险制度虽然提供了统一的制度框架,在覆盖人群、资金

筹集、待遇支付,以及保险的组织运行和监督管理等方面作出了明确规定,但在试点过程中也给地方留下了诸多探索空间,各地也因地制宜地发展出了不同的模式。这种地区差异的出现源于多种原因。第一,长期护理保险涉及了从资金筹集到待遇给付的诸多环节,实施过程更为复杂,制度设计过程难以一蹴而就,需要经过不断的实践检验,逐渐发展和完善。第二,在中国这样一个人口、文化、社会经济环境存在广泛地区差异的国家,一项制度的设计和实施必须保留足够的弹性,才能够保证制度的普适性。第三,各试点地区在社会经济发展水平、养老服务供给水平、群众对社会养老服务的态度、财政支付能力,以及职能部门的执行力等方面存在诸多差距。为了达成推行长期护理保险制度的目标,各地需要进行一系列的变通,也因此发展出了不同的地区模式。毋庸置疑,各地对长期护理保险制度因地制宜的发展和创新为未来中国长期护理保险制度进一步完善提供了实践经验,也给后期制度的监管以及更大范围的地区统筹带来了障碍,增加了制度转换的成本。因此,如何平衡制度的创新性和普适性之间的关系,将是未来长期照护体系发展和完善过程中必须重视并解决的问题。

第六章　创新发展老年教育[*]

历经近 40 年的探索,中国老年教育实现了从无到有的历史性发展。随着我国迈入老龄社会以及实施积极应对人口老龄化国家战略,老年教育进入了全面发展的新阶段。本章首先回顾老年教育的发展历程,介绍国际上老年教育发展较好的法国和英国的经验,并简要概述我国老年教育的发展状况和典型案例。其次,在分析我国面临的人口老龄化进入新阶段、积极应对人口老龄化上升为国家战略、互联网快速发展新形势基础上,提出老年教育是新时代老龄工作重要基础工程、终身教育体系重要环节、老年人社会参与重要保障和开发老年人力资源重要载体的 4 个新定位,以及老年教育在宏观和微观层面的教育文化、经济、社会和政治 4 项多元功能。最后,从管理体制、教学和课程体系、线上线下相结合、师资培养、合作交流机制等几个方面,提出推动我国老年教育创新发展的政策建议。

第一节　老年教育的发展历程

以老年大学为代表的老年教育在 20 世纪 70 年代萌芽于法国,随后陆续传播到世界各地,距今已有近 50 年的历史。要寻找当下创新发展老年教育的方向与路径,有必要首先回顾老年教育的发展历程。本节将首先梳理老年大学诞生背后的人口老龄化和终身教育思潮两个社会历史背景;随后,介绍法国和英国两个老年教育发展较好国家的经验,归纳其发展特点;最后,简要概述我国老年教育的发展情况、典型案例和面临的挑战。

---

　　* 本章作者:杜鹏,中国人民大学人口与发展研究中心、老年学研究所教授;吴赐霖,中国人民大学老年学研究所博士研究生。

一、老年教育的缘起

1973年,皮埃尔·维拉斯(Pierre Vellas)在法国图卢兹建立了第三年龄大学①。这个目标群体为老年人的教育机构,被认为是历史上第一所老年大学②。自此,以老年大学为代表的老年教育站上了历史舞台,其背后是两个重要的社会历史背景:人口老龄化的不断发展和终身教育思想的广泛传播。

法国是世界上第一个进入老龄化社会的国家。早在1865年,法国65岁及以上老年人口占总人口的比例便超过7%,法国进入了老龄化社会。待到第三年龄大学成立之时,法国的人口老龄化已经发展了100多年。1970年,65岁及以上老年人口占比达到12.86%,每8个法国人中就有一位老年人,政府和社会愈加无法忽视老年人的生活、医疗、居住乃至学习需求。

另一个重要的社会历史背景是终身教育思潮的出现。1965年,时任联合国教科文组织成人教育局局长的法国人保罗·朗格朗(Paul Lengrand),在国际成人教育会议上首次提出"永恒教育"(Permanent Education)的理念,后被确定为"终身教育"(Lifelong Education)。1970年,朗格朗出版了著作《终身教育导论》,对这一思想作了系统阐述③。他对过去将人的一生分为互相独立的学习和工作两个阶段的认识进行了反思,提出教育和学习应该贯穿整个生命周期,在个人的不同生命阶段应接受不同形式和不同层次的教育。1972年,联合国教科文组织教育国际委员会发布报告《学会生存——世界教育的今天和明天》,认可了终身教育的理念并进行大力推广,使得相关理念首先在欧美国家中传播,并最终形成了影响全世界教育体系的终身教育思潮。

二、老年教育的国际实践

(一)法国第三年龄大学

法国是老年大学的发源地,其具有代表性的第三年龄大学是根据年龄阶段理论设立的。学者们根据生命历程对人的一生进行划分,第一年龄是出生至工作的成长阶段,第二年龄是工作到退休的贡献阶段,第三年龄是退休至身心机能衰退的养老阶

---

① Richard Swindell & Jean Thompson, "An International Perspective on the University of the Third Age", *Educational Gerontology*, Vol.21, No.5(January 1ˢᵗ 1995), pp.429-447.
② 岳瑛:《中国老年教育发展的背景和历史回顾》,《天津市教科院学报》2016年第2期。
③ 岳瑛:《中国老年教育发展的背景和历史回顾》,《天津市教科院学报》2016年第2期。

段,第四年龄则是身体机能快速衰退直至死亡的终止阶段①。第三年龄一般指60—
85岁、相对健康、自理能力强的阶段,而第三年龄大学则是为满足这部分老年群体的
学习需求创办的。1968年,法国修订《高等教育法》,规定法国大学必须向所有人群
开放,因此,法国的大学承担着举办老年教育的责任②,使得法国的第三年龄大学与
正规大学和地方政府形成紧密的联系。

法国的第三年龄大学,都是法国第三年龄大学协会(Union Française des
Universités Tous Âges,UFUTA)的成员。该组织成立于1981年,是一个总部位于巴黎
的非营利组织。2018年,该协会拥有35个成员组织和超过6.5万名会员③。要想成
为法国第三年龄大学协会的成员,第三年龄大学必须是某个高等教育机构的部门或
隶属单位④,这在一定程度上保障了第三年龄大学的教学质量。高校的专家依据科
学理论确定最佳的教学方案,并在教学中穿插研究以改善教学质量。第三年龄大学
的资金来源于高校和地方政府资助,老年教育被视为公民权利和公共服务,因而,政
府有提供财政资助的义务。在师资和教学场所方面,法国的第三年龄大学由于依附
高校,亦能充分利用已有资源。

法国的第三年龄大学在创立之初认为,老年学习者的目的不是为了重新进入劳
动市场,而是寻求参与学习的机会,所以,没有把学分和证书的获取作为第三年龄大
学教授课程的目标。以法国图卢兹第三年龄大学为例,最初在社会科学学院内开设
老年教育课程,向老年人传授改善记忆力、饮食和健康习惯的知识;其后,不断增设体
育、语言等课程。到2015年,课程范围已经涵盖语言、历史、哲学、艺术、宗教、法律、
经济等人文学科和数学、信息、天文等自然学科,也保留了太极拳等运动类课程。教
学方式以传统的课堂教学和讲座为主,同时,积极开展前往博物馆、艺术馆和法国各
地的游学活动,还为老年学员提供参加国际老年大学会议的机会。

(二)英国第三年龄大学

受法国第三年龄大学运动的影响,英国于1981年开启了第三年龄大学运动。

---

① 路宝利、吴遵民:《构建服务全民终身学习的教育体系:路径与机制——基于"后学校化"理念的
思考》,《开放教育研究》2020年第4期。

② François Vellas, "Origins and Development: The Francophone Model of Universities of the Third Age",
in *The University of the Third Age and Active Ageing: European and Asian-Pacific Perspectives*, Marvin Formosa
(ed), Cham: Springer International Publishing,2019,pp.19-30.

③ François Vellas, "Origins and Development: The Francophone Model of Universities of the Third Age".

④ Marvin Fomosa, "Four Decades of Universities of the Third Age: Past, Present, Future", *Ageing & Society*, Vol.34, No.1(January 2014), pp.42-66.

1982 年,皮特·拉斯莱特(Peter Laslett)在剑桥创立了英国第一所第三年龄大学,2022 年是其创办 40 周年。与法国依托正规大学举办第三年龄大学的模式不同,除支持所有第三年龄的老年人参与学习外,英国的第三年龄大学秉持自助学习原则和互助原则,表现为民间自发组织形成的互助学习组织。根据英国第三年龄大学 2021 年的报告[①],其在全英有超过 40 万成员、4 万多个兴趣学习组织。

英国的第三年龄大学是由志愿者组成的社会福利机构和自主组织。在组织结构上主要分成 3 个层级[②]。最上层是第三年龄信托委员会,委员会由 3 名事务官(主席、副主席和财务主管)和 12 个地区(英格兰的 9 个地区、北爱尔兰、苏格兰和威尔士)的受托人组成。作为慈善机构,受托人不收取任何个人报酬。中间层是地方第三年龄大学。全英共有超过 1000 所地方第三年龄大学,散布在 12 个地区。每一所第三年龄大学都作为独立的慈善机构运行,但需要遵循第三年龄信托委员会设定的基本规章,还要接受地区委员会的指导和帮助。最基层是各个第三年龄大学内部的学习小组,由具有相同兴趣爱好的老年人自发组成,是老年人参与学习活动的主要形式。

英国第三年龄大学的运行资金完全自给自足,政府并没有提供特别的资金援助。其主要的收入来源包括:捐助、慈善活动、商业收入和投资收入。2021 年的财报[③]显示,全财年捐助收入为 87385 英镑,以会员费为主的慈善活动收入超过 157 万英镑,商业活动收入近 137 万英镑。这部分收入主要由信托委员会下属的公司发行杂志和售卖周边产品所得,投资收入为零,前一年投资收入为 2371 英镑,2021 财年总收入超过 303 万英镑,全年支出超过 274 万英镑,结余 29 万英镑,累计结余超过 175 万英镑。在会费和商业收入两项资金的支撑下,英国第三年龄大学建立起良好的自给自足的运营模式,甚至还有资金结余以应对可能的风险或用于资助项目和地区机构。

英国第三年龄大学开设的课程种类繁多,主要可以分为学术类、实用类和休闲类。课程的设置相当灵活,因为学习是以课程小组的形式开展,课程内容取决于参与者自身的兴趣爱好和知识储备。在学习小组中,所有成员具有平等的参与身份,不严

---

① 英国第三年龄大学:《The Third Age Trust Report and Accounts 2021》,2021 年 8 月 19 日,见 https:// u3a. org. uk/learning/national-programmes/maths-challenge/the-third-age-trust-report-and-accounts – 2021。

② 迟宝策:《英国老年教育研究——以第三年龄大学为中心》,东北师范大学 2011 年硕士学位论文。

③ 财报的时间范围是 2020 年 4 月—2021 年 3 月,见英国第三年龄大学:《The Third Age Trust Report and Accounts 2021》。

格区分学生与老师,每个人都能在自己擅长的领域向他人传授经验和知识,颇具孔子所说"三人行,必有我师焉"的风范。因此,英国第三年龄大学的课程不设置入学标准,也没有学分或者证书的学习认证制度。参与者是为了自身追求而学,不寻求学习以外的回报。参与第三年龄大学一般采取就近原则,老年人向本地机构提交申请成为会员后即可参加学习小组的活动,如果没有感兴趣的学习小组,也可以成立新的学习小组成为发起人。

英国第三年龄大学有一种独特的课程顾问(Subject Adviser)制度,即在70多类课程上设置课程顾问,涵盖从考古学到瑜伽等多种课程。课程顾问由熟悉该领域的老年专家或爱好者担任,对某一领域感兴趣的老年人可以咨询课程顾问相关事宜,顾问会提供学习建议和资源。每个课程顾问有专门的页面提供基础学习信息,例如大学公开课等可以现成利用的学习资源。课程顾问最重要的职能是指导地方的学习小组开展活动,在已有的学习小组和新成立的学习小组之间搭建沟通的桥梁,帮助发起人在各地建立更多该领域的学习小组,使得更多的老年人能够接触该领域的知识。

三、老年教育的中国实践

我国的老年教育起始于20世纪80年代的干部离退休制度改革。为满足老干部离退休后的文化学习需求,各地开始建设老年大学。1983年,我国第一所老年大学在山东成立。从此,老年大学在我国各地如雨后春笋般不断成立。到2005年西藏老年大学成立,我国在省级层面实现了老年教育全覆盖。我国老年教育发展至今已近40年,在机构设置和学员数量上取得了十分显著的成就。根据中国老年大学协会发布的《中国老年教育发展报告(2019—2020)》,2019年底,我国老年大学(学校)的数量超过7.6万所,在校学员超过1088万人,其中县级以下占比超过93%。同时,该报告也指出,我国老年教育存在较大的地域差异和城乡差异,东部沿海经济发达的城市地区老年教育的发展情况最好,其中尤以上海老年大学为典型。

(一)优秀典型——上海老年大学

上海老年大学创建于1985年,现为上海市教育委员会的直属事业单位,设有南塘浜路和钦州书院两个校区,学员数约1.5万①。该校多次获得全国示范老年大学、全国先进老年大学等荣誉称号,是我国老年大学中较为优秀的代表。

① 上海老年大学:《上海老年大学简介》,2020年5月15日,见 http://www.shlndx.com/#/content/list/1001/1002/0/0。

上海老年大学开设的课程种类比较丰富,但依然集中在文艺和文娱领域。它在两个校区分别设有书画、外语、钢琴、计算机、文史、保健、家政、文艺、器乐、游学等 10 个系,以及国学经典、生命教育、现代智能、国际文化、音乐艺术、舞蹈戏曲、书画艺术等 7 个学部,合计开设课程 260 余门,根据其 2022 年春季学期的课程安排,总共开课 663 班次。上海老年大学当前实施学年制,一个学年分成春、秋两个学期,秋季学期统一进行招生。不同课程有相应的学制要求,到期结业。每个学员在单个校区报班不能超过 3 个,按照学制完成课程学习能够获得学分。上海老年大学的全部课程均纳入上海终身学习学分银行体系。

在教学形式上,上海老年大学以传统课堂教学为主,也会结合一定的外出实践和游学;同时,在学校官网和微信公众号上免费提供部分视频课程,供高龄和行动不便的老年人在家学习。在积累学分的一般课程之外,上海老年大学与上海开放大学合作开展了老年学历教育。目前,有音乐表演(声乐)、音乐表演(钢琴演奏)、体育保健与康复、摄影摄像技术 4 个专业,采取学分和考核相结合的形式。学员按照教学规划修满课程学分并通过考核后,会被授予高等专科毕业证书,这是老年教育与正规教育有机结合的实践。

(二)面临的挑战

上海老年大学是我国老年教育的优秀典型,但同样需要看到,随着经济水平的提高、人均寿命的延长、老年人口的增长,我国老年教育经过几十年发展,仍难以有效衔接,配合现有宏观战略,并适应人口发展带来的需求增长,供需不匹配、城乡发展不均衡等问题逐渐显现[1],老年教育对老年人的赋权增能效果表现得比较有限[2]。我国老年教育的定位和功能长期模糊不清,且发生过诸多变化。我国涉及老年教育的 10 多个政策文件中,专门为老年教育发布的正式文件只有《关于做好老年教育工作的通知》和《老年教育发展规划(2016—2020 年)》;其他文件仅是在老龄工作中提到老年教育的一些目标、任务,缺乏明确的发展及考核指标[3]。这使得官方话语体系下老年教育的定位和功能较为模糊。有学者甚至提出,老年教育的定义从未在政策中被

---

① 张红兵、张淑莲、靳荣莉等:《新时代我国老年教育的嬗变与跨越——客观趋势、发展定位与路径选择》,《成人教育》2021 年第 12 期。

② 王英、谭琳:《赋权增能:中国老年教育的发展与反思》,《人口学刊》2011 年第 1 期。

③ 高秋萍、韩振燕、曹永:《老年人力资源开发视域下的老年教育发展策略研究》,《成人教育》2020 年第 8 期。

明确提出①,只能从政策文本对老年教育目的与目标的描述中推测其定位和功能。随着积极应对人口老龄化上升为国家战略,对于老年教育党和政府有新要求,人民群众有新期待,其定位和功能亦需随之升格并扩展,厘清新时代老年教育的定位和功能至关重要。

第二节　老年教育的新形势、新定位和新功能

当前,我国老年教育迎来了全新的发展形势。一方面,我国正式迈入老龄社会,老年人的整体受教育水平在不断提升;另一方面,党和政府将积极应对人口老龄化上升为国家战略,老年教育的重要程度不断提升。此外,互联网和线上教育的快速发展为老年教育创造了良好发展条件。我国老年教育的定位从初期面向部分群体的退休福利逐渐发展为面向大众的社会福利,但依然无法满足新形势提出的要求和挑战。本节立足于新形势,提出新时代老年教育应具备的4个重要定位和4项多元功能。

一、老年教育的新形势

(一)人口老龄化进入新阶段,老年人受教育水平不断提升

得益于我国教育事业的持续发展,自2000年我国进入老龄化社会以来,老年人口中受过高中以上教育的占比持续上升,文盲率从2000年的近五成下降到2020年的一成,为老年教育的发展创造了有利条件。第七次全国人口普查数据显示,2020年,我国60岁及以上人口中,高中及以上文化程度的达3669万人,占比为13.90%,相比2000年增加了约2866万人,占比提高了7.72个百分点。2000年,我国60岁及以上老年人口的文盲、半文盲比重是48.31%②。2020年,全国文盲人口为3775万人,其中80%是老年人,即3020万文盲人口是老年人。2020年,老年人口文盲率为10.70%,比2000年降低了37个百分点,老年人口文盲率下降明显。文化水平高的老年人学习能力更强,对精神文化上的满足有更多需求。我国老年人尤其是低龄老年人的文化水平相较过去有了极大提升,文盲率的下降为老年人参与老年教育活动扫除了基本障碍。预计未来我国老年人群的受教育水平将持续提升,文盲率会进一

---

① 于凌云、黄渺萍:《积极应对人口老龄化背景下老年教育政策优化路径研究——基于政策文本计量分析》,《成人教育》2022年第2期。

② 穆光宗、王志成、颜廷健等:《中国老年人口的受教育水平》,《市场与人口分析》2005年第5期。

步下降。这意味着老年教育的受众将持续增长,也代表着老年教育要面向更广大的群体、面临更多样化的需求。

(二)积极应对人口老龄化上升为国家战略

2021年,党的十九届五中全会提出实施积极应对人口老龄化国家战略,标志着我国老龄事业进入新的发展阶段。老年教育作为重要组成部分,多个政策文件对其发展规划作出了新的要求。2019年出台的《国家积极应对人口老龄化中长期规划》提出构建老有所学的终身学习体系,赋予老年教育开发和培育老年人力资源的使命。

2021年,党中央、国务院印发的《关于加强新时代老龄工作的意见》(以下简称《意见》),将"扩大老年教育资源供给"作为促进老年人社会参与的重要手段,首次在中央文件中提出将老年教育纳入终身教育体系。这体现出老年教育在老年事业中的重要作用,也是党和政府对于老年教育关注度提升的体现。同时,《意见》还明确提出要推动老年学科专业建设、人才培养和教材编写,并指出要依托国家开放大学筹建国家老年大学,搭建全国老年教育资源共享和公共服务平台,支持各类由企业、高校举办的老年大学向社会开放,促进多元主体参与老年教育办学,推动扩大老年教育资源供给。

2021年12月发布的《"十四五"国家老龄事业发展和养老服务体系规划》在《意见》基础上提出创新发展老年教育,要求发挥社区教育办学网络的作用,办好家门口的老年教育,鼓励老年教育机构开展线上老年教育。新时代的老年教育成为政策关注的重点和老龄事业发展的重要环节,而且,政策对于老年教育的发展方向有了更具体的规划部署,为各地发展老年教育明确了具体任务。

(三)互联网快速发展的时代背景

随着我国5G、光纤等通信基础设施的加快建设,以及手机、平板电脑等个人移动通信终端设备的普及与发展,我国互联网普及率不断提高,老年网民数量持续增长。与此同时,线上教育机构和平台自新冠疫情暴发后迅速发展,为发展线上老年教育提供了良好基础条件。根据第49次《中国互联网络发展状况统计报告》,2021年底,我国网民规模达10.32亿;其中,60岁及以上老年网民达1.19亿,占比为11.5%,老年人群的互联网普及率达43.2%。老年网民以低龄和受教育水平较高的人群为主,这部分人群也是老年教育的主要目标人群,其较高的互联网使用率为发展线上老年教育扫清了基础性障碍。而近年来快速发展的线上教育平台和机构,能够为线上老年教育提供技术和资源支持。

二、老年教育的新定位

老年教育的定位决定了其发展方式与功能形态。近40年来,我国老年教育的定位几经变化,从面向小部分群体的退休福利发展为具有普惠性质的社会福利事业。在新形势之下,老年教育的定位将愈加重要和清晰。

(一)老年教育是新时代老龄工作的重要基础工程

老年教育具备老龄事业和教育事业双重属性,但在发展过程中,教育事业的属性不断强化,老龄事业的属性有所减弱,单纯由教育部门办老年教育是不够的。在发展老年教育中,平衡好老龄事业与教育事业、党和政府与市场的关系,对于加强新时代老龄工作具有重要的实践示范意义。在《意见》的指导要求下,老年教育可以成为加强新时代老龄工作的一项基础工程,实践党和政府对老龄工作的主导地位,充分发挥党和政府在政治引领、统筹规划上的作用,加强党委领导下多个政府部门间的交流协作,改变以往各自为政的局面。同时,要有效激发市场活力,动员社会力量参与老年教育事业,避免政府唱独角戏,营造政府监督管理下多元主体参与老年教育的良好局面。

(二)老年教育是终身教育体系的重要环节

这一定位强调的是老年教育的教育事业属性。发展老年教育,是实现教育现代化、提升全民素质、建设学习型社会的重要举措。老年教育是终身教育体系的终端环节,让老年人享有公平而有质量的教育机会是发展终身教育体系的必然要求。随着老年人口的增长和寿命的延长,老年教育在终身教育体系中的地位越发重要。要推动老年教育纳入终身教育体系,加强与其他年龄阶段教育体系的联结与贯通,形成全生命周期的全民终身教育体系。

(三)老年教育是老年人社会参与的重要保障

构建以老年教育为主体的老年人社会参与体系,是实现积极老龄化的有力保障。发展老年教育,是对积极老龄化健康、参与、保障三要素的有效回应和补充。"健康"与"保障"已通过医疗体系和社保体系得到有效解决,目前稍显薄弱的"参与"环节可以依托老年教育搭建与医疗和社保并列的社会参与体系。老年教育通过增强老年人的社会适应能力、提升知识文化水平以及增加社会参与机会,推动老年人社会参与能力和动力的提高,促进老年人身心健康发展。

(四)老年教育是开发老年人力资源的重要载体

我国拥有全世界最多的老年人口,合理开发和利用老年人力资源对于建设社会主义现代化强国具有重要意义。老年教育是开发老年人力资源的重要载体,要通过素质教育、技术教育、知识教育相结合的教育方式,引导老年人树立积极有为的老龄观,帮助老年人更好地适应社会发展、紧跟社会进步,为老年人发挥自身优势作出贡献扫清观念上、技术上和能力上的障碍。

三、老年教育的新功能

新时代的老年教育基于新定位,从过去满足老年人退休后休闲娱乐需求的单一功能,转变为在政治、经济、社会和教育文化4个方面发挥多元功能。这里所指老年教育的新功能,并不是从无到有、新生发出来的功能。这些功能在老年教育的实践中一定程度上被潜在地发挥了,更多的则因为对老年教育功能的认识不清而未受到应有重视。在新形势下,要想发展好老年教育,必须对其功能有更新、更全面、更深刻的认识。

(一)教育文化功能

教育功能是老年教育的核心功能,是其作为终身教育体系终端环节的体现,是满足老年人获取支持、掌握技能、提高社会适应能力的基础功能,既是老年人参与老年教育活动的出发点,亦是推动老年教育发展的立足点。教育功能的凸显,需要从过去以文化休闲活动为主的教育内容,向多样化、专业化和系统化的教育内容转变,从满足老年人打发时间的消遣需求,向满足老年人精神文化追求转变,促进老年人的再社会化和全面发展,实现活到老、学到老的价值追求。

老年教育还具备弘扬优秀传统文化、营造孝亲敬老社会氛围、促进国际交流的文化功能。老年教育通过鼓励并带动老年人学习和分享,推动非物质文化遗产等优秀传统文化传承。老年教育通过对老年人群的教育和引导,提升老年人整体形象,减少知识鸿沟导致的代际不和谐情况,改善代际关系,促进老年友好型社会文化环境的形成。游学等多样化的老年教育形式,能够借助国际交流发挥文化交流的功能。

(二)经济功能

老年教育具备开发老年人力资源、推动老龄产业发展的经济功能。老年教育作为开发老年人力资源的重要载体,能够通过多种教育形式开发老年人力资源潜力,促进老年人创造社会价值,一方面帮助老年人提高社会适应能力和再就业能力、提高老年人经济收入,另一方面为我国经济建设发展注入老年人力资源的新动能。同时,老年教育通过推动老年人健康认知和健康管理水平的提升,间接减少国家养老和医疗支出。此外,老年教育同互联网、旅游、养老等产业相结合,能够发展出各具特色的老龄产业新模式,推动老龄产业多元化发展。

(三)社会功能

老年教育具备促进老年人社会参与、加强基层治理能力的社会功能。老年教育既是提升老年人社会参与能力的重要措施,也是开展老年人社会参与活动的重要平台。老年教育作为将广大老年人群组织起来开展学习活动的重要形式,能够有力促进基层社会治理能力现代化。在积极老龄观的办学理念指导下,将"老有所为"全方位融入老年教育课程体系和教学内容,有助于提升老年人的社会适应能力,实现再社会化。与此同时,老年教育凭借对老年人的有效组织和引导,有能力为老年人搭建广泛有效的社会参与平台,推动老年人学习组织和志愿服务队伍建设,提升老年人主动参与基层治理和志愿服务的意识与能力。

(四)政治功能

老年教育具备团结和引领老年人群的政治宣传功能。当前,我国大量老年人退休后脱离单位和组织,处于无人管理状态,对于党的精神和国家大政方针缺少了解,在政治上欠缺引领,在精神上缺乏归宿,容易诉诸宗教等媒介,是精神文明建设工作的薄弱环节,也隐含社会不稳定风险。借助老年教育的宣传教育功能,将培育和践行社会主义核心价值观作为重要内容落实到各个教学环节,党和政府能加强人口老龄化国情教育,向广大老年人群体普及党和国家的方针政策,团结并引领老年人向主流价值观和政治意识看齐,将老年教育发展为加强老年人群意识形态建设的重要阵地。认识到老年教育的这一功能,既能提高党和政府对老年教育工作的重视程度,亦能为针对老年人群的意识形态建设和政治宣传工作提供抓手。

第三节　创新发展老年教育的实现路径

针对前文提出的新时代老年教育的新定位和新功能,本节从推动老年教育体系管理体制改革、加强领导机制、具化工作体系,开展教学与课程体系改革、丰富老年教育内容、提升教育质量,加强线上与线下教育结合、降低办学难度、扩大覆盖面,强化师资建设、推动老年教育良性循环和可持续发展,构建跨地区跨机构合作交流机制、提高老年人社会参与能力和机会等方面,为我国创新发展老年教育提出实现路径。

一、推动管理体制改革

新时代推动老年教育发展,需要首先进行领导和管理体制改革,在中央建立统一的领导和协调机制,在地方和基层构建纵向到底、横向联通的老年教育管理体系。经过多年发展,全国各地衍生出多种老年教育管理模式,教育部门领导、民政部门领导、老龄委领导、组织部老干部局领导等模式并存,给老年教育的发展带来了一定阻碍①。各自为政、条块分割的老年教育管理体制,使得在全国范围内统筹老年教育资源变得困难。建议在中央层面成立由负责教育、民政、文化、卫健事务的国家领导人牵头,各相关部门负责同志任成员的老年教育工作领导小组,负责指导国家老年大学建设、设计从中央到基层的老年教育管理体系、协调跨部门跨地区合作以及资源共享。在地方由党政领导牵头、各部门负责人参与,成立各级老年教育工作领导小组,负责指导相应省、市、县各级老年大学建设,以本级老年大学为核心,承接上级老年大学资源,协调同级各部门资源,辅助下级老年教育机构建设。

二、开展教学与课程体系改革

针对我国老年教育供给与老年人需求存在错配的问题,可以从教学方式和课程设置分类上着手解决,鼓励互助式学习,同时对老年教育课程进行明确分类,以满足老年人多样化的学习需求。随着人口老龄化逐步发展,各地老年教育事业发展得如火如荼,各类线上线下老年教育机构如雨后春笋般涌现,但论及教学的方式和内容,则同质化严重。老年教育目标定位应从促进老年人的活动参与转向促进其精神发展,相应的老年教育内容和方法也要随之作出创新性调整②。

在教学方式上,我国以传统的课堂教学为主,未能充分调动老年人自助学习的积极性。在课程设置上,我国老年学历教育课程设置以琴棋书画为代表的休闲娱乐内容为主,领域较为狭窄,未能满足老年人多样化的学习需求③。由于国家层面对于老年教育的课程设置尚无规定,老年教育机构在课程设置上沿袭过去老干部大学以文化娱乐为主导的课程设计。这类课程迎合部分老年人的兴趣爱好,因此,呈现出书画艺术类课程一枝独秀的景象。而实际上,老年人对于安全(人身安全、财产安全)、健康等课程的需求程度是高于艺术娱乐类课程的④。

在发展好传统课堂教学的基础上,我国应该借鉴英国、澳大利亚等国经验,发展

---

① 周凤娇:《我国老年教育领导管理模式探析》,上海师范大学 2018 年硕士学位论文。
② 李洁:《老年教育理论的反思与重构——基于西方现代老龄化理论视野》,《开放教育研究》2015 年第 3 期。
③ 周康:《老年教育课程建设问题与优化策略研究》,华中师范大学 2021 年硕士学位论文。
④ 许竞、李雅慧:《我国中高龄人群学习需求及偏好调查研究——基于部分省市抽样数据》,《开放教育研究》2017 年第 1 期。

自助型学习模式。老年人群体内部存在异质性,在年龄、经济条件、工作生活经历和兴趣爱好等方面有较大差异,这将导致老年人对于老年教育的需求五花八门。将差异较大的老年人放在同一间教室进行学习,很多时候并不合适,老年教育机构也很难满足老年人差异化的需求。老年学习者不同于青年学生,他们往往具有丰富的知识、阅历和较强的学习动机。将具有相同学习兴趣的老年人组织起来,提供场地支持和适当的指导,可以形成互为师生、互相学习的自助型学习小组。外国的经验证明,发展互助型老年教育,有利于营造老年人互相学习的社会氛围,挖掘和利用老年群体的人力资本,同时赋予老年人自我管理的权利①。

参考前文介绍的英国和法国第三年龄大学的课程分类,笔者认为,我国的老年教育课程可以划分4种基本类型。一是老龄通识教育课程,涉及与老龄相关的基础知识,包括衰老的生理机制、退休准备、死亡教育、国家和地区的老龄政策、法律权益保护、老年期财务规划、防诈防骗常识等,帮助学习者正确认识老龄化过程、树立积极老龄观。二是休闲娱乐类课程,包括琴棋书画、舞蹈、摄影等,满足学习者的兴趣爱好需求,同时促进老年人参与社会和身心健康发展。这是当前我国老年教育的主要构成部分,应当继续深化发展。三是学术知识型课程。这类课程专业性强,领域广泛,对师资要求高,需求量相对较小,开展难度大。但老年教育属于成人教育,是终身教育的重要组成部分②,老年人对于专业知识的追求,国家也应当予以保障。四是实用技能课程。这类课程的内容包括基础的识字、网上购物、抚育孙辈知识、智能手机使用等,同时应适当纳入再就业技能培训。老年人掌握实用技能,有助于更好地独立生活、再就业发挥余热和融入社会。一个全面系统的老年教育体系应当为老年人提供以上4类课程的选择,满足他们生活、娱乐、自我发展等各方面的需求。

对于学术知识型课程可以先行开展学分制度建设。其他3种类型的课程,老年人可以直接收获愉悦感或对生活有直接帮助的技能。而学术知识型课程难度更大,更难体验获得感,学分制度能够给予老年人有效的回馈。我国部分地区如浙江的终身教育学分银行,已经认可老年大学的课程学习成果。由高校或线上教学提供的学术知识型课程可根据学时和难度设定学分,在地区甚至国家范围内形成统一标准。选择发展相对不成熟的学术知识型课程开展学分制度建设,难度相对较低,不与现有

---

① 马莉:《国外"自助型"老年教育模式的经验及启示——以英国和澳大利亚为例》,《成人教育》2019年第10期。

② 吴遵民:《当前中国终身教育面临的重大理论与实践问题研究》,《广东开放大学学报》2017年第1期。

各自为政、纷繁复杂的老年大学课程相冲突,待学分制度相对成熟后也能将其他类型的课程纳入。不过,只将学分制度应用于学术知识型课程也是可行的,学分的获得需要考核,也可以借助高校和老年教育机构的力量。

三、线上线下协同发力

从现实情况看,省市级老年大学开设学术知识型课程都有较大难度,更广泛的基层老年教育机构更难依靠自身力量开设专业性课程,因此,需要充分利用高校和线上教育资源,打通线上和线下协同合作的通道。与高校开展合作是最理想的方式,因为相对于线上学习,老年人更偏好传统的课堂教学方式,老年人与年轻人同堂学习的跨代际课堂在国外已经有了很多实践①。有学术知识型课程需求的老年人比例较低,统一的制度性合作与安排可以减少对高校师资和课程安排造成的压力。

但高校始终是稀缺资源,无法覆盖最广泛的老年人群体。在高校广泛开展老年教育之前,依托线上教育资源是更实际的考虑,也不会额外增加老年教育机构的办学压力,且与现有的课程形成有效区分和补充。我国可以借鉴英国第三年龄大学的课程顾问制度,在老年教育机构设置专门的课程顾问职位,一方面帮助老年人在本机构选择课程,另一方面在老年人提出本机构无法提供的学术知识型课程需求时,为其提供相关信息和资源。有研究表明,当前线上老年教育网站互动不足是导致老年人放弃线上学习形式的原因②。基层教育机构积极参与,能够有效弥补线上教育在互动上的不足。如果与当地的高校有合作关系,可以介绍老年人前往高校学习相关专业课程,也可以搜集线上教育资源供老年人学习。针对线上学习有困难的老年人,可以提供指导和场地设备帮助。建立课程顾问制度,能够更充分地发挥线上教育资源的优势和基层老年教育机构的作用。

线上教育资源有国家和各地的开放大学,还有中国大学 MOOC 等线上教育平台。在课程设置上,线上平台基本涵盖了大学教育的主要专业,能够基本满足老年人的需求,但在教学节奏和内容上可能不太适合老年人。可以根据教育部的学科专业分类,从 12 个大的学科门类出发,选择具有代表性的专业制作教学资源包,作为最基

---

① Jason A.Dauenhauer, Kristin M.Heffernan & Nicole I Cesnales, "Promoting intergenerational learning in higher education: older adult perspectives on course auditing", *Educational Gerontology*, Vol. 44, No. 11 (November 2nd 2018), pp.732-740.

② 卢林、任慧超:《开放大学开展老年教育实践的几点思考》,《吉林广播电视大学学报》2019 年第 6 期。

础的线上学习资源供全国老年人使用。老年教育机构在其中通过课程顾问等方式发挥咨询、指导、辅助的功能，帮助老年人实现学习学术知识型课程的愿望。一种理想的愿景是，一个想要学习天文学的老年人可以前往基层老年教育机构寻求帮助，在课程顾问帮助下，先在机构学习必要的老龄通识教育课程和手机、电脑使用等实用技能课程，之后在课程顾问帮助下利用线上的教学资源学习天文学基本知识，如果条件允许，还可前往合作的高校甚至天文机构参观学习。

四、建设多元化师资培养体系

目前，我国老年教育的师资队伍以兼职为主[1]，难以满足日益增长的老年教育需求和更多样化的教学需求。建设多元化的师资培养体系，需要在政府主导下开展专业化师资的培养和志愿师资的培训，同时注重开发老龄人力资源，大力发展互助型学习模式。日韩两国政府都十分重视老年教育师资的培养[2]。我国可以效仿日韩，制定专门的老年教育师资培养计划，设立老年教育资格证，委托高校和老年教育机构开展培训，推动专业化的老师持证上岗，提高师资队伍的专业素质。更进一步，要将老年教育师资培养纳入现行的教师培养体系，开设老年教育师范专业，形成系统的培养体系。

五、构建跨地区跨机构合作交流机制

未来需要打破分隔式、各自为政的老年教育办学格局，加强跨地区跨机构的老年教育机构合作交流，促进老年教育资源共享，并扩大老年教育的影响力，丰富老年教育的内涵。英国的第三年龄大学设立了有特色的新型老年学习项目，其中较有代表性的是鸟类观察（Bird Watch）项目。该项目由专业的鸟类学信托基金赞助，参与这个项目的老年人在指导下向该基金提供鸟类的报告和照片等。通过这种方式，喜爱鸟类的老年人获得了专业的知识和实践经验，学术机构也获得了大量的鸟类第一手资料。这种教育同社会活动相结合的方式值得提倡。我国老年教育机构组织的合唱团、歌舞团外出表演是一种好形式。合作的机构可以扩展到高校、科研机构和企业，在提高老年教育效果的同时，发挥老年人的社会作用，促进社会认可老年人的价值，在全社会树立积极老龄观。

---

① 欧阳忠明、葛晓彤、杨亚玉：《中国与澳大利亚老年大学的个案比较研究——以 NC 老年大学与 BC 第三年龄大学为例》，《现代远距离教育》2018 年第 1 期。
② 朱政：《日韩老年教育发展经验及其启示》，《成人教育》2020 年第 3 期。

第七章　提高老年人社会参与*

老年人社会参与是老年个体在社会发展中彰显价值和尊严的需求,也是现代老年生活中不可或缺的部分,更是落实积极应对人口老龄化国家战略的共识。我国经济社会发展日新月异、社会保障日趋完善,加速改善老年人健康状况,其社会参与意愿和参与能力进一步增强。本章在梳理国际组织主张推进老年人社会参与的基础上,总结老年人社会参与的国际经验,回顾我国在老年人社会参与领域的政策演进和规划部署,全面展示我国老年人社会参与状况,提出全面提升人口综合素质、推动老年人社会参与平台数字化和智慧化转型、加快老龄社会环境包容发展等措施建议,持续推进老年人社会参与,打造人人参与、人人共建、人人共享的全龄友好型老龄社会。

第一节　老年人社会参与的国内外共识

积极老龄化和健康老龄化是国际与国内社会的普遍共识。老年人是社会的财富而非包袱。一方面,他们毕生积累的技能、技术、经验、知识、阅历和智慧等弥足珍贵;另一方面,随着寿命的延长和健康条件的改善,特别是老年预期寿命的延长,老年人社会参与的意愿正在增强。促进老年人继续发挥自身价值,努力将老龄化对社会经济发展的压力转变为促进经济社会可持续发展的动力,是积极应对人口老龄化的客观需要。

一、国际共识

人口老龄化是全球各国和各地区的普遍现象,各地虽有程度和阶段性差异,但人

---

*　本章作者:王丽晶,南开大学经济学院博士研究生;原新,南开大学经济学院教授、南开大学老龄发展战略研究中心主任。

口老龄化的大趋势一致。老年社会参与（Elderly Social Participation）泛指老年人的经济参与和社会参与①，不仅包含正式的经济活动参与，也包括社会、政治、学习、文化、体育、娱乐、公益、志愿、家庭等领域各类活动的参与。世界卫生组织指出，老年人社会参与是积极应对人口老龄化的重点任务之一，也是老年人的一项权利。世界各国和各地区应该为老年人行使这一权利提供制度支撑。

（一）促进老年人社会参与的国际准则

1982 年，联合国第一次老龄问题世界大会通过《维也纳老龄问题国际行动计划》，认同老年人的社会贡献，提出老年人社会参与的一般性政策建议："制定政策支持老年人实现个人目标、愿望，释放自身潜力，促使老年人有机会发挥其力所能及、有益家庭和社区的个人作用。通过继续参与家庭活动、社区志愿服务、正式和非正式学习、社区和老年协会活动、文娱活动和工作等方式满足自身需求。"②

1991 年，联合国大会发布《联合国老年人原则》，明确了老年人的独立、参与、照顾、自我实现、尊严等 5 项原则，保障老年人有价值、有尊严的生活。1992 年，联合国大会通过《世界老龄问题宣言》，提出"老年人有社会贡献，不是社会负担"，并把1999 年确定为"国际老人年"，确立了"建立不分年龄、人人共享的社会"这个主题，强调老年人是社会发展进步的参与主体和受益人，要让老年人融入到发展中去，公平分享发展的成果。

2002 年，联合国第二次老龄问题世界大会将"积极老龄化"写进《政治宣言》，肯定老年人的社会价值。健康、参与、保障三位一体，成为积极应对老龄化挑战的重要战略。《马德里老龄问题国际行动计划》确定所有老年人都享有平等的就业机会，要充分利用继续教育、职业指导和职业介绍等手段，保持老年人最大限度的活动能力，加强公众对老年人生产力和其他贡献的认可。2005 年，联合国世界卫生大会的决议《加强老有所为和增进老年健康》，进一步提出要为老年人创造社会参与的环境和机会。

2008—2020 年，联合国社会发展委员会召开了 4 轮《马德里老龄问题国际行动计划》及其后续行动工作会议，评估世界各地保障老年人生活质量的行动，以及充分发挥老年人知识和技能、促进其继续参与社会生活的行动。在落实方面，国际劳工组

---

① N.Morrow-Howell, J. Hinterlong & M. Sherraden (eds.), *Productive aging*: *Concepts and Challenges*, Johns Hopkins University Press, 2001.

② 联合国:《维也纳老龄问题国际行动计划》，见 https://www.un.org/chinese/esa/ageing/vienna3_1.htm。

织更加注重为老年人提供就业机会,使老年人通过继续就业获得体面的、有保障的生活,推动老龄保障事业发展,实现促进经济和就业同步发展。

国际社会对老年人的积极态度,充分体现了老年人是社会财富的积极老龄化思想。在人口老龄化背景下,经济社会发展离不开老年人的参与。人人参与、人人共建、人人共享是老年人的根本需求,更加贴近社会发展现实。

（二）促进老年人社会参与的国际经验

积极老龄化的思想和促进老年人社会参与的倡议,得到了国际社会的广泛支持。一些国家机构和社会组织主动参与协调和促进工作,为推动老年人参与社会、经济、文化和政治等活动制定政策措施。

劳动力市场改革。积极开发老年人力资源,经济合作与发展组织建议,废除所有的强制退休政策[1]。1978年,美国修订《反对就业年龄歧视法》,将法定退休年龄的目标逐步调整到70岁[2]。2020年,日本政府通过《改正高年龄者雇佣安全法》,引入70岁继续雇佣制度。墨西哥、秘鲁等国家给予小额信贷和创业补助,鼓励老年人自主创业。澳大利亚宣传"发展无年龄偏见的劳动力"理念,美国和德国推出税收优惠政策,鼓励企业雇佣老年劳动者。

老年教育培训。2004年,国际劳工大会强调终身学习的重要性,明确政府、企业和个人的责任。美国高等教育学院开办了退休学院（Institutes for Learning in Retirement,ILR）,依托大学和学院的教育资源,为老年人开设多样化的终身教育项目。日本、加拿大、英国等国家整合社区各类资源,充分发挥老年人的自我规划学习能力,鼓励其担任教师,丰富"第三人生"生活。

共同参与活动。很多国家和地区从政策、战略、规划等方面,鼓励老年人参与共同发展。1980年,美国学者正式提出"时间银行"概念,为时间银行与志愿服务相结合的新型养老模式提供了理论支撑。德国推行共同参与,企业邀请老年人共同参与老年产品的研发和试验;并且,实行多代混住、共享住房养老,老年人和青年人相互帮助[3]。埃及和卡塔尔也鼓励老年人继续作出贡献,向青年学生传授技能和经验。2005年,全球33个城市启动城市改造项目,通过提供健康护理、社会参与和安全服务提高老年人的生活质量[4],为老年人共同参与创造条件。埃塞俄比亚和乌干达倡

---

① 联合国世界卫生组织:《关于老龄化和健康的全球报告》(2016年版),第182页。
② 张文娟:《老龄工作管理》,中国人民大学出版社2016年版,第128页。
③ 李佳主编:《人口老龄化与老龄社会100问》,中国财富出版社有限公司2021年版,第91页。
④ 曹凤娟、闫金强:《构建评价指标体系,高标准建设老年友好型社区》,《城市开发》2022年第4期。

议老年人共同参与国家和地方决策。

这些案例是国际社会促进老年人社会参与的冰山一角，类似案例不胜枚举。积极老龄化观念和促进老年人社会参与计划，已经成为国际社会积极应对人口老龄化的重要理念和行动指南，得到普遍采纳和推广。

二、中国的政策发展

20 世纪 90 年代，中国首次明确提出促进老年人社会参与的概念，秉承自愿参与原则，作出力所能及的社会贡献①。在我国人口老龄化和老龄社会不断深化的背景下，党和政府始终高度重视老龄问题，确定了实施积极应对人口老龄化国家战略，出台了一系列法律、法规、政策、战略和规划，推动包括促进老年人社会参与在内的一揽子积极应对人口老龄化的行动和计划。

1996 年，颁布老年人权益保障法，设专章"参与社会发展"，提出"国家和社会应当重视、珍惜老年人的知识、技能和革命、建设经验，尊重他们的优良品德，发挥老年人的专长和作用"，用法律保障老年人的社会参与权利。2000 年，党中央、国务院印发《关于加强老龄工作的决定》，提出重视发挥老年人的作用，坚持自愿与量力、社会需求与个人志趣相结合的原则，鼓励老年人关心教育下一代，以从事咨询服务、投身社会和社区活动等方式进行社会参与。

2013 年，国务院发布《关于加快发展养老服务业的若干意见》，鼓励社区为老年人多样化参与提供文娱活动场所。2016 年，国务院发布的《国家人口发展规划（2016—2030 年）》提出开发老年人力资源，充分发挥老年人参与经济社会活动的主观能动性。2017 年，《"十三五"国家老龄事业发展和养老体系建设规划》提出"培育积极老龄观，加强老年人力资源开发，发展老年志愿服务，引导基层老年社会组织规范发展，扩大老年人社会参与"。2019 年，党中央、国务院发布《国家积极应对人口老龄化中长期规划》，结合新时代老龄工作的形势和特征，在老年人社会参与方面进行更加细致全面的部署，改善人口老龄化背景下的劳动力有效供给，全面提升全龄人力资源素质，助其开发利用。2020 年，《中共中央关于制定国民经济和社会发展第十四个五年规划和二〇三五年远景目标的建议》把积极应对人口老龄化上升为国家战略，提出"积极开发老龄人力资源，发展银发经济"。

2021 年，党中央、国务院《关于加强新时代老龄工作的意见》设立"促进老年人社

---

① 邬沧萍、王高：《论"老有所为"问题及其研究方法》，《老龄问题研究》1991 年第 6 期。

会参与"专章,从扩大老年教育资源供给、提升老年文化体育服务质量、鼓励老年人继续发挥作用3个方面作出具体部署;提出老有所为同老有所养相结合,完善就业、志愿服务和社区治理,充分发挥低龄老年人的作用;探索适合老年人的灵活就业模式,开展"银龄行动",引导老年人以志愿服务形式参与基层活动。2021年,《国民经济和社会发展第十四个五年规划和2035年远景目标纲要》提出:"综合考虑人均预期寿命提高、人口老龄化趋势加快、受教育年限增加、劳动力结构变化等因素,按照小步调整、弹性实施、分类推进、统筹兼顾等原则,逐步延迟法定退休年龄,促进人力资源充分利用。发展银发经济,开发适老化技术和产品,培育智慧养老等新业态。"

自2001年以来,从"一五"到"十四五",国务院陆续出台了5个关于老龄事业发展的五年专项规划,均明确提出重视老年人的价值、发挥老年人的积极作用、规划部署不同时期的老年人社会参与工作的具体任务。2021年,国务院制定《"十四五"国家老龄事业发展和养老服务体系规划》,从鼓励老年人继续发挥作用和丰富老年人文体休闲生活两个方面,下达了未来五年加强老年人就业服务、促进老年人社会参与、扩大老年文化服务供给、支持老年人参与体育健身、促进养老与旅游融合发展等方面的具体要求和任务。

第二节　中国老年人社会参与的条件和实践

我国老年人口规模大,低龄老年人口比重高,伴随综合素质逐年提升,可开发的老年人力资源和人力资本潜能巨大。促进老年人社会参与,不仅有利于缓解劳动年龄人口规模下行趋势,而且符合老年人自我实现的需求。通过社会参与,能够增加老年人的经济收入,提高他们的社会价值感和生活满意度,实现老年人对美好生活的向往,推动落实积极应对人口老龄化的国家战略。

一、老年人社会参与的人力资源和人力资本基础

中国正处在人口老龄化不断加速和老龄社会日渐深化的早期阶段,低龄老龄化特征突出。相对年轻的老年人口结构、日益改善的老年人健康状况和快速攀升的老年人受教育水平,为促进老年人社会参与奠定了人力资源和人力资本基础。

(一)人口老龄化的低龄特征明显

在21世纪中叶以前,低龄老年人口规模巨大、比重较高。如果按照年龄段,可以将老年人口划分为60—69岁低龄老年人口、70—79岁中龄老年人口和80岁及以上

高龄老年人口。国家统计局的数据显示,低龄老年人口规模庞大。2020年,低龄老年人口为1.47亿人,中龄老年人口为0.81亿人,高龄老年人口为0.36亿人。低龄老人是老年人力资源开发的重点对象。根据联合国《世界人口展望2019》的预测,未来中国低龄老年人口呈现先升后降趋势,2035年达到2.22亿人,2050年达到2.09亿人;在此期间,低龄老年人口规模始终高于中龄和高龄老年人口。

低龄老年人占老年人口的比重相对较高。2020年,低龄老年人口占老年人口的比重为55.83%。联合国的预测数据显示,低龄老年人口比重虽然呈现下降趋势,但2037年以前,一直保持在50%以上,2053年降到43%,低龄老年人口比重始终高于中龄老年人口(33.25%)和高龄老年人口(27.25%)。

（二）健康状况持续改善

人口寿命大幅延长。第一,平均预期寿命大幅延长。国家统计局的数据显示,1982—2020年,人口平均预期寿命从67.8岁大幅提升到77.9岁,已经超过世界平均水平(73.2岁);展望未来,根据健康中国行动2030年的目标任务,平均预期寿命将达到79岁,更加接近发达国家的平均水平(81.4岁)。第二,老年人口的平均余寿不断延长。1980年,我国60岁老年人口的平均余寿为16.7年,2000年进入老龄化社会时提高到18.3年,随着科技进步和生活水平提高,2020年达到了21.1年。根据联合国的资料,预计在2035年进一步增加到21.9年,2050年将接近23年左右。

老年人口的健康状态持续改善。老年人的自评健康状况和生活自理比重不断上升,根据第一次和第四次中国城乡老年人生活状况抽样调查数据(以下简称"四调"),2000—2015年,老年人自评健康"好"的比重从27.3%提升到32.8%。另据全国人口普查数据,2010—2020年,老年人生活能够完全自理的比重从97.05%提高到97.66%;所有年龄段的老年人生活自理率均有所提升,低龄老年人为99.02%,中龄老年人为97.61%,高龄老年人为91.71%。平均预期寿命、老年人口平均余寿及健康状况不断改进,为延长全生命周期中的生产性时长奠定了基础。

（三）受教育水平大幅提升

第一,成人文盲率快速下降。根据国家统计局的数据,1982—2020年,15岁及以上人口文盲率从34.49%下降到2.67%,60岁及以上老年人口文盲率从79.90%下降到10.70%;老年人口年龄越低,文盲率越低,2020年,低龄老年人口的文盲率只有6.37%,中龄老年人口为12.44%,高龄老年人口为24.62%。第二,受教育年限大幅增加。1982—2020年,6岁及以上人口平均受教育年限从5.20年提高到9.44年;2020年,老年人口平均受教育年限达到7.06年;其中,低龄老年人口为7.75年,中龄老年人口为 6.56 年,高龄老年人口为 5.35 年。第三,受教育层次迅速提升。1982—2020 年,6 岁及以上人口接受高中教育的比重从 7.48% 波动提升到 16.13%,接受大专及以上高等教育的比重从 0.68% 快速提升到 16.51%。2020 年,老年人口中接受过高中教育和大专及以上高等教育的比重分别为 9.91%、3.98%;其中,低龄老年人的比重分别为 12.81% 和 4.29%,均高于中龄老年人和高龄老年人的比重。

当前,中国正处于人口老龄化加速和即将进入中度老龄社会初级阶段,低龄老龄化特征明显,人口转变的这个阶段积累了丰富的老年人力资源基础。低龄老年人综合素质改善,是新中国成立以来生活条件和基础教育改善共同作用的结果,是老年人力资本积累的体现。改革开放创造的经济社会发展奇迹,尤其是教育进步的硕果将在未来的老年群体中得到充分体现,夯实了今后开发老年人力资本的基础,这将成为推进老年人社会参与的原动力。

二、老年人社会正式参与的实践

老年人社会正式参与是指老年人继续就业或者再就业,并获取报酬或经营收入的活动。这类老年人口也被称为老年在业人口[①]。

(一)老年人社会正式参与积极性高

1. 老年人平均在业率接近三成

根据全国人口普查数据,1990—2020 年,老年人口在业人数从 2769 万人增加到 5778 万人,年均增长 100.3 万人。1990 年,老年人口中的在业比重为 28.55%,2000 年达到峰值为 33.01%,随后下降,2020 年降至 21.88%;30 年间,老年人口平均在业比重为 28.10%,老年人平均在业率接近三成。根据中国老年社会追踪调查数据(以下简称 CLASS),2018 年,在业老年人口占被调查老年人口的 24.68%,明显高于 2014 年和 2016 年的调查数据。

2. 老年人继续就业的主体为低龄老年人口

根据全国人口普查数据,2020 年,60—69 岁低龄老年人口规模为 1.47 亿人,占老年人口的 55.83%;该年龄人口在业规模达到 4478.6 万人,较 2010 年增加 111.9 万人;其在业率为 30.39%,超过老年人口在业率,低龄老年人口参与正式经济社会活动的积极性较高;其中,60—64 岁人口在业率(33.84%)高于 65—69 岁人口在业率(26.96%),是现阶段老年人继续就业的重点支持人群。

---

① 邬沧萍等:《中国人口老龄化:变化和挑战》,中国人口出版社 2006 年版,第 78 页。

3. 老年人社会正式参与的主要特点

从健康角度看，无论城市还是农村，老年人口在业率与健康状况呈正相关关系，即自评健康状况越好，在业率越高。根据 CLASS 的数据，2018 年，老年人自评很健康和比较健康的在业率分别为 31.33%、25.79%，分别与很不健康的相差 16.08 个和10.54 个百分点。健康状况是决定老年人能否参与劳动的重要因素。

从教育角度看，不识字和只有小学文化水平的老年人口在业率较高。根据 CLASS 的数据，2018 年，不识字老年人口在业率为 29.36%，私塾(扫盲班)文化水平的为 22.38%，小学文化水平的为 27.34%，初中、高中(中专)以及大专及以上文化程度的老年人口在业率逐渐递减，大专及以上文化程度的老年人口在业率仅为 12.55%。

(二)老年人社会正式参与的城乡差异

1. 老年人平均劳动参与率的城乡差异

城市老年人口在业率随着养老保障制度的不断完善而缓慢下降。根据 CLASS 的数据，2014—2018 年，城市老年人口平均在业率先升后降，2018 年降到 8.61%，相较 2014 年下降了 2.26 个百分点；其中，城市低龄老年人口在业率的下降幅度高于城市老年人口的平均在业率降幅，相差 3.57 个百分点。

农村老年人一直保持比较高的劳动参与率。农村老年人口以身体状况、个人兴趣和生活需要为依据，继续从事生产劳动。根据 CLASS 的数据，2018 年，农村老年人口的劳动参与率为 36.72%，相较 2014 年上升 5.55 个百分点，远高于城市老年人口劳动参与率 28.11 个百分点。

2. 老年人劳动参与率受教育水平影响的城乡差异

城市老年人口在业率与文化程度呈倒"U"形。"四调"数据显示，城市老年人口具有小学(私塾)和初中文化程度的在业率分别为 11.31%、10.34%，没有上过学和达到大专及以上文化程度的分别为 7.30%、9.01%，文化程度处于中间位置的城市老年人口在业率较高。

农村老年人口劳动参与率同文化程度呈正相关关系，即随文化程度升高而升高。拥有大专及以上文化程度的农村老年人口劳动参与率最高，为 20.88%，比未上过学的高出 14.92 个百分点；拥有专业技术职称的农村老年人口劳动参与率为 22.06%，没有专业技术职称的为 10.72%，二者相差约 1 倍。

3. 老年人社会正式参与行业的城乡差异

城市老年人口主要就业于生产性和服务业领域。CLASS 的数据显示，2018 年，城市老年人口从事个体户、自由职业的比重为29.69%,从事商业、服务业、制造业的一般职工比重为24.70%,高于农村老年人口从事相应工作种类的比重;除农、牧、渔业以外,城市老年人口从事其他工作种类的比重均超过农村老年人口。

农村老年人口劳动参与,主要集中在农、牧、渔业。根据CLASS的数据,2018年,农村老年人口主要从事农、牧、渔业,比重为88.03%;其次是从事个体户、自由职业,比重为5.97%;再次是从事商业、服务业、制造业的一般职工,比重为4.01%;从事其他工作种类的比重不足2%。

综上所述,城市老年人在业比重虽呈下降趋势,但是就业优势明显,其在业率与文化程度呈倒"U"形。农村老年人口的劳动参与率相对较高,其文化程度和专业技术对劳动参与率有正向推动作用,主要集中在农、牧、渔业。

三、老年人社会非正式参与的状况

老年人不以获取经济报酬为目的,自愿自主参与民间社团、老年协会、文化团体、志愿者、社会工作、学生辅导、文体娱乐等各类活动,均属于老年人的非正式社会参与,甚至家务劳动也被视为老年人社会非正式参与的一部分[1]。

(一)老年人参与基层治理和管理

随着老年人步入退休阶段,社会角色迅速中断,更加需要认同感和归属感。促进老年群体参与基层治理和管理,能够满足老年人社会认同和归属的需要。据CLASS的数据,2018年,40.96%的老年人参与了社区或村委会选举;其中,60—64岁和65—69岁低龄老年人口参与投票选举的比重分别为45.29%、47.14%。

农村老年人参与基层治理和管理更加积极。CLASS的数据显示,2018年,农村老年人参与投票选举的比重为42.83%,高于城市老年人的参与比重(38.45%);并且,2014—2018年的3次调查中,农村老年人参与投票选举的比重均高于城市老年人的参与比重。

老年人参与基层治理和管理的比重与其健康状况呈正相关。根据"四调"的数据,自评健康非常差的老年人参与投票选举的比重为53%,随着健康状况逐渐提升,老年人的参与比重也在逐渐增加,自评健康非常好的老年人参与投票选举的比重达到69.70%。

老年人参与基层治理和管理的比重并未与文化程度呈现正相关关系。根据

---

① 杨宗传:《中国老年人口参加老年活动研究》,《人口学刊》1995年第6期。

CLASS 的数据,2018 年,具有私塾、扫盲班、初中学历和高中、中专学历的老年人参与投票选举的比重均超过 43%;具有小学学历和大专及以上学历的老年人参与投票选举的比重刚刚达到 40%;不识字的老年人参与投票选举的比重最低,为 38.48%。

(二)老年人参加志愿服务活动

志愿服务活动是志愿者不以获取物质报酬为目的,自愿贡献时间、能力和财富,为社会和他人提供公益服务的活动①。中国健康与养老追踪调查数据(CHARLS)研究发现,参与志愿服务活动对我国老年人的幸福感具有显著的正向影响②。

低龄老年人参加志愿服务活动的积极性更强。CLASS 的数据显示,2018 年,老年人参与志愿服务活动的比重为 35.92%,相较 2014 年提高了 17.81 个百分点;而且,老年人年龄越低,参与的积极性越强。2018 年,60—64 岁和 65—69 岁低龄老年人口志愿服务活动参与比重分别为 39.90%、37.62%,明显高于老年其他年龄组。

城市老年人参与志愿服务的比重较高。CLASS 的数据显示,2018 年,城市老年人参与志愿服务的比重为 41.21%,高于农村老年人 9.26 个百分点;老年人参与志愿服务的城乡差异,主要体现在城市老年人参与社会治安巡逻、环境卫生保护、专业技术的志愿服务(如义诊)等活动。

老年人参与志愿服务同健康状况呈现正相关关系。根据"四调"的数据,老年人参与志愿服务过程中,帮助邻里和维护社区环境卫生的比重相对较高,自评健康非常好的老年人的参与比重分别为 42.03% 和 26.81%,分别高出自评健康非常差的老年人 23.93 个百分点和 16.65 个百分点。

老年人参与志愿服务活动同文化程度呈现正相关关系。根据 CLASS 的数据,2018 年,不识字的老年人参与志愿服务活动的比重为 34.58%,仅有私塾、扫盲班、小学文化程度的老年人的参与比重为 31.33%,具有高中和中专文化程度的为 46.35%,达到大专及以上文化程度的为 46.44%。

(三)老年人家庭内部的代际互动

低龄老年人口为子女提供帮助的最多。"四调"的数据显示,被调查的老年人口中,34.7% 为困难子女提供经济支持;65.0% 为子女提供生活帮助,包括帮忙照看家、做家务、照顾孙子女、做农活等。其中,60—64 岁和 65—69 岁低龄老年人口为困难子女提供经济支持的比重分别为 41.6%、37.1%,为子女提供生活帮助的分别为

---

① 魏娜:《我国志愿服务发展:成就、问题与展望》,《中国行政管理》2013 年第 7 期。
② 张文超等:《志愿服务、年龄差异与主观幸福感》,《南方经济》2021 年第 3 期。

77.1%和72.3%。

城乡老年人代际互动的侧重点有所不同。"四调"的数据显示,城市老年人为困难子女提供经济支持的比重为44.5%,比农村老年人高出17.9个百分点。然而,农村老年人更多地为子女提供生活帮助(70.5%),高出城市老年人10.5个百分点。

健康状况越好的老年人与子女的互动越密切。"四调"的数据显示,自评健康非常好的老年人为困难子女提供经济支持和为子女提供生活帮助的比重较高,分别为48.6%和69.5%,相较自评健康非常差的老年人分别高出28.0个和28.5个百分点。

老年人代际互动方式受文化程度影响。根据"四调"的数据,拥有大学专科及以上文化程度的老年人为困难子女提供经济支持的比重最高(77.3%),拥有小学文化程度的老年人为子女提供生活帮助的比重最高(69.0%)。

总之,老年人的非正式社会参与积极性普遍较高,尽管参与程度受到居住区域、健康状况和教育水平等因素的影响。老年人通过基层治理和管理、志愿服务活动、家庭内部代际互动等途径融入社会生活,增强自己的认同感、存在感、价值感和贡献感,更重要的是通过社会参与收获了幸福感、获得感和安全感。

第三节　老年人社会参与的未来展望

老年人参与社会活动,无论正式参与抑或非正式参与,均是开发老年人口红利的重要途径。老年人自身也要树立老有所为的观念,提高参与意识和参与积极性。从供给侧结构性改革出发,通过全面提升综合素质、推动参与平台数字化转型、加快社会环境包容化发展,为老年人社会参与创造更加合宜的政策环境和更加切实的措施,实现"十四五"期间新时代老龄工作发展目标。

一、夯实基础:素质提升全面化

(一)践行健康中国行动,增强老年健康人力资本

持续推进健康中国行动,助力延长生产性寿命。一是延长平均预期寿命。人口平均预期寿命与生活条件和医疗水平息息相关,要推进健康中国建设,依托科学技术和医疗水平进步,延长个体生命周期,充实劳动力"蓄水池"。二是延长健康余寿。即在延长平均预期寿命的基础上,延长余寿的健康阶段,调动老年人继续参与劳动生产的积极性,为延迟退出劳动力市场提供支撑,实现延长生产性寿命。

（二）推广终身教育理念，厚积老年教育人力资本

人口平均预期寿命延长，增强了实行终身教育方案的可行性，从而使受教育周期从儿童期、青年期、成年期延展到中年期和老年期，推行全生命周期教育，不断助推学习型社会建设。"老有所学"是"老有所为"的助推器，要将老年教育纳入终身教育体系，扩大老年教育资源供给。鼓励高校和职业院校编写老年教育教材，开设老年教育课程，加强专业学科建设与人才培养机制。依托国家开放大学筹建国家老年大学，不断对老年人进行知识和技能再培训，搭建全国老年教育资源共享平台。开设老年教育课程，支持社会力量兴办老年大学（学校），实现"老有所为"的社会价值，为老年人全面提升综合素质铺好奠基石。

二、搭建平台：参与平台数字化和智慧化

（一）构建社会参与数字平台，助力老年人贡献价值

发挥政府、市场和社会组织等多方力量，协同构建就业、咨询、志愿服务等专业数字平台，增加老年人社会参与的机会供给。首先，数字平台面向老年人力资源开通绿色通道，上传人才信息电子档案；求职网站和应用软件中嵌入老年人专属版块，并做到操作简单、字体适宜，易于老年人搜寻筛选岗位。其次，扩展社会组织和机构的中介服务范围，登记老年人的职业技能和就业意向，向他们推荐工作岗位、提供职业技能和创新创业指导服务。最后，鼓励企业依托"互联网+"，为老年人提供灵活多样的弹性就业模式。

（二）创新社会参与多元模式，发挥老年人积极作用

提供更加多元的老年人社会参与模式，实现多种参与方式共同发展。明确基层组织的性质、地位和运行机制，开展专业化、规范化的社会参与活动，通过"银龄行动"引导老年人参与志愿服务，满足老年人需求。例如，老年人参与到基层民主监督、民事调解、文教卫生、互助养老等活动中，也可发挥其在家庭教育、家风传承等方面的作用，释放影子红利，降低年轻劳动人口因家务活动退出劳动力市场的概率[1]。从积极营造年龄平等和价值认可的友好社会氛围出发，增设科学评估和补贴政策，打开年龄枷锁，助力老年人化高意愿为高行动[2]。

（三）加速社会参与科技赋能，提升老年人数字素养

中国步入数字化和智能化时代，老年人社会参与迎来新机遇。一是日常生活数

---

[1]　杨成钢、孙晓海：《老年人口影子红利与中国经济增长》，《人口学刊》2020年第4期。
[2]　原新、金牛：《大力促进老年人社会参与》，《中国社会科学报》2022年3月1日。

字化赋能。鼓励老年人参与移动终端和应用体验,提出政务服务、社区服务、交通出行、网上购物等涉老改造建议;开辟专属网络版块,提供符合需求的信息和内容,增强数字社会与老龄社会的契合度。举办老年人智能应用技术培训,弥合老龄社会的"数字鸿沟"。二是劳动市场数字化赋能。开展提升全民数字素养、增强企业数字能力的多项行动,促进全龄人口共享信息化发展成果。加速推进产业数字化转型,通过人工智能、数字技术与劳动者有机融合,极大释放劳动生产率提升潜力,为经济发展注入科技新动能。

三、营造氛围:老龄社会环境包容化

(一)全面宣传老年社会价值,践行积极老龄生活观念

树立积极老龄观,重塑老年期生活理念。一是从整体视域出发,加强社会价值宣传。积极老龄观肯定老年人的贡献,宣传老年人积极正面的形象,扭转被动养老的刻板印象。二是从个体视域出发,普及健康的生活观念。纵观全生命周期,老年人正在面临的问题,不单单源于老年期,也源于老年期之前的中年期甚至是青年期。发挥社区基层组织的促进作用,推广健康的生活理念和生活方式,持续叠加民众主动关注生命健康水平的意愿与行动,引导全社会践行积极老龄观。

(二)渐进式延迟法定退休年龄,提供社会参与制度支撑

渐进式延迟法定退休年龄的直接参与对象是60—69岁低龄老年群体。固有法定退休年龄无形中划分了人生阶段,塑造了工作阶段和退休阶段的固定观念。随着平均预期寿命大幅延长以及老龄社会带来的冲击,参考总结国际经验,实行渐进式延迟法定退休年龄改革,符合当前中国人口平均预期寿命延长的现实情况。渐进式延迟法定退休年龄,不仅有助于低龄老年人口转变为大龄劳动力,延长生产性生命周期,增加劳动力有效供给。更有助于突破固有年龄划分观念,转变工作和退休的传统年龄思维定式,贯彻落实积极老龄观,变被动为主动,及时、科学、有效地适应人口老龄化规律和老龄社会形态。

(三)清除阻碍老龄工作规定,保障社会参与合理需求

扫清障碍,消除不合理规定,畅通老年人社会参与渠道。一是制定专项政策法规。支持老年人创业、就业,保障老年人继续进行社会参与的基本权益;着力消除年龄歧视,加强年龄平等和增龄不减智社会政策建设;制定老年人社会参与权责以及相关权益措施时,征求老年人的意见,制定可操作的、内容翔实的、贴近老年人需求的政策。二是强化老年组织建设。明确基层老年组织的性质和法律地位,构建正规的老

年志愿服务机构。保障基层老年组织的合法地位和基本权益,通过多渠道推广宣传,扩大老年人志愿服务活动选择范围。三是增加老年社会参与渠道。搭建专属社会参与平台,开设第三方机构提供配套服务,设立人才信息库和人才交流专场,使老年群体能够体现自我价值。

(四)统筹规划宜居社区建设,构建孝亲敬老社会氛围

老年宜居型社区通过提供援助性服务和支持性环境,缓解老年人因生理和心理健康衰退带来的不适,让老年人能在日常生活中达到最佳活动和参与水平。一是适宜的生活环境。在社区搭建户外活动场所和步行路网,为体育娱乐、人际交往等活动提供便利。二是包容的社会风尚。支持发展社区基层老年协会,推动老年人参与基层治理和管理。增强代际文化融合,实现互助养老服务新常态,共建浓厚的社区孝亲敬老氛围。

(五)大力支持适老化改造,提高老年文体服务质量

整合社区资源,提高社区文体服务质量,建设年龄友好型社区。一是居家适老化改造计划。提供差别化、个性化居家改造方案,对特殊困难的老年人家庭实行居家适老化改造;对有条件的老年人通过补贴、产业引导和家庭自付等方式,进行居家个性化定制或整体化改造。二是空间适老化改造计划。培养基层文体骨干开展活动、做好规范和管理工作,促进老年人参与户外文体活动。依托空置房、公园、商场等空间资源,改造为老年活动中心,增设适老场所和养老服务设施。

综上,促进老年人社会参与是落实积极应对人口老龄化国家战略的内在动力。增加老年人的社会参与机会,就是生产性时期相对延长,这是积极应对人口老龄化的必然选择。政府和社会要建立健全老年人参与社会的体制机制,创造老年人社会参与的机会,改善老年人社会参与的政策环境,鼓励和支持广大老年人积极参与经济、政治、文化、社会建设活动。保障老年人的社会参与权利和社会参与意愿,充分发挥老年人的社会参与潜能,推动形成人人参与、人人共建、人人共享的社会新局面。

第八章　健全老年人权益保障[*]

老年人是老龄社会的重要主体。维护好、保障好、发展好老年人权益,是实施积极应对人口老龄化国家战略的应有之义与核心内容。党和国家历来高度重视老年人权益保障工作,特别是党的十八大以来,从法律、制度、政策等多方面综合施策,开展多项行动,不断取得新进展新成效,使广大老年人的获得感、幸福感、安全感不断增强。同时,老年人权益保障工作还存在较多薄弱环节,需要更加重视,作出更大努力,落实见效。

第一节　老年人权益及其保障的含义和意义

老年人权益是多层次、多方面的,对老年人权益的保障也是多层次、多方面的。不断健全老年人权益保障,对实施好积极应对人口老龄化国家战略,构建和谐稳定社会,让广大老年人过上健康长寿、幸福美好的晚年生活,具有重要意义。

一、老年人权益内容界定

权益,是指公民受法律保护的权利和利益。我国的"老年人权益"是指:60 岁以上的公民,依据《中华人民共和国宪法》(以下简称"宪法")、《中华人民共和国老年人权益保障法》(以下简称"老年法"),及其他法律规定享有的权利和利益。老年人权益主要有以下两个方面。

第一,宪法及相关法律规定的所有公民都享有的基本权益。例如宪法规定的选举权和被选举权、宗教信仰自由等政治权利,以及人身自由权、私有财产所有权、继承

---

　　*　本章作者:刘维林,中国老年学和老年医学学会会长。

权、婚姻自主权、劳动权、受教育权等等①;再如《中华人民共和国民法典》(以下简称"民法典")规定的自然人享有的生命权、身体权、健康权、姓名权、肖像权、名誉权、隐私权、婚姻自主权、继承权等权利,民事主体享有的物权、债权、知识产权等权利②。

第二,老年人特有的权益。宪法作为国家的根本大法,对老年人权益及其保障的基本内容、方式作出了明确规定和安排:公民在年老、疾病或者丧失劳动能力的情况下,有从国家和社会获得物质帮助的权利;国家依照法律规定,实行企业事业组织的职工和国家机关工作人员的退休制度;退休人员的生活受到国家和社会保障;国家发展为公民在年老情况下享受获得物质帮助权利所需要的社会保险、社会救济和医疗卫生事业;成年子女有赡养扶助父母的义务,禁止虐待老人③。

老年法是对老年人权益及其保障作出全面规定和安排的一部基本法律。该法于1996年制定,2012年作了全面重大修订,后又于2015年和2018年作了个别内容修订。2018年版老年法被各界认为是老年人权益保障的基础性法律,标志着老年人权益保障进入一个新的时代。

老年法明确规定:老年人有从国家和社会获得物质帮助的权利,有享受社会服务和社会优待的权利,有参与社会发展和共享发展成果的权利。国家保障老年人依法享有的权益;国家和社会应当采取措施,健全保障老年人权益的各项制度;国家建立多层次的社会保障体系,逐步提高对老年人的保障水平④。

《中华人民共和国刑法》在保护和尊重老年人权益方面作了特别规定,对已满75周岁的人的犯罪,刑罚上给予特殊从宽考虑;同时,对包括老年人在内的弱势群体负有监护、看护责任的人员的违法犯罪行为作出处罚规定,体现出法律的专门保护⑤。

2021年1月1日实施的民法典,标志着我国老年人权益保障进入全新的时代。民法典中多项条款,都对老年人最直接、最关心、最现实的一些权益的维护、保障,作出了具体规定和安排:一是确立了成年人意定监护制度,即在老年人意识清楚时,可以书面指定一个人或者组织作为自己失能后的监护人,照顾自己的生活,处置自己的财产和权利等;二是保障老年人居有其屋,设立居住权制度,对包括再婚老年人在内的居住权作出新的规定,并为老年人"以房养老"提供法律保障;三是对包括老年人

---

①　《中华人民共和国宪法》第二章第33—56条。
②　《中华人民共和国民法典》第二章第13—56条、第五章第109—131条。
③　《中华人民共和国宪法》第44、45、49条。
④　《中华人民共和国老年人权益保障法》第3、4、5条。
⑤　《中华人民共和国刑法》第17、49、260、261条。

在内的婚姻自主权作出进一步保障和完善;四是针对独身老年人增多的情况,明确了其兄弟姐妹亦有权行使代位继承权,对代位继承的主体进一步加以扩大;五是保障老年人自愿处分遗产的权利,以确保老年人老有所养[1]。

老年人享有特殊权利,不意味着与社会其他成员的平等关系遭到破坏、社会公平受到损害。主要因为人到了老年阶段,从精神到身体均处于下降状态,成为社会中的弱势群体。而在此之前,他们已经为国家、社会、家庭作了巨大贡献。此时,需要给予老年人不同于其他群体的特殊权利。这是全社会的共同责任,也是社会公平的体现,不仅关系到老年人的自身发展,也关系到社会的协同发展与和谐稳定。

二、老年人权益保障方式

一是法治保障。以法治形式保障老年人权益,这是积极应对人口老龄化的重要内容,也是社会文明进步和现代化发展的必然要求。目前,我国已经初步形成了以宪法为基础、老年法为核心,由相关法律、行政法规、部门规章、地方性法规和地方政府规章组成的比较完备的法律法规体系,并且随着形势发展需要不断加以完善,这为老龄事业的发展和老年维权工作的开展奠定了坚实的法律基础。

二是政策保障。政策是国家治理、社会调控的重要手段,具有针对性、及时性、灵活性、实效性的特点和优点。政策指导国家立法,以立法的宗旨、精神、原则等形式把老年人享有的权益固定下来,同时,通过制定和采取正确的政策保障落实。国家制定并实施的老龄事业发展和养老服务体系建设规划、年度计划,以及政府部门制定的相关政策措施,构成比较完整的老年人权益政策保障体系,这是我国老年人权益得到落实的保证。

三是物质保障。老年人从工作岗位退下来,不再继续获得工作收入和报酬。国家有责任为他们退休后的生活提供经济支持、物质帮助,包括按时足额发放养老保险金,提供社会福利和社会优待,为城乡低保老年人、特困老年人提供社会救助和援助;还包括建立稳定的老龄事业经费保障机制,不断加大老龄事业发展的投入,为老年人生活创造更多更好的设施和环境,推动老龄事业与经济社会协调发展。这既是落实好老年人生存权益的需要,也是落实好老年人发展权益的需要。

四是服务保障。随着老年人年龄不断增长,身体机能衰退,认知思维能力下降,受到越来越多慢病侵扰,老年人对医疗卫生健康服务、生活照料服务、心理精神关爱

---

① 《中华人民共和国民法典》第 26—39、367—371、1055—1092、1128、1133—1163 条。

及社会优待等的需求愈加凸显,成为核心需求。特别是失能、失智、残疾、高龄、空巢、计划生育家庭的老年人,更需要有针对性的、综合连续的服务。因此,健全基本养老服务体系、健康服务支撑体系,发展普惠型养老服务和互助性养老服务,支持家庭承担养老功能,构建居家社区机构相协调、医养康养相结合的养老服务体系,是老年人权益保障的核心所在。

五是发展保障。老年阶段仍然是有发展、有进步、有快乐的重要人生阶段。老年人参与社会发展、共享改革发展成果,既是老年人实现自身权益的需要,也是为国家发展、社会进步注入活力和动力。这包括为老年人落实劳动权利,为他们就业和创业提供支持保障,为老年人参加志愿服务、社会治理工作提供支持保障;也包括为老年人接受继续教育、充实自我、传承创新优秀传统文化、依法参与科技开发和应用等活动,提供支持保障。

三、健全老年人权益保障的意义

维护好、保障好、发展好老年人权益,是坚持党的性质宗旨、坚持以人民为中心的发展思想的具体体现和必然要求。广大老年人为社会作出了重要贡献,是社会的宝贵财富、党执政兴国的重要资源、推进中国特色社会主义伟大事业的重要力量。坚持全心全意为人民服务的宗旨和以人民为中心的发展思想,就要把维护好、保障好、发展好老年人权益作为老龄事业发展的出发点和落脚点,切实解决好老年人的民生问题,不断满足广大老年人日益增长的美好生活需要,让所有老年人都能老有所养、老有所依、老有所乐、老有所安,都能健康长寿、安享幸福晚年。

维护好、保障好、发展好老年人权益,是实施积极应对人口老龄化国家战略的根本目的、核心目标。积极应对人口老龄化,事关国家发展和民生福祉,是实现经济高质量发展、维护国家安全和社会稳定的重要举措,同时也是一项系统工程,涉及方方面面,但根本目的与核心目标,是维护好、保障好、发展好老年人权益。这是衡量检验老龄工作做得好不好、老龄事业发展得好不好、老龄化应对成效如何的基本标准。老年人权益得到切实维护、保障和发展,老年人的价值作用得到充分发挥,就能将老龄化带来的挑战转化为机遇,使应对人口老龄化、解决老年人的问题与经济社会发展相协调、相统一,走出一条中国特色应对人口老龄化的成功道路。

维护好、保障好、发展好老年人权益,是构建和谐稳定社会的重要内容和基本保障。进入老龄化社会,必然会产生老年人代际之间、老年人与社会之间,在资源占有、财产分配、利益分享、发展机会平等、文化传承以及伦理道德规范、法律纠纷等多方面的矛盾和问题,给社会的和谐稳定造成负面影响。但产生矛盾、问题的根源并不在老年人方面,恰恰是由于对老年人权益的正当性认识不够,对老年人的权益维护、保障不够。与老年人有关的家庭矛盾,往往是老年人的财产支配权、婚姻自主权、被赡养权等得不到维护、保障造成的;与老年人有关的社会矛盾,往往是国家和社会对老年人的社会地位及其作用存在认识偏差,对老年人权益保护、保障重视不够,工作不到位造成的。必须明确,我们当前所要构建的和谐社会,是人口老龄化背景下的和谐社会,或者是和谐的老龄社会。只有构建起养老、孝老、敬老的政策体系和社会环境,创建形成老年友好型社会,切实维护好、保障好、发展好老年人权益,让老年人身心安康,才会形成一个代际和顺、家庭和睦、社会和谐稳定的局面。

第二节　老年人权益保障状况

党和国家高度重视老年人权益保障,制定规划,建立制度,作出安排,形成体系框架。同时,不断加大行政、司法执行力度,针对老年人权益的迫切需求和突出问题,出台一系列政策措施,开展专项整治行动,推动老年人权益保障不断落实。

一、老年人权益保障工作进展及成效

(一)保障政策体系更加完善

2021年11月18日印发的《中共中央、国务院关于加强新时代老龄工作的意见》,在"着力构建老年友好型社会"部分,专列一条(第13条)部署安排"加强老年人权益保障"工作,着重从法治角度提出5个方面的意见,即:第一,各地在制定涉及老年人利益的具体措施时,应当征求老年人的意见;第二,建立完善涉老婚姻家庭、侵权等矛盾纠纷的预警、排查、调解机制;第三,加强老年人权益保障普法宣传,依法严厉打击电信网络诈骗等违法犯罪行为;第四,完善老年人监护制度;第五,建立适老型诉讼服务机制,为老年人便利参与诉讼活动提供保障。这些都是当前问题突出、社会关注、需要抓紧推动解决的现实问题。

2021年12月30日印发的《"十四五"国家老龄事业发展和养老服务体系规划》,也把"维护老年人合法权益"作为专门部分(第11条),并从3个方面进行了部署安排,即:加强市场主体行为监管,落实市场主体信用承诺,加强市场秩序监管;引领全行业规范健康发展,健全养老服务综合监管制度,优化养老服务营商环境,推进养老服务标准化建设;加强老年人消费权益维护,切实防范各类侵权风险,加强涉老矛盾纠纷化解和法律援助,规范发展中高端养老机构。上述安排主要侧重通过加强市场监管制度建设,保证养老服务质量,为老年人权益落实提供安全保障,有很强的针对性和现实性。

（二）保障能力和水平不断提高

2021年,我国养老保险的总收入为6万亿元,总支出为5.6万亿元,累计结余超过5万亿元①。国家财力不断增长,为养老金可持续性增长提供了坚实保障。2022年,企业职工基本养老金平均上调4%,实现连续18年涨。城乡居民基本养老金也迎来2015年以来的第四次上涨。从2022年开始实施的企业职工基本养老保险全国统筹,确保了退休职工养老金在全国范围内按时足额发放,促进了待遇公平,同时,为企业职工选择异地缴费、异地退休提供了方便。

在养老服务体系和社会救助体系建设中,不断提高老年人保障水平。截至2021年底,全国共建有养老机构4万家、养老床位813.5万张,养老床位又有新的增加②。与此同时,不断完善城乡最低生活保障以及特困人员救助供养、医疗救助和临时救助制度,确保符合条件的老年人应保尽保、应养尽养、应救尽救。建立和完善老年人福利制度,全面建立对经济困难、高龄失能老年人的补贴制度。

在为老年人提供健康服务方面,国家卫生健康委于2021年出台开展老年医疗护理服务试点、老年康复医疗服务试点、促进医养结合、创建老年友好型医疗机构等多项政策措施,推动老年医疗服务提质增效。截至2021年底,医疗卫生机构与养老服务机构建立签约合作关系的有7.8万对,"两证齐全"的医养结合机构有6287家,医疗卫生机构为养老机构的老年人提供服务超过500万次。二级以上医疗机构设老年科的达到2600家③。跨省异地就医直接结算、住院费用跨省结算已覆盖全国,门诊费用跨省直接结算试点工作也稳步推进。困扰老年人多年的异地养老、旅居康养医疗支持保障问题,基本得以解决。

特别是新冠疫情发生以来,党和政府高度重视老年人群生命健康权益的维护和保障。2022年面对新一轮疫情传播,我国仍坚持动态清零总方针不动摇,考虑的一个重要基点是,我国老年人群基数庞大,且是主要基础病人群。一旦疫情失控,将给广大老年人带来巨大生命和健康威胁,造成老年人生命健康权益巨大损失。当前,国家不断加强老年人新冠病毒疫苗接种工作。截至2023年3月2日,60岁以上老年

---

① 《2021年我国医疗保障事业发展经济统计公报》,国家医疗保障局网站。
② 《2021年我国民政事业发展统计公报》,民政部网站。
③ 《2021年我国卫生健康事业发展统计公报》,国家卫生健康委员会网站。

人接种新冠病毒疫苗覆盖人数达到 24169.4 万人,完成全程接种人数达到 23032.8 万人,覆盖人数和全程接种人数分别占到老年人口的 96.1%、96.6%。加强免疫接种已完成 19289.0 万人,老年人群的接种率在不断提高。

（三）司法服务和保障进入新阶段

2022 年 4 月,最高人民法院制定了《关于为实施积极应对人口老龄化国家战略提供司法服务和保障的意见》(以下简称《意见》),明确提出充分发挥审判职能作用,依法加大对侵害老年人人身和财产权益违法犯罪行为的打击力度,依法妥善审理涉老年人婚姻家庭、监护权、合同侵权等各类案例,加大涉老年人权益案件执行力度,持续深化改革创新,建立健全便老惠老司法服务机制。建立完善涉老年人婚姻家庭、侵权等矛盾纠纷的预警、排查、调解机制,建立适老型诉讼服务机制,为便利老年人参与诉讼活动提供保障。

2021 年度,全国各级人民法院审结涉老案件总数为 54.25 万件。其中,民事案件 49.20 万件,占比 90.70%;刑事案件 1.34 万件,占比 2.47%;行政案件 3.71 万件,占比 6.83%。为进一步加强老年人权益保护工作,掌握涉老案件动态发展趋势,分析案件类型和特点,深入剖析老年人权益维护的痛点和难点,最高法与《意见》同步发布《老年人权益保护第二批典型案例》,通过以案释法,旨在进一步统一法律适用,为老年人权益保障提供更加明确的适用范围和规则参考,引导广大老年人强化风险防范意识、提升依法维权能力、维护自身合法权益,对弘扬孝亲敬老传统美德,营造敬老、养老、助老的社会环境,构建老年友好型社会,具有重要意义。

近年来,在为老年人权益提供司法保障和服务的实践中,涌现出很多先进典型和经验模式。2015 年,上海市静安区设立全国第一家涉老民事审判庭,专门审理一方当事人是 60 周岁以上老年人的普通民事案件。北京市朝阳区人民法院从 2017 年开始,将全区涉老民商事案件集中到亚运村法庭统一审理。他们致力于解决涉老民商事案件的审判和调解问题,通过对涉及老年人侵权、合同、婚姻、家庭、继承等案件的审判实践,认识把握涉老案件的特点和规律,不断完善现行法律及相关制度。同时,了解老年人特殊需求,缓解老年人对司法诉讼的恐惧、排斥现象,引导帮助老年人主动自觉运用法律方式维护自身合法权益,为维护老年人权益提供了坚强的司法保障。

近年来,各级检察机关、公安机关、司法行政机关充分发挥各自职能,进一步加大对侵害老年人合法权益的各类犯罪行为的查办力度,改进办案方式方法,完善便民服务机制,加强基层老年人法律宣传教育、援助维权工作,把老年人权益保障落到实处。

（四）专项行动精准聚焦，成效显著

2022年4月初，为期半年的全国打击整治养老诈骗专项行动启动。这一专项活动坚持依法打击、整治规范、宣传教育"三箭齐发"，要求尽快打掉一批养老诈骗犯罪团伙，严惩一批违法犯罪分子，集中解决一批群众反映强烈的养老领域涉诈问题，整治规范一批存在诈骗苗头隐患的机构、企业，增强老年人的法治意识和识骗防骗能力，健全维护老年人合法权益的长效机制。专项行动部署会召开以后，最高人民法院等中央国家机关单位、北京等省区市纷纷出台专项行动实施方案，部署推进专项行动的开展。这场打击整治养老诈骗的整体战、攻坚战，取得明显的阶段性成效。全国共立案侦办养老诈骗刑事案件41090起、破案39294起，打掉犯罪团伙4735个，抓获犯罪嫌疑人6.6万余人，提起公诉8516人，一审判决案件1645起4523人，追回赃款308亿余元，养老诈骗违法犯罪得到有力打击遏制。各地各有关部门共排查发现涉诈问题隐患23169个，已整治完成22398个，整治率达96.7%，养老领域涉诈乱象得到有效整治。全社会反诈防诈意识明显增强，"不敢骗、不能骗、骗不了"的良好态势初步形成。国家统计局调查显示，82%的群众认为养老领域各种乱象减少，群众对专项行动的满意度达86%。全国打击整治养老诈骗专项活动合民意、护民利、得民心，是对老年人合法权益的有力维护和坚强保障。

二、老年人权益保障方面存在的主要问题

发展不充分、不平衡是我国老年人权益保障的根本性问题。与先期进入老龄化社会的发达国家或地区相比，我国在2000年进入老龄化社会，属于比较典型的"未富先老"和"未备先老"，对老年人的物质保障、服务保障起点比较低。现在虽然综合国力大为增强，人均国内生产总值超过1万美元，进入"边富边老、边备边老"阶段，但对老年人权益保障的整体水平还是低的。对老年人的最低生活保障、经济困难保障、特殊人群保障仍是重中之重，对老年人的基本公共服务、普惠性服务、社会福利和优待还处于起步发展阶段。地区之间、城乡之间、人群之间，保障水平差异大、不平衡。我国东部地区经济基础较好，财力投入大，设施建设和服务体系比较完备，老年人权益保障总体水平明显高于中西部地区和东北地区，特别是一些老少边穷地区。我国仍处于工业化、城镇化、现代化快速发展进程中，城乡二元结构依然凸显。2020年，城乡居民养老金平均水平为每月170元，城镇职工基本养老金为3350元，两者相差接近20倍。除物质经济保障、医疗保障等基本保障存在较大差异外，老年人享受权益保障的满足度、及时性、便利性等方面也存在较大差异。

农村老年人权益保障,是我国当前老龄事业发展和老龄工作中的薄弱环节与突出短板。我国农村老年人、城镇老年人比例呈现出突出的城乡倒置现象。由于农村劳动年龄人口大量流出,农村老年人留守、空巢问题突出,孝道文化受到冲击,传统养老模式难以为继,家庭养老脆弱,发展农村老年人权益保障事业任重道远。

老年人的精神文化权益保障严重缺失。伴随着国家计划生育政策实施效应持续显现,老龄化加速发展,家庭少子化、空巢化现象成为常态,老年人的精神赡养、心理关爱服务需求凸显。老年人离开工作岗位后,往往难以适应新的环境,心理、机能发生一系列衰老变化,引起情绪、意志的变化,容易产生失落感、忧郁感、恐惧感等不良心理状态。老年人的婚姻状况,子女数、家庭类型、经济满意程度,以及个人身体健康状况等,在不同程度上影响着他们的心理健康。老年人害怕孤独,害怕被社会遗忘,渴望得到精神赡养、心理关爱、人格尊严、身份认同,并以新的角色、新的方式融入社会,参与社会发展,实现个人价值。但从目前情况看,无论是对老年人精神文化权益重要性的认识,还是实际开展的权益保障工作,都还存在很大差距。

老年人的发展权益保障严重不足。老年人退休后仍然有关心国家政治、继续参与国家政治生活、为国家发展建言献策的意愿和需求,但因缺乏政策和组织的支持、保障,没有得到很好落实。老年人获得正规化学习教育的机会严重不足,国家为主举办的老年大学"一桌难求"。中国老年人群中,70岁以下老年人占到老年人总量的半数以上,蕴含着可挖掘释放的巨大资源与活力,然而,酝酿多年的延迟法定退休年龄政策仍未出台,支持鼓励老年人再就业创业的政策,为老年人再就业创业搭建人才信息、教育培训、招聘使用、社会保障等各类平台,基本上还是空白。老年人参与社会公益志愿服务、参与社会治理、发挥文化传承作用等,都因缺乏政策支持、力量组织、经费保障等,处于自发、散乱、不可持续发展的状态。

老年人权益的法治保障不到位。老年法本身的一些规定过于原则,带有"软法"色彩,一些配套性法规没有制定出台,一些因形势发展迫切需要、实践证明比较成熟定型的制度政策亟须上升固化为法律。老年人法治维权的意识和能力薄弱,养老诈骗违法犯罪多发高发,全社会维护老年人权益的氛围还未形成。围绕老年人权益保障落实,国家立法、行政执法、司法服务保障,社会、家庭、个人共同行动、各负其职、形成合力的体制机制亟待健全完善。

第三节　加快健全老年人权益保障

健全老年人权益保障是一项系统工程,也是一项长期任务,必须坚持与经济发展相协同、与推动共同富裕相结合;既要坚持问题导向,着力解决老年人急愁难盼的现实问题;又要立足长远,不断满足广大老年人日益增长的美好生活需要。将单纯关注老年人的物质保障需求,转变为全方位满足老年人的物质需求、服务需求、精神文化需求,全方位提升老年人的生活质量。充分发挥制度优势,步调一致,形成合力,不断提升老年人权益保障的能力和水平,不断增强老年人的获得感、幸福感和安全感。

一、抓紧完善法律保障

老年人的权益是法律赋予的。通过立法,与时俱进地丰富和完善老年人权益的内容及其实现形式,对老年人权益保障具有根本意义。根据老龄化形势发展和满足老年人利益诉求的需要,综合已有研究成果和相关方面意见,以老年法为核心的法律保障体系,亟须进行以下几个方面的健全和完善。

其一,立法宗旨定位,需要从实施积极应对人口老龄化国家战略、推动实现共同富裕、推动老龄事业和老龄产业高质量发展的高度,重新审视老年人权益及其维护、发展和保障。

其二,法律基本内容,需要结合近年来的实践经验,检验发展成熟的制度政策成果,予以补充、丰富、完善,例如发展养老服务、推进医养结合、促进老年人社会参与、推动老年友好型社会建设、完善老年社会保障等。

其三,立法形式,既可就老年法本身内容作全面系统的扩充、完善,也可根据条件成熟程度,分别制定各项专门法律,如老年社会保险法、老年社会服务法、老年社会福利法、老年社会救助法、老年健康促进法、老年宜居环境法、老年社会参与法、老年居家养老法等。

其四,配套体系,包括相关专门法律与老年法衔接一致、具体延伸,如民法典、社会保障法、婚姻法、医疗卫生与健康促进法、刑法等法律,都应当对老年人权益保障有专门的具体规定,而不是与妇女、儿童、残疾人或未成年人等混合规定,或简单重复老年法的有关内容。国务院制定相应的行政法规,省级人大制定实施条例或专门条例,国务院组成部门、省一级政府制定相应规章,"两高"出台相应司法解释。

其五,探索实践,对于新形势下侵害老年人权益的一些新型犯罪,一些老年人自身的特殊犯罪,对老年人的精神赡养服务、安宁疗护、生命关怀,老年人的安乐优逝权利保障等,积极探索、立法引领,使老年人的权益得到法律保障。

二、不断强化司法保障

司法是维护社会公平正义的最后一道防线,也是老年人权益保障的最后一道防线。各级审判机关、检察机关、司法行政机关肩负老年人权益保障的重要职责。首先,应当提高认识,转变观念,把老年人权益司法保障融入到实施积极应对人口老龄化国家战略、维护国家安全和社会稳定的大局中来。要像维护未成年人权益一样,重视维护老年人权益,在机构设置、力量配备、纠纷化解、案件处理、关爱服务、制度机制建设等方面,加强顶层设计,完善老年人权益维护配套司法政策。要认真深入研究老年人需求,以及涉老年人矛盾纠纷、诉讼案件发生发展的特点和规律,增强化解涉老年人矛盾纠纷、处理涉老年人诉讼案件的针对性和有效性。各司法机关、司法行政机关要各司其职,用足法律手段,坚决打击和整治涉老年人群的违法犯罪;又要协同协作、联动配合,争取老年人权益维护、保障的最大效果。要根据涉老年人矛盾纠纷、诉讼案件的特点,推动涉老年人矛盾纠纷源头化解,加快建立完善涉老年人婚姻、家庭、侵权等矛盾纠纷的预警、排查、调解机制,建立健全便老惠老司法服务机制。要巩固打击整治养老诈骗专项行动成果,形成常态化机制,最大限度地维护老年人合法权益。

三、加快补齐短板弱项

发展是解决一切问题的基础和关键。只有在不断发展中把"蛋糕"做大,才能不断提高老年人权益保障水平。但同时,又要在探索实现共同富裕的过程中,发挥社会主义制度的优越性,发挥好第三次分配的功能和作用,通过合理的制度安排和政策调节,优先解决老年人权益保障处于中低水平、不平衡问题,以及急难愁盼的突出问题。

要尽快补齐农村养老、农村老年人权益保障的短板。要对农村养老服务、老年健康服务、老年社会保障、老年社会参与、老年友好型社会建设等统筹谋划,做好顶层设计,融入到乡村振兴战略中,一体推进、协同实施。要加大对农村养老、老年健康等服务设施和服务体系建设的投入,加快健全县、乡、村衔接的三级养老服务网络,推动村级幸福院、日间照料中心特别是特困人员供养、服务设施建设,大力改善农村医疗卫生条件,提升农村医疗卫生能力水平,推动建设农村老年照护机构、医养结合机构,为农村特困失能失智老年人提供服务保障。动员社会力量通过发挥市场机制的作用,发展农村普惠型养老服务和互助性养老,探索中国特色农村养老模式。改革完善社会养老保险、医疗保险制度,加快全国统筹步伐,积极探索推进城乡统筹、城镇职工和城乡居民社会保障统筹,不断缩小农村老年人与城镇职工、机关事业单位退休干部的养老、医疗保险待遇水平差距,真正使农村老年人老有所养、老有所医、老有所安。

要把特殊老年人群的服务保障放到突出位置上抓紧抓实。针对失能失智老年人群,以及高龄、空巢、计划生育家庭、经济困难老年人群健康养老的迫切需要,以国家"十四五"期间"促进65—74岁老年人失能发生率下降,65岁及以上人群老年期痴呆患病率增速下降"的老年健康促进重大专项行动基本指标为引领,加快落实国家关于发展老年医疗护理、康复、照护服务的各项政策措施,因地制宜合理增加老年护理照护服务的机构和床位数量,增加从事老年护理照护服务的人员数量,强化人员培养培训,扩大老年护理照护人力资源,加快发展居家医疗护理服务和长期照护,探索建立长期护理保险制度框架,建立健全失能失智老年人照护体系。

四、大力推进老年友好型社会建设

将人口老龄化国情教育不断引向深入,将积极老龄观和健康老龄化理念融入所有政策、融入经济社会发展全过程,加快推动各领域各行业适老化转型升级,将维护老年人合法权益摆到更加重要的位置上。

在全社会大力倡导不分年龄、人人平等、全龄友好的理念,弘扬中华民族孝老敬老优秀传统美德,构建养老、孝老、敬老的社会环境;倡导老年人独立、健康、参与、保障的理念,支持鼓励老年人更加积极地融入社会、参与社会生活,继续为国家和社会积极作为、发光发热、作出贡献。

要统筹协调经济社会发展和老龄社会建设,完善老龄社会治理与发展的制度框架和政策体系。围绕老年人居住、出行、健康支持、生活服务环境中的突出困难和障碍,完善升级社区养老的基础设施和家庭适老化改造,优化提升养老服务环境;将老年宜居社区建设全面融入新型城镇化、乡村振兴的国家战略,加快建立与老龄社会相适应的城乡发展规划体系,统筹推进城乡老年宜居环境建设的快速发展和均衡发展,不断缩小老年宜居环境建设的区域差异和城乡差异,为老年人平等参与社会生活、享受各项权益提供必要条件,同时也为各年龄层的其他社会成员提供和谐共融的整体环境。

　　要把老年人参与社会发展、继续发挥价值作用放到更加突出的位置上部署落实。要尽快出台延迟法定退休年龄政策,健全完善老年人就业等方面的法律法规和政策体系,强化基层老年群众组织建设,鼓励老年人参与社区治理,开展老年志愿和公益活动,加快清理阻碍老年人继续发挥作用的不合理规定,为老年人参与社会发展创造必要条件。

　　要大力发展老年教育,深入推进智慧助老,将加强老年人运用智能技术能力列为老年教育的重点内容,创新老年教育形式,提升老年人的数字认识和能力,切实保障老年人安全使用智能化产品、享受信息化带来的成果和服务便利,更加积极主动有效地参与社会生活。要大力加强老年人精神服务健康体系建设,坚决打击养老诈骗违法犯罪行为,禁止年龄歧视、侵犯老年人的社会参与权利,为全社会维护、保障老年人权益创造更好的氛围和社会环境。

第九章 推动老年宜居环境建设[*]

人口老龄化和城镇化是人类社会发展进步的产物。我国由快速城镇化的"成年型"社会迈向快速人口老龄化的老年型社会,其影响相互叠加,既给应对人口老龄化带来了发展机遇,也带来了更为严峻的挑战。全面加强老年宜居环境建设,为所有老年人提供支持性宜居环境,让全体公民进入老年期后仍然能够保持健康、活力和参与,共享经济社会发展成果,是实施积极应对人口老龄化国家战略的重要内容。

第一节 老年宜居环境建设的紧迫性和重大意义

我国人口老龄化最显著的特点是速度快,人口老龄化超前于现代化,这使得老年宜居环境建设更为紧迫。同时,老年宜居环境建设不仅有利于实施积极应对人口老龄化国家战略,提升全体公民进入老年期后的生活生命质量,也有利于构建经济发展新格局,稳增长、促改革、调结构、惠民生,具有重要意义。

一、老年宜居环境建设的紧迫性

根据《国家应对人口老龄化战略研究》预测,到 2025 年,我国老年人口将达到3.08 亿,超过总人口的 1/5;2050 年达到 4.83 亿,超过总人口的 1/3。我国人口老龄化速度高出世界平均速度的 1 倍[①]。同时,我国正处于快速城镇化过程中。由于缺乏长远的战略性规划指导,我国城乡社会建设和基础设施建设大多基于年轻人的需要,没有考虑到老龄社会的特点和要求。随着我国人口老龄化水平不断提高,老年人的居住

---

[*] 本章作者:吴玉韶,复旦大学老龄研究院副院长、教授、博士生导师。
[①] 国家应对人口老龄化战略研究总课题组:《国家应对人口老龄化战略研究总报告》,华龄出版社2014 年版。

条件、公共服务、社区环境、权益维护、社会参与等方面暴露出的环境问题越来越突出。

在新型城镇化过程中,人口进一步向城镇快速集聚,城镇的养老需求也将迅速扩张。人居环境问题一旦形成,改造起来难度大、成本高。新型城镇化建设必须融入老年宜居环境的理念,避免形成新的"问题环境"。除了物理环境外,老年人生存的虚拟环境、人文环境也同等重要。特别是 2020 年新冠疫情发生以来,老年人在出行、就医、购物、支付等方面所面临的"数字鸿沟"问题越发突出。因此,必须充分认识老年宜居环境建设的重要性和紧迫性,抓住当前应对人口老龄化的有限窗口期、新型城镇化的加速推进期,加快推进老年宜居环境建设。

二、老年宜居环境建设的重大意义

(一)老年宜居环境建设是积极应对人口老龄化的重要举措

党的十九届五中全会把积极应对人口老龄化上升为国家战略,积极应对人口老龄化成为"国之大者"。《中共中央、国务院关于加强新时代老龄工作的意见》更加明确地提出:"各地要落实无障碍环境建设法规、标准和规范,将无障碍环境建设和适老化改造纳入城市更新、城镇老旧小区改造、农村危房改造、农村人居环境整治提升统筹推进,让老年人参与社会活动更加安全方便。"积极应对人口老龄化的核心要义是"积极",不仅需要积极的理念、积极的政策和积极的行动,还需要积极的环境。老年宜居环境建设工作关乎全体人民当前和未来的生存安全与生活品质,是积极应对人口老龄化的重要举措。

(二)老年宜居环境建设是提升老年人生命生活质量的重要保证

环境对老年人的影响是最多元、最直接的。环境是否适老,直接影响老年人的生活质量和身心健康。老年宜居环境建设立足于我国人口老龄化的基本国情,从老年人的根本利益出发,围绕老年人生活中面对的突出困难和障碍,从支持性硬件环境和包容性社会因素两方面出发,建设适老居住环境、适老出行环境、适老健康支持环境、适老生活服务环境、敬老社会文化环境,既有利于老年人保持健康、独立,又有利于老年人融入社会、参与社会①。无论是联合国第二次世界老龄大会的行动纲领,还是联合国制定的老年人原则,都要求最大限度地保证老年人生活独立、功能维持和社会参与、社会融入,提升全体公民老年期的生活质量。我国老年宜居环境建设与联合国确

---

① 吴玉韶:《补齐老年宜居环境建设短板　提高老年人生活生命质量》,《中国社会工作》2017 年第 3 期。

立的目标和原则相契合,是实现上述目标的基础性保障。

（三）老年宜居环境建设是稳增长、促改革、调结构、惠民生的重要力量

我国经济发展正在加快形成以国内大循环为主体、国内国际双循环相互促进的新发展格局。构建经济发展新格局,不仅面临风险和挑战,同时也蕴藏着各种机遇。随着经济转型和社会发展,人口需求的多样化必将推动以人为核心的各种事业和产业升级换代。老年宜居环境建设涉及城市建设发展、设施设备更新、科技创新进步等诸多领域,必将开创更多新的产业发展机会,创造更多价值,带动经济增长,是发展银发经济的重要内容,亦是构建经济发展新格局、稳增长、促改革、调结构、惠民生的重要力量。

第二节 建立健全老年宜居环境建设政策体系

我国在老年宜居环境建设中,从借鉴国际老年友好城市建设理念入手,立足我国特殊的国情实际,逐步建立健全老年宜居环境建设政策体系。经过 10 多年的努力,已经基本建立了比较完善的老年宜居环境建设政策法规体系,以政策法规为重要抓手,推动老年宜居环境建设行稳致远,实现健康可持续发展。

一、借鉴国际先进理念开展试点

我国吸收借鉴国际先进理念,立足本国国情,顺应人口老龄化形势新变化和老龄事业发展新要求,从引入理念、开展试点切入,推动老年宜居环境建设工作不断深入开展,使老年宜居环境建设新理念的内涵不断丰富拓展、老年宜居环境建设新理念的实践不断创新发展。可以说,老年宜居环境建设工作是我国老龄工作参与、促动世界应对人口老龄化的重大理念和实践创新成果。

2006 年,世界卫生组织提出"老年友好城市"的理念,并将其界定为"能够防止和纠正人们在变老的过程中越来越多地遇到各种问题的城市"。世界卫生组织关于老年友好城市的理念包括 3 个维度:一是环境友好。在人口老龄化过程中,需要为老年人提供良好方便的城市物理环境、社会文化环境和社会服务环境。二是代际友好。老年友好城市并不是只针对老年人友好,而是针对更广义的社会成员友好,是指家庭和睦、代际和顺、社会和谐。三是政策友好。环境友好和代际友好都需要以政策友好为保障,没有政策友好,环境友好和代际友好都难以实现。

2009 年,全国老龄办借鉴世界卫生组织关于老年友好城市的理念,在全国选取了经济条件比较好、老龄工作基础比较扎实的东部地区和东北地区的 7 个省,包括上海市浦东新区、江苏省南京市玄武区、浙江省湖州市、山东省青岛市、黑龙江省齐齐哈尔市等在内的 15 个地区,进行老年友好城市、老年宜居社区建设试点。各试点地区按照国家的总体要求,结合当地实际,进行积极实践,探索总结出各具特色的试点经验,为全国开展老年宜居环境建设打下基础。

二、建立健全政策支持体系

2011 年,国务院印发《中国老龄事业发展“十二五”规划》,对老年友好城市、老年宜居社区的建设工作作出具体部署。2012 年,新修订的老年人权益保障法新增了“宜居环境”专章,明确规定了各级政府推动老年友好城市和老年宜居社区建设的责任,明确提出“各级人民政府在制定城乡规划时,应当根据人口老龄化发展趋势、老年人口分布和老年人的特点,统筹考虑适合老年人的公共基础设施、生活服务设施、医疗卫生设施和文化体育设施建设”,“各级人民政府和有关部门应当按照国家无障碍设施工程建设标准,优先推进与老年人日常生活密切相关的公共服务设施的改造”,“国家推动老年宜居社区建设,引导、支持老年宜居住宅的开发,推动和扶持老年人家庭无障碍设施的改造,为老年人创造无障碍居住环境”等。这意味着建设老年宜居环境、老年友好城市、老年宜居社区已经上升到法律保障层面。我国从提出老年宜居环境建设理念到推动立法只用了短短的 4 年时间,立法机关和政府推动力度之大,这在世界范围看都是不多见的。

2016 年 10 月,全国老龄办、国家发展改革委等 25 个部委共同制定出台了我国第一个关于全面加强老年宜居环境建设的指导性文件——《关于推进老年宜居环境建设的指导意见》,提出我国老年宜居环境建设要遵循“五性”要求:适老居住环境安全性、适老出行环境可及性、适老健康支持环境整体性、适老生活环境便利性、敬老社会文化环境包容性。2019 年 6 月,党中央、国务院印发的《国家应对人口老龄化中长期规划》第一次以中央文件形式,部署老年宜居环境建设工作,把老年宜居环境建设作为国家应对人口老龄化的重要内容,把“社会环境宜居友好”作为应对人口老龄化的重要指标。2020 年 7 月,国务院办公厅印发《关于全面推进城镇老旧小区改造工作的指导意见》,提出重点改造完善小区配套和市政基础设施,提升社区养老、托育、医疗等公共服务水平,推动建设安全健康、设施完善、管理有序的完整居住社区。同年 7 月,民政部、国家发展改革委等 9 部委印发《关于加快实施老年人居家适老化改造工程的指导意见》,提出“十四五”期间,继续实施特殊困难老年人家庭适老化改造,有条件的地方可将改造对象范围扩大到城乡低保对象中的高龄、失能、残疾老年人家庭等。2020年10月,党的十九届五中全会把积极应对人口老龄化上升为国家战略,老年宜居环境建设被纳入这一国家战略。2020年11月,国务院办公厅印发《关于切实解决老年人运用智能技术困难的实施方案》,为解决老年人在面临信息时代和智能设备时遇到的困难问题,结合实际给出不同的解决方案。2021年,《中共中央、国务院关于加强新时代老龄工作的意见》、国务院印发的《"十三五"国家老龄事业发展和养老体系建设规划》以及国务院召开的全国老龄工作会议,都把老年宜居环境建设列为新时代老龄工作的重要内容。

第三节　老年宜居环境建设创新实践

老年宜居环境建设无论是在国际还是在国内,都是一个新生事物。尤其在我国开展老年宜居环境建设,更需要实践创新探索。我国的老年宜居环境建设实践探索,既有中央政府部署的从上到下的实践探索,也有基层组织从下到上的实践探索,形成了上下协同、点面结合的实践创新探索模式。

一、开展城市老旧小区改造

老旧小区通常是指单位制改革之前,由政府、单位出资建设的居住区,与1998年商品房改革之后建成的居住区相比较,大多已跟不上时代的发展。还有在新中国成立前就已建起的老旧小区,有的甚至已有上百年历史。由于建筑年代久远,老旧小区设计理念滞后,设施设备老化,不仅不利于居民居住生活,还存在着很多安全隐患,对老旧小区进行系统性改造已经势在必行。特别需要指出的是,老旧小区居住的大多是老年人,对老旧小区进行改造是老年人的一大福音[①]。

从2017年开始,住房和城乡建设部在广州、韶关、柳州、秦皇岛、张家口、厦门等15个城市开展老旧小区改造试点。2017年12月1日,住房和城乡建设部在厦门召开老旧小区改造试点工作座谈会。会议指出,老旧小区改造试点要着重进行体制机制创新:探索政府统筹组织、社区具体实施、居民全程参与的工作机制;探索居民、市场、政府多方共同筹措资金机制,采取居民和原产权单位出资、政府补助的方式实施老旧小区改造;探索因地制宜的项目建设管理机制,强化统筹,完善老旧小区改造有

---

① 吴玉韶:《老旧小区改造是老年人的福音》,《中国社会工作》2020年第5期。

关标准规范,建立社区工程师、社区规划师等制度,发挥专业人员作用;探索健全一次改造、长期保持的管理机制,加强基层党组织建设,指导业主委员会或业主自治管理组织,实现老旧小区长效管理。

2019 年 6 月 19 日,李克强总理主持召开国务院常务会议,决定在全国范围内推进老旧小区改造工作。会议指出,加快改造城镇老旧小区是重大民生工程和发展工程。会议确定:一要抓紧明确改造标准和对象范围,通过开展试点探索为全面推进积累经验;二要加强政府引导,压实地方责任,加强统筹协调,发挥社区主体作用,尊重居民意愿,动员群众参与;三要创新投融资机制,对城镇老旧小区改造安排中央补助资金,鼓励金融机构和地方积极探索,以可持续方式加大金融对老旧小区改造的支持,运用市场化方式吸引社会力量参与;四要在小区改造基础上,引导发展社区养老、托幼、医疗、助餐、保洁等服务,推动建立小区后续长效管理机制。

2021 年 12 月 14 日,住房和城乡建设部办公厅、国家发展改革委办公厅、财政部办公厅联合发布《关于进一步明确城镇老旧小区改造工作要求的通知》,针对各地在改造中存在的问题提出相关要求。不搞"一刀切",居民形成共识再开工改造,并提出要发挥城镇老旧小区改造发展工程的作用。严禁以城镇老旧小区改造为名,随意拆除老建筑、搬迁居民、砍伐老树。加强基层党组织建设、居民自治机制建设与社区服务体系建设相结合,加快健全动员居民参与改造机制,发动居民参与改造方案制定、配合施工、参与过程监督和后续管理、评价与反馈小区改造效果等工作。

2020 年,各地改造城镇老旧小区 3.9 万个,涉及居民近 700 万户。2021 年,全国持续开展城市更新行动,实际新开工改造城镇老旧小区 5.56 万个。2021 年,推进新型城市基础设施建设,一批"新城建"项目落地见效;推进美丽宜居乡村建设,全年农村低收入群体危房改造和抗震改造开工 49.29 万户,全国 90%以上的自然村实现生活垃圾收运处置。2019 年至 2021 年底,全国累计新开工改造城镇老旧小区 11.2 万个,惠及居民 2000 多万户。各地结合城镇老旧小区改造加装电梯近 2 万部,增设或改造提升养老、助餐等各类社区服务设施近 3 万个。到"十四五"末期,力争基本完成城镇老旧小区改造任务。

二、开展解决老年人运用智能技术困难行动

中国互联网协会发布的第 49 次《中国互联网络发展状况统计报告》显示,截至 2021 年 12 月,我国互联网普及率达 73%,网民规模达 10.32 亿人,但 60 岁及以上老年人口的互联网普及率为 43.2%。这些老年人中,只有 30%能独立完成出示"健康

码""行程卡"的活动,23%可以在网上购买生活用品,20%能够上网查找信息。5月17日是世界电信和信息社会日,2022年世界电信和信息社会日的主题是"面向老年人和实现健康老龄化的数字技术",体现了数字技术、数字经济对促进老年群体健康生活的重要分量。老年人为经济社会发展作出了巨大贡献,然而,大量老年人非但没有平等享受高科技社会发展带来的"数字红利",反倒面临越来越难以跨越的"数字鸿沟"。特别是2020年新冠疫情发生以来,一些没有使用智能手机的老年人,由于没有健康码寸步难行;因为不会使用线上支付、线上下单、线上订车订票预约挂号等,连正常的生活都受到了很大影响。

党中央、国务院高度重视老年人的"数字鸿沟"问题。2020年11月,国务院办公厅印发《关于切实解决老年人运用智能技术困难的实施方案》(以下简称《实施方案》),聚焦老年人日常生活涉及的出行、就医、消费、文娱、办事等7类高频事项和服务场景,提出20条具体举措要求:一是做好突发事件应急响应状态下对老年人的服务保障,包括完善"健康码"管理便利老年人通行、保障居家老年人基本服务需要、在突发事件处置中做好帮助老年人应对工作;二是便利老年人日常交通出行,包括优化老年人打车出行服务、便利老年人乘坐公共交通、提高客运场站人工服务质量;三是便利老年人日常就医,包括提供多渠道挂号等就诊服务、优化老年人网上办理就医服务、完善老年人日常健康管理服务;四是便利老年人日常消费,包括保留传统金融服务方式、提升网络消费便利化水平;五是便利老年人文体活动,包括提高文体场所服务适老化程度、丰富老年人参加文体活动的智能化渠道;六是便利老年人办事服务,包括依托全国一体化政务服务平台优化"互联网+政务服务"应用、设置必要的线下办事渠道;七是便利老年人使用智能化产品和服务应用,包括扩大适老化智能终端产品供给、推进互联网应用适老化改造、为老年人提供更优质的电信服务、加强应用培训和开展老年人智能技术教育。到2020年底前,集中力量推动各项传统服务兜底保障到位,抓紧出台实施一批解决老年人运用智能技术最迫切问题的有效措施,切实满足老年人基本生活需要。到2021年底前,围绕老年人高频服务事项,推动老年人享受智能化服务更加普遍、传统服务方式更加完善。到2022年底前,老年人享受智能化服务水平显著提升、便捷性不断提高,线上线下服务更加高效协同,解决老年人面临的"数字鸿沟"问题的长效机制基本建立。

各地、各有关部门根据《实施方案》的要求,出台了一系列解决老年人"数字鸿沟"问题的政策举措,老年人的"数字鸿沟"问题得到有效缓解。工业和信息化部加大政策支持力度,推动公共服务平台建设,集中解决老年人在使用智能化产品、享受智能化服务中遇到的困难,扩大老年人智能终端产品的供给,从技术创新、产品服务供给、应用试点示范等产业环节着力,积极扶持老年健康辅助器具研制,扩大老年人智能终端产品供给。交通运输部要求在巡游出租汽车领域保持电召、扬召服务,保障不会上网或没有手机的老年人也能打车;各地充分发挥95128等电召服务的作用,为老年人提供电话预约或即时叫车服务;对有固定用车需求的老年人及行动不便的老年人,在各地组织爱心车队、雷锋车队等,提供"一对一"的结对保障服务;指导鼓励网约车平台优化约车软件,增强方便老年人使用的"一键叫车"功能,降低操作难度。民政部要求村(居)委会社区工作者、志愿者、养老机构工作人员、家属等,帮助老年人使用智能手机、信息平台等新技术,帮助广大老年人克服不会用、不敢用、不能用智能技术的困难;新修订的《养老机构管理办法》提出"养老机构应当为老年人家庭成员看望或者问候老年人提供便利,为老年人联系家庭成员提供帮助",如果老年人住在养老机构中,养老机构可以为他们提供相关培训、辅助服务。国家卫生健康委要求完善电话、网络、现场预约等多种挂号方式,畅通老年人预约挂号渠道;根据老年人患病特点和就医实际情况,为老年人提供一定比例的现场号源;医联体的核心医院向医联体内基层医疗机构预留一定比例的预约号源,方便老年人通过社区预约转诊就医。全国老龄办、中国老龄协会组织华龄出版社编写了《玩转智能手机——开启老年幸福生活》,并在全国开展了百城千场百万老年人跨越"数字鸿沟"宣传培训活动。中国老年学和老年医学学会、中国老龄事业发展基金会、滴滴公益基金会共同发起"智慧助老"公益行动,在北京、天津、上海、南京、杭州等15个城市招募2万名骨干志愿者,组建"智慧助老"志愿服务队,针对老年人运用智能技术开展培训,为广大老年人提供智慧助老公益培训服务。

三、开展示范性全国老年友好型社区创建工作

2020年12月9日,国家卫生健康委发出通知,决定在全国开展示范性全国老年友好型社区创建工作。开展此项工作的目的在于提升社区服务能力和水平,更好地满足老年人在居住环境、日常出行、健康服务、养老服务、社会参与、精神文化生活等方面的需要,探索建立老年友好型社区创建工作模式和长效机制,切实增强老年人的获得感、幸福感、安全感。主要任务有6项:一是改善老年人的居住环境,二是方便老年人的日常出行,三是提升为老年人服务的质量,四是扩大老年人的社会参与,五是丰富老年人的精神文化生活,六是提高为老服务的科技化水平。

开展示范性全国老年友好型社区创建工作分为4个阶段。第一阶段:示范创建

阶段(2020—2022年)。2020年,启动老年友好型社区创建工作;2021—2022年,在全国创建2000个示范性城乡老年友好型社区,为全国发挥示范引领作用。第二阶段:示范推进阶段(2023—2025年)。进一步推进示范性城乡老年友好型社区创建,在全国再创建3000个示范性城乡老年友好型社区。第三阶段:总结深化阶段(2026—2030年)。认真总结示范性城乡老年友好型社区创建的工作经验和工作模式,加强工作宣传,扩大创建范围,开展中期评估。到2030年底,老年友好型社区在全国城乡社区的覆盖率达到50%以上。第四阶段:全面评估阶段(2031—2035年)。大力推广老年友好型社区创建经验和工作机制,评估创建效果,加强分类指导,进一步扩大城乡老年友好型社区创建的覆盖面。到2035年底,全国城乡社区普遍达到老年友好型社区标准。开展示范性全国老年友好型社区创建工作的目标是,到2025年,在全国建成5000个示范性城乡老年友好型社区;到2035年,全国城乡实现老年友好型社区全覆盖。

2021年10月19日,国家卫生健康委、全国老龄办发出的《关于命名2021年全国示范性老年友好型社区的通知》指出,在各地推荐的基础上,经过逐级审核与公示,决定命名北京市东城区朝阳门街道新鲜社区等992个社区为2021年全国示范性老年友好型社区,这是我国命名的第一批全国示范性老年友好型社区。该通知要求各地深入宣传推广被命名的全国示范性老年友好型社区的典型经验,充分发挥模范带头和典型引路作用,带动和引领城乡社区,改善老年人居住生活环境,提高为老综合服务水平,积极推进老年友好社会建设;同时,要加强对被命名社区的检查指导,确保创建后的工作质量和老年人满意度持续提升。

四、开展老年友善医院创建活动

随着医改的深入,老年人反映比较多的看病难、看病贵问题有所缓解,但又出现了老年人在医疗机构看病过程难的问题,比如挂号难、取药难、检查难、护理难、出入医院难等就医环境不友好的问题。特别是2020年新冠疫情发生以来,这些问题更加突出了。"去看病难"问题不是医改能解决的问题,而是老年宜居环境建设的问题。

为了解决老年人"去看病难"的问题,2020年12月1日,国家卫生健康委、国家中医药管理局发出《关于开展建设老年友善医疗机构工作的通知》,要求在综合性医院、康复医院、护理院和基层医疗机构开展建设老年友善医疗机构活动,同时也鼓励其他各级各类医疗机构积极参与。老年友善医院建设的主要内容有4项:一是老年友善文化。医疗机构愿景或文化中有关心关爱老年人、保障老年人权益、维护老年人尊严等内容，职工手册、行为守则等规范中有对老年人的态度、行为和用语等要求。二是老年友善管理。建立老年友善医疗机构的运行机制，以及具有老年医学服务特点的技术规范和持续改进机制。三是老年友善服务。提供多渠道挂号服务，完善电话、网络、现场预约等多种挂号方式，畅通老年人预约挂号渠道，优化服务流程，建立老年人就医绿色通道；社区卫生服务中心、乡镇卫生院能够与上级医疗机构远程会诊，为老年人提供远程医疗服务。四是老年友善环境。要对公共设施进行适老化改造，配备必要且符合国家无障碍设计标准的无障碍设施；鼓励医疗机构设立志愿者服务岗，明确导诊、陪诊服务人员，提供轮椅、平车等设施设备。

老年友善医院建设旨在推进医疗机构全面落实老年人医疗服务优待政策，保障老年人合法权益，完善医疗机构各项制度措施，优化老年人就医流程，提供老年友善服务，解决老年人就医在智能技术方面遇到的困难，推动老年友好社会建设，具有重要意义。按照创建目标，到 2022 年底，80%以上的综合性医院、康复医院、护理院和基层医疗机构要成为老年友善医疗机构。

第四节　老年宜居环境建设存在的
问题及对策建议

我国老年宜居环境建设虽然取得了很大的成绩，但由于这项工作开展时间短、实践经验有限，仍然存在着很多问题。要认真总结老年宜居环境建设的实践经验，根据新时代老龄工作的总体要求，全面推动老年宜居环境建设工作健康、可持续发展。

一、老年宜居环境建设存在的问题

我国老年宜居环境建设从引进国际先进理念，到全国部分城市开展试点，再到全国全面推开，只经历了短短 10 多年时间，应当说实现了跨越式发展，取得了令人鼓舞的成绩。但老年宜居环境建设不仅是一项新生事物，而且是一项涉及方方面面的系统工程，难度大、困难多，仍然存在许多困难和问题，主要有：一是认识问题。由于老年宜居环境建设是新生事物，全社会对它的认识还很有限，不仅政府相关部门认识不到位，社会大众的认识差距更远，工作中难以形成合力。二是政策不配套。尽管这些年从中央到地方都出台了很多老年宜居环境建设政策文件，但政策文件由于涉及部门多，政策不配套、不完善，落实落地效果受到很大影响。三是规范标准差距大。老年宜居环境如何建？用什么标准建设？用什么标准验收？需要制定配套完善的规范标准体系，而这方面的工作处于起步阶段，还有很多工作要做。四是社会参与不足。当前，我国老年宜居环境建设是以政府强力推动为主，市场和社会力量参与不足。

二、老年宜居环境建设对策建议

（一）坚持老年宜居环境建设新理念

搞好老年宜居环境建设必须理念先行。所谓老年宜居环境，从根本上来说，就是老年型社会决定了必须站在老年群体的立场与角度，真正以老年人为本，在城乡规划和建设的各个环节，自觉根据老年群体的生理和心理特性，建设适合老年人需求的社会软硬件生活环境，促进老年人与其他年龄人群共融发展。长期以来，我们对人口与环境关系的认识主要基于人口结构相对年轻的社会运行和发展机制，因此，经济发展、城乡规划、社会治理、公共服务的重心都偏向于生产发展需要。随着人口老龄化的快速发展，人口平均寿命越来越长。我国人均预期寿命由新中国成立之初的不足39岁，到现在已经超过77.93岁，上海、北京等地区超过80岁。未来老年人口将逐渐成为人口结构主体，老年人的居住条件、公共服务、社区环境、权益维护、社会参与等方面暴露出的环境问题也将越来越突出，而这些问题在我国的城乡建设中尚未引起足够重视。少知而迷，不知而盲，无知而乱。老年宜居环境建设就是要改变这些少知、不知、无知的状态，树立老年宜居新理念，站在老年人群体这个老年型社会主体的立场与角度，采取"自发自觉"的态度，真正以老年人为本，将适老宜居的理念渗透到城镇规划和建设各个环节。

老年宜居环境建设是一件新生事物，必须加大宣传力度，在全社会尽快形成共识。环境、建筑、设计乃百年大计。开展老年宜居环境建设不仅是应对人口老龄化的需要，也是经济社会协调发展的需要；不是现代文明社会的"高配"，而是现代文明社会的"标配"。现在的公共设施、居家环境、老年用品，从规划到设计大多缺乏老年宜居的理念和视角。从这个角度讲，这些都属于"问题城市""问题设施""问题产品"。之所以存在这些问题，更多的不是做不到而是想不到。要把老年宜居环境建设纳入人口老龄化国情教育中，把老年宜居环境建设纳入各级党委理论学习中心组的学习内容，纳入党校（行政学院）、干部学习培训课程和教材，纳入中小学生教育课程和教材，纳入各类宣传机构和媒体的宣传内容，让社会各级组织、各类机构和全体社会成员都建立建设老年宜居环境的意识，努力提升各年龄人群对老年宜居新理念的切身感受和真实体验，营造全社会支持、参与老年宜居环境建设的良好氛围，使每个人既是老年宜居环境建设工作的参与者,又是建设成果的受益者。

(二)坚持安全、便利、舒适原则

老年人权益保障法确定了老年宜居环境建设的 3 项原则:安全、便利、舒适;其中,安全是第一原则。由于建成时间较早,老旧小区对安全因素欠缺考虑,而且因年代久远、设施老化,给老年人生活生命安全带来许多隐患。比如,老旧小区大多地面不平、障碍物突出、未经防滑处理,极易造成跌倒伤害。很多地方在老旧小区改造实践中,把增加安全性放在第一位,通过安装或修复电子监控系统、硬化小区道路和公共广场、补齐路灯及台阶、加装电梯等措施,使老年人生活环境的安全性得到了较大提升。

便利是老年宜居环境建设的另一个原则,主要体现在老年人对社区各种服务设施获取便利的程度以及服务可及性上。2010 年,有将近一半的老年人居住在 1990 年前的老旧房屋里①。中国老龄科学研究中心城市老年人居住环境研究调查数据显示,超过六成的被访者每天都会在社区内活动,可见,老年人对社区环境和社区设施的依存度非常高。然而,老旧小区普遍存在着设施不适老、不便利问题。比如,楼房没有电梯,楼门没有无障碍坡道,造成老年人特别是高龄失能老年人出行难;缺乏配套养老服务设施,养老驿站、小型社区养老院、活动室等由于场地问题难以进入。总之,老旧小区改造不必追求"高大上",而应务求"平实小",要实事求是、因地制宜、聚焦问题,从解决对老年人最不宜居、最不方便的环境问题出发,使老年人得到真真切切的获得感、幸福感、安全感。

老年宜居环境建设的一个重要目标是扩大和便利老年人社会参与,而扩大社会参与是积极老龄化的核心内容。我国老年人的社会参与意愿较高,但是,下楼难、出门难、出行难等问题成为制约老年人社会参与的重要因素。在老旧小区改造中,通过住宅、绿地、商业服务设施以及步行道、加装电梯等适老化改造,一方面使老年人的生活更加安全、便利、舒适,另一方面为老年人扩大社会参与创造必要条件。

(三)坚持多元参与、共建共享

老年宜居环境建设是一项综合、复杂的系统工作,涉及政府、市场、社会等各个方面,需要各个主体共同参与、共建共享、形成合力。首先,要充分发挥政府的主导作用。政府是老年宜居环境建设的主导主责部门,要制定完善老年宜居环境建设的政策法规,以政策法规推动老年宜居环境建设健康发展,发挥政府的统筹协调作用。老

---

① 易成栋、丁志宏、黄友琴:《中国城市老年人居住环境的动态变化及空间差异》,《城市发展研究》2016 年第 12 期。

年宜居环境建设涉及部门多,要通过建立各相关部门参与的综合协调机制,统筹协调各方面力量,形成推动老年宜居环境建设的合力。其次,要充分发挥市场在资源配置中的决定性作用。老年宜居环境建设,特别是城乡适老改造工作投资大、周期长。要发挥财政资金的撬动功能,创新公共基础设施投融资机制,推广政府和社会资金合作模式,吸收更多社会资本和社会力量参与。同时,也要充分发挥老年人的主体作用。老年宜居环境建设要坚持以人民为中心,充分运用"共同缔造"理念,激发老年人的积极性和创造性,实现决策共谋、发展共建、建设共管、效果共评、成果共享。比如,在老旧小区改造中,要充分发挥老年人的参与作用,从改造之初就让小区的老年人真正参与其中。改不改、改什么、如何改,都要认真听取老年人的意见。把适老化理念贯穿到老旧小区改造的设计、施工、验收等全过程,使老旧小区适老化改造不仅好看,更要好用,使老年人真正得到实惠。

(四)坚持抓好源头、打好基础

众所周知,老年宜居环境建设"等不起""改不起"。"等不起"是说有紧迫感。老年人一天天在变老,对老年宜居环境建设的需求很紧迫。"改不起"是说从现在开始,要从源头抓起,不能再产生不宜居的"问题环境",不然,改造起来难度巨大、花费巨大。

加强老年宜居环境建设,必须从基础做起、从源头抓起,这个基础和源头就是各类建筑、产品和服务的规划、标准、规范。要把老年宜居环境建设纳入全国和地方经济社会发展规划,纳入各个行业发展规划,特别是纳入城乡建设规划及相关专项规划,以规划带动老年宜居环境建设工作全面开展。要加强各类建筑设计产品的适老化标准和规范建设,特别是要制定实施强制性的标准和规范,避免从源头上产生"问题环境"和"问题产品"。要从老年宜居环境建设的视角,对现有的各类规划标准规范进行适老化完善,使各类规划标准规范更加适应人口老龄化社会和老年人的新要求。要以补短板为目标,加快编制急需的老年宜居环境建设规划标准规范,比如老旧小区改造适老化规划标准规范、新农村建设适老化建设规划标准规范、公共服务设施适老化改造规划标准规范、公共服务窗口单位信息无障碍改造规划标准规范等,全面提升城乡公共环境和社区居住环境的适老化水平。要特别重视信息无障碍问题,聚焦老年人日常生活涉及的出行、就医、消费、文娱、办事等高频事项和服务场景,制定信息无障碍标准,进行信息无障碍改造,真正把"数字鸿沟"变成"数字红利"。

第十章　强化社会敬老[*]

为提升老年人的获得感、幸福感和安全感,2021 年发布的《中共中央、国务院关于加强新时代老龄工作的意见》提出"构建老年友好型社会",而"强化社会敬老"被列为其中一项重要工作。中国社会已经进入新的历史发展阶段,继续大力弘扬中华民族孝亲敬老传统美德是新时代老龄工作的重要内容。本章简要梳理社会敬老的内涵和传统、取得的成就和存在的问题,解析今后社会敬老的重点任务和创新路径,并就进一步强化社会敬老提出政策建议。

第一节　社会敬老的发展历程

人口老龄化是全球人口的发展趋势,消除年龄歧视、建设老年友好社会已经成为全球共识。孝亲敬老是中华民族的传统美德,作为一种文化基因,在现代社会仍然是被高度认同的行为准则和道德规范。

一、社会敬老的内涵和传统

我国自古就有"老吾老以及人之老,幼吾幼以及人之幼"的传统。孝亲敬老是传统社会的基本伦理要求和社会治理原则。在现代老龄社会,老龄工作成为国家的公共事务,社会敬老得到法律保障和政策支持。依据我国宪法,"中华人民共和国公民在年老、疾病或者丧失劳动能力的情况下,有从国家和社会获得物质帮助的权利。国家发展为公民享受这些权利所需要的社会保险、社会救济和医疗卫生事业"。《中华

---

* 本章作者:李晶,中国老龄科学研究中心老龄社会与文化研究所所长、研究员;魏彦彦,中国老龄科学研究中心《老龄科学研究》编辑部主任、副研究员。

人民共和国老年人权益保障法》(以下简称"老年法")是我国唯一的一部老年专门法,也对老年人从国家和社会获得物质帮助、享受社会服务和社会优待、参与社会发展和共享发展成果等权利作出了明确规定。早在 1984 年的首次全国老龄工作会议上,"发扬中华民族敬老、爱老、养老的优良传统"就被列为我国老龄工作的主要任务之一。2017 年,党的十九大报告提出要"构建养老、孝老、敬老政策体系和社会环境",对构建孝亲敬老政策体系和社会环境提出了更高要求。在 2021 年的《中共中央、国务院关于加强新时代老龄工作的意见》中,将"强化社会敬老"列为"构建老年友好型社会"的一项重要工作。

从老龄工作层面看,社会敬老的基本内涵是,国家和社会在尊重老年人自主性的基础上,建设给予老年人经济支持、生活照顾和精神慰藉等全面支持的文化氛围、制度安排与生活环境。我国进入人口老龄化社会 20 多年来,社会敬老工作不断推进,贯穿于整个老龄工作和老龄政策之中。农历九月初九重阳节是中国传统的敬老节日。老年法将重阳节定为我国法定的老年节,体现出国家对老年人的尊重和关怀,意味着社会敬老的文化精髓从政府层面得到肯定。自 2010 年起,为增强全社会的老龄意识和敬老意识,全国老龄工作委员会在每年重阳节当月组织开展为期一个月的"敬老月"活动,在全国广泛组织和动员政府有关部门、企事业单位及社会组织为老年人办实事、做好事。此外,定期举办全国孝亲敬老模范个人和先进集体的评选表彰活动、召开孝亲敬老学术会议、为老年人提供优待和便捷服务等,初步形成社会敬老的良好环境。

2009 年,全国老龄办在部分城市进行老年友好城市和老年宜居社区试点。2020 年 12 月,国家卫生健康委决定在全国开展示范性全国老年友好型社区创建工作,并在 2021 年 10 月命名了首批全国示范性老年友好型社区。2020 年 12 月,国家卫健委、国家中医药管理局发布《关于开展建设老年友善医疗机构工作的通知》,为老年患者就医提供方便。社会敬老的范围和涉及领域得到进一步扩展。

二、社会敬老取得的成就

(一)评选表彰

表彰模范、树立典型是推进社会敬老的有效方式。老年法规定:"各级人民政府和有关部门对维护老年人合法权益和敬老、养老、助老成绩显著的组织、家庭或者个人,对参与社会发展做出突出贡献的老年人,按照国家有关规定给予表彰或者奖励。"

在评选表彰先进组织和机构方面,最有代表性的是全国老龄委从 2012 年起在全国开展的"敬老文明号"创建活动。这项创建活动广泛动员社会各界参与尊老敬老社会活动,落实老年优待政策,推动基层老龄工作,提高为老服务水平,提升社会各界的敬老意识。这一创建活动以落实各项惠老优待政策、创新为老服务方式方法、提高为老服务质量、推动社会主义精神文明建设为主要内容,每 3 年进行一次评比表彰。此外,全国老龄办还在全国范围内评选"中华孝亲敬老楷模""全国孝亲敬老之星"和"全国敬老模范单位"。孝亲敬老模范人物和优秀单位的评选表彰活动在全社会营造了敬老爱老助老的浓厚氛围,产生了巨大的示范效应。

(二)老年优待

老年优待是在老年人享受宪法和其他法律规定的基本权利之外的优待权益,是国家和社会为老年人提供的更加多样化的服务。老年优待是我国建设和谐老龄社会的特色,在依法维护老年人合法权益的基础上,进一步提高和改善老年人的生活质量。

老年法设专章对老年人享有的社会优待进行规定,并要求不按规定履行优待老年人义务的,由有关主管部门责令改正。2013 年 12 月,全国老龄工作委员会办公室、最高人民法院、中共中央宣传部等部委出台《关于进一步加强老年人优待工作的意见》(以下简称《意见》)。根据老年法和《意见》,老年人优待项目和范围主要包括政府服务优待、卫生保健优待、交通出行优待、商业服务优待、文体休闲优待、维权服务优待等 6 个方面。政府主导、社会参与是老年优待的实施原则。老年优待的广泛实施显示了我国从重视和满足失能、高龄、贫困等困难老年群体需求,逐步发展普惠型的优待政策。

(三)敬老会议

定期召开孝亲敬老重要学术会议。2014 年 11 月,由全国老龄工作委员会办公室主办、中国老龄科学研究中心承办的首届全国敬老文化论坛在北京举行。论坛的主题是"传承中华美德,创新敬老文化"。论坛发布《北京宣言》,向全社会提出传承和弘扬敬老文化的倡议。2019 年 12 月,由全国老龄工作委员会办公室、中国老龄协会主办,中国老年学和老年医学学会、中国老龄事业发展基金会、汉中市政府承办的首届中华孝亲敬老文化传承与创新大会在陕西省汉中市举行。大会以"孝亲敬老,向上向善"为主题,传承与创新中华孝亲敬老优秀文化,增强全社会积极应对人口老龄化的思想观念。2020 年 12 月,由全国老龄工作委员会办公室、中国老龄协会主办,赣州市政府承办的第二届中华孝老爱亲文化传承与创新大会在江西省赣州市召开。这次会议以"孝文化传承与法治建设"为主题,旨在增强全社会积极应对人口老龄化的思想观念,实施积极应对人口老龄化国家战略,推进老龄事业全面协调可持续发展。

(四)国情教育

2018年2月,全国老龄工作委员会办公室、中共中央组织部、中共中央宣传部等14个部门印发《关于开展人口老龄化国情教育的通知》。习近平总书记指出:"要在全社会开展人口老龄化国情教育、老龄政策法规教育,引导全社会增强接纳、尊重、帮助老年人的关爱意识和老年人自尊、自立、自强的自爱意识。"①为配合各地各部门更好地开展人口老龄化国情教育工作,全国老龄工作委员会办公室组织编写了《人口老龄化国情教育知识读本》,为人口老龄化国情教育提供内容、素材及背景资料。每年"敬老月"期间,各地老龄部门组织开展人口老龄化国情教育活动,包括面向全社会老年人开展书画摄影、手工制作等比赛,同时举办人口老龄化国情教育知识竞赛和征文比赛等丰富多彩的活动。

从2019年开始,由中央和国家机关工委、国家卫健委、全国老龄办、国家机关事务管理局主办,中国老年学和老年医学学会承办的人口老龄化国情教育大讲堂活动开启,通过现场专家主讲、新媒体传播、心得体会征集、讲座结集出版等形式,宣讲我国的人口老龄化形势、老龄政策法规、积极老龄化和健康老龄化等知识。活动取得了良好社会效益,全社会的人口老龄化意识明显增强,关爱老年人的意识和老年人的自爱意识都得到提升。

三、社会敬老存在的问题

(一)社会宣传不够充分

虽然我国比较注重社会敬老的宣传教育,但仍然不乏将老年人描述为脆弱形象的媒体报道②。不可否认,老年人确实存在需要帮助的一面,却不能因此给老年人贴上脆弱、无用的标签。在当今信息化时代,由于价值多元受到越来越多人的接受,个人价值观比以往任何时代更容易受到各种媒体宣传的影响。在这种社会环境里,社会主流意识形态提倡和引导人们建立正向的社会价值观格外重要。

(二)学校教育尚未深入

自2018年以来,全国老龄办等多部门推动进行人口老龄化国情教育,但迄今为

---

① 《习近平关于注重家庭家教家风建设论述摘编》,中央文献出版社2021年版,第23页。
② 陈森、唐冰:《新冠肺炎疫情时期老年人媒介形象研究》,《新闻研究导刊》2021年第5期。

止,主要是在老龄工作部门、涉老政府部门和部分老年人群体中开展,在学校开展的人口老龄化国情教育尚未深入。研究显示,在学生群体中对老年人仍然存在偏见①。这与当前我国学校教育的考核评价机制有关,同时也反映出人口老龄化问题的重要性仍然未被充分认识。积极应对人口老龄化已经成为国家战略,人口老龄化国情教育应从娃娃抓起,从小建立对于老年人和老龄社会的客观认识。

(三)实践途径仍然欠缺

表彰社会敬老的先进单位和先进个人为社会树立了正面典型与学习榜样,但目前这类表彰活动的覆盖面较窄,对个人和单位的要求较高,对于普通人日常生活实践的指导还不够直接。社会敬老是政府主导下的全民行动。对于广大群众来说,为老服务的社会实践渠道和途径还比较少,需要各级政府和社会组织创造更多机会与平台,鼓励并引导更多人参与社会敬老的项目和活动,让社会敬老意识通过实践活动得到更广泛传播。

(四)责任主体有待明确

目前,政府在社会敬老创建活动中的定位比较明确,包括加强制度建设和法治建设、研究并制定社会敬老政策的长远发展规划、加强财政支持等。然而,其他社会主体的责任还不够明确,如各类企事业单位、社会组织等。特别是各类传媒,在加强尊老敬老主题教育、引导集体和个人践行尊老敬老等方面的职能发挥得不够充分。此外,还有大量老年人抱持负面老龄观,认为自己跟不上时代发展,甚至认为自己是社会和家庭的负担②。应通过多种渠道帮助老年人树立积极老龄观,建立并加强自我责任和自我服务意识。

第二节　社会敬老的重点任务和创新路径

敬老文化在中华民族的历史进程中发挥了重要作用,既是家庭代际和睦的调节器,又是社会持续发展的助推器。进入新时代,强化社会敬老更成为构建老年友好型社会的主要内容。在现有基础上创新路径,为实施积极应对人口老龄化国家战略营

---

① 江颖、白莉:《小学校园里的老龄化认知实证调查:小学生对老年人的印象、态度和对自己未来老年期的认知期望》,《老龄科学研究》2021年第12期;栾文敬、刘静娴:《青年大学生老年歧视研究述评》,《老龄科学研究》2016年第5期。
② 吴玉韶、郭平主编:《2010年中国城乡老年人口状况追踪调查数据分析》,中国社会出版社2014年版,第451—456页;杨慧、吕静:《基于认知层面的代际关系分析——重阳节调查报告》,《河北大学学报(哲学社会科学版)》2008年第3期。

造良好社会敬老环境,是未来老龄事业的重要工作。

一、继续开展人口老龄化国情教育

(一)深化人口老龄化国情教育

首先,人口老龄化教育要面向全体社会成员。习近平总书记指出,要着力增强全社会积极应对人口老龄化的思想观念,积极看待老龄社会,积极看待老年人和老年生活。知者行之始。我国应对人口老龄化的"思想未备"问题突出,缺乏积极应对人口老龄化的新视角。老龄政策和实践中存在的问题,其根源在于理念滞后。人口老龄化国情教育要面向全社会,营造全社会关心、支持、参与积极应对人口老龄化的良好氛围。

其次,要聚焦重点人群。一是党政领导干部。将人口老龄化国情教育纳入各级党校(行政学院)干部培训课程,纳入党委(党组)理论学习中心组学习内容。通过国情教育,可以提高各级党政领导干部科学认识和把握人口老龄化客观规律的能力,提高战略意识、理论素养和决策水平,发挥政府主导作用,统筹公共资源和社会力量,共同应对老龄化进程。二是中小学生。对青少年群体开展国情教育,可以积蓄积极应对人口老龄化的支撑力量和后备力量。在个体层面,在生命早期要准备好应对个体老化的挑战,进行知识技能、身心健康和生活方式的储备;在群体层面,在少年人心里播下"老吾老以及人之老"的种子,他们会成为孝亲敬老的联结者、传承者和践行者。三是广大老年人。通过教育,增强老年人积极应对人口老龄化的新理念、新知识、新技能,倡导积极老龄观、健康老龄化、幸福老年人理念,为老年人的社会参与创造条件,使他们做新时代有作为、有进步、有快乐的"三有"老人。

最后,要创新传播形式。在经济高速发展的今天,数字生活给我们带来了前所未有的便利,科技发展是人类智慧的结晶,老年人也应该成为受益群体。应丰富人口老龄化国情教育大讲堂的传播形式,积极探索开展网上人口老龄化国情教育,融传统媒体与新媒体传播于一体,有效提升人口老龄化国情讲座的引领力、传播力和影响力。开展人口老龄化国情教育还应树立问题导向,把全社会对老龄问题认知的焦点问题和老年人最急需的知识纳入教育内容,为全社会积极应对人口老龄化赋能。

(二)加强宣传,营造良好敬老社会氛围

首先,要加强敬老爱老宣传工作。老龄宣传工作涉及众多部门,要形成老龄工作部门、新闻媒体和相关部门的合作机制,加强协调,整合工作资源,形成老龄宣传工作的合力。要充分发挥媒体各自的优势,媒体联动,共享信息资源。要有创新的精

神和思路,还要有对于老龄宣传工作的大视野。充分发挥主流媒体和新兴媒体的作用,聚焦社会关注的热点问题进行集中报道,重点引导全社会增强接纳、尊重、帮助老年人的关爱意识和老年人自尊、自立、自强的自爱意识。应科学评价老年群体的作用和地位,用积极的态度重新认识老年人和老年生活,形成爱老助老的良好氛围。

其次,要展示敬老爱老显著成果。通过开展敬老爱老教育活动、走访慰问活动、老年维权活动和为老服务活动等,解决老年人的急难愁盼问题,为老年人送温暖、办实事,增强老年人的参与感、获得感和幸福感,让老年人共享改革发展成果。开展敬老爱老主题宣传活动,展示积极应对人口老龄化过程中取得的成就,展示具有民族特色、时代特征的孝亲敬老文化。积极宣传老年人对社会发展作出的贡献,讲好老年人具有正能量的故事,展示老年人对年轻人的"传帮带",将老年人的经验传承下去。

二、实施中华孝亲敬老文化传承和创新工程

首先,把孝亲敬老纳入社会主义核心价值体系建设。习近平总书记强调:"要把弘扬孝亲敬老纳入社会主义核心价值观宣传教育,建设具有民族特色、时代特征的孝亲敬老文化。"[①]在中华民族对自身优秀文化传统更加自信的新时代背景下,孝亲敬老等中华传统美德被吸纳进社会主义核心价值观体系,成为新时代道德建设的组成部分。要加强宣传具有民族特色、时代特征的孝亲敬老文化,引导全社会关注、关心和支持老龄事业发展,构建养老、孝老、敬老的社会环境。

其次,发掘孝亲敬老的时代内涵。孝德是中华民族的首要美德。在新时代,实践孝亲敬老的途径和方式日益多样化,创新发展孝亲敬老文化的实践是积极应对人口老龄化国家战略的重要内容。在新时代背景下,在存留传统孝文化合理内核的基础上弘扬创新,不断丰富其内涵、扩充其外延,建构孝亲敬老新的时代内涵,走出一条中国特色积极应对人口老龄化道路。

最后,实施中华孝亲敬老文化传承和创新工程。每年在重阳节当月,全国老龄工作委员会组织开展为期一个月的"敬老月"活动,这是一项全国性的爱老敬老社会活动。每年举办一次中华孝亲敬老文化传承和创新大会,旨在传承与创新中华孝亲敬老优秀文化,增强全社会积极应对人口老龄化的思想观念,推进中国老龄事业全面协

---

① 《习近平关于注重家庭家教家风建设论述摘编》,中央文献出版社 2021 年版,第 23 页。

调可持续发展。持续开展全国"敬老文明号"创建和全国敬老爱老助老模范人物评选,树立和表彰当代先进典型。深入开展宣传教育,增强全社会的人口老龄化国情意识,推动形成积极应对人口老龄化的广泛共识。

三、创新评选表彰机制

(一)创新开展评选表彰活动

首先,创新方法,注重评选表彰的实效性。持续推进"敬老文明号"创建活动。全国"敬老文明号"的评选表彰主要面向基层和工作一线。围绕老年人实际需求,工作重心下移,从细节小处出发,创新评选方法,关注为老服务实效,提高创建活动的参与率和实效性。同时,结合时代楷模、道德模范等评选工作,选树表彰孝亲敬老先进典型。

其次,加强监督,实现对评选表彰的规范管理。广泛听取群众特别是老年群众的意见建议,把群众的满意程度作为评选的第一依据。制定考评标准,通过单位申报、逐级推荐、公众评议的程序开展评选工作,规范程序,控制数量,保证质量。加强对评选及表彰活动的监督管理和信息公开,引入第三方考评机制。同时,加强考核,实现动态管理。已挂牌的全国"敬老文明号"每3年集中考核一次,考核采取检查、调研、暗访等方式进行,符合考核标准的单位继续认定为全国"敬老文明号"。

最后,强化宣传,发挥敬老榜样的引领作用。推广先进、树立榜样,定期组织全国"敬老文明号"创建单位开展交流,宣传、总结、推广全国"敬老文明号"的典型事迹和先进经验。充分利用广播、电视、报刊和新媒体等宣传平台,讲好先进典型的敬老故事,营造浓厚的养老孝老敬老社会氛围。

(二)推进评选表彰制度化建设

党的十八大以来,习近平总书记多次对党和国家功勋荣誉表彰工作作出重要指示,强调要充分发挥党和国家功勋荣誉表彰的精神引领、典型示范作用,推动全社会形成见贤思齐、崇尚英雄、争做先锋的良好氛围。因此,在实施积极应对人口老龄化国家战略的背景下,推进敬老先进评选表彰制度化就成为顺应新时代老龄工作发展的应然之举。

建立健全敬老模范评选表彰制度,加强统筹规划,贯彻落实积极应对人口老龄化国家战略。由全国老龄工作委员会统筹协调、牵头组织评选表彰活动,各相关部门要充分发挥职能作用,加强协作配合,共同做好评选表彰工作。严格按照规定的标准和程序开展评选,坚持走群众路线,组织各方面广泛参与,维护评选表彰活动的公正性和权威性。注重精神激励,坚持以精神奖励为主,充分发挥其精神引领、典型示范作用。持续开展孝亲敬老模范人物的评选表彰活动,积极营造敬老爱老助老的社会氛围,提高人们的道德意识,促进新时代老龄事业发展,让孝亲敬老成为国家意志、公民素养和社会风尚。

四、创新为老志愿服务

(一)纳入学校社会实践活动

把为老志愿服务与学校教育相结合。面向在校学生的人口老龄化国情教育的核心,是在学生的认知观念、知识储备以及实践能力等层面进行"适老化"建构,帮助学生在认知社会过程中树立积极老龄观,在思想品德方面传承孝亲敬老的优良传统美德,在社会实践中落实为老志愿服务的行动,将为老志愿服务纳入中小学综合实践活动和高校学生实践内容。在课程教学过程中积极地对孝亲敬老主题活动进行创新,宣传孝亲敬老实践活动,引导学生规范日常行为,培养学生具备良好的孝亲敬老品德意识,将孝亲敬老行动落到实处。

将为老志愿服务与人才培养相结合。在制度上,把志愿服务纳入人才培养总体方案。作为人才培养体系中不可或缺的一环,实践育人不仅是教育改革持之以恒的方向,也是教育主动适应新时代要求的关键所在。学生的志愿服务为实践育人开拓了新途径,搭建了新平台。优化课程建设新体系,在语文以及思政课体系中,加大孝亲敬老等有关课程的开发力度,将志愿服务列为实践教学的重要内容。

(二)开展社会为老志愿服务

科学助老,不断健全为老志愿服务机制。积极应对人口老龄化是项系统工程,需要全社会共同努力。要扩大社会参与,科学开展社会为老志愿服务。通过综合监管、社会追踪调查、动态分析等办法,积极完善为老志愿服务机制,落实关爱服务措施,精准开展志愿服务关爱活动。建立失智老年人防走失关爱机制和农村留守老年人动态普查机制,定期开展摸底调查。利用追踪调查等调查方法定期进行数据动态分析,链接各种资源,增强老年人的社会支持网络。

智慧助老,用科技丰富为老志愿服务。探索智慧助老方式,不断研究与创新为老志愿服务内容。依托信息科技,优化资源配比,让老年人享受到数字技术发展成果,并让更多的爱心人士加入到志愿服务活动中来,有效弥补当前为老志愿服务存在的短板,打造并推动形成"我为人人,人人为我"的志愿服务良性循环。加快推进"互联网+志愿服务"智慧平台建设,打通智慧养老服务与为老志愿服务融合发展的有效路径。通过老年人智能手机科普课堂,解决老年人不会用智能手机的问题,提高老年人的数字生活质量,帮助老年人跨越"数字鸿沟"。依托智慧平台,把时间和公益挂钩,帮助志愿者记录服务时长,并以虚拟货币的形式存储起来,可以提高时间银行志愿服务项目的可操作性。

全面助老,打造为老志愿服务新局面。建立"积分养老"机制,拓宽积分兑换渠道,将为老志愿服务纳入个人信用体系建设,积极引导城乡居民加入为老志愿服务队伍。特别是动员低龄老年人,通过时间银行等互助养老方式,为高龄老年人提供志愿服务,把老有所为和老有所养结合起来,让有活力的老年人在为老志愿服务工作中有更多作为。推动志愿服务向为老志愿服务项目扩展,引导各类志愿服务组织积极参与为老服务活动。多方面、多平台、多层次为有需求的老年人提供心理慰藉、健康保健、应急救助、法律援助等服务。广泛动员社会力量,形成"深怀敬老之心、倾注爱老之情、笃行为老之事"的新时代为老志愿服务新局面。

五、加强老年优待工作

(一)拓展老年优待项目

老年人优待是政府和社会在搞好公民社会保障与基本公共服务的基础上,在医、食、住、用、行、娱等方面为老年人提供更加多样化的服务,包括为老年人提供各种形式的经济补贴、优先优惠和便利服务。

第一,加强生活保障优待服务。根据各省区市的实际情况,向80周岁及以上老年人发放高龄津贴。对经济困难的老年人给予养老服务补贴,依法免除农村老年人兴办公益事业的筹劳义务。符合城镇住房保障条件的老年人申请保障性住房的,在同等条件下应当优先安排。进行农村危旧房屋改造时,应当优先安排符合条件的老年人。各级政府和有关部门所属服务窗口、社区事务受理服务机构,应当为老年人办理相关事项提供咨询引导、操作指导、优先办理等服务。供水、供电、供暖、燃气、通信、邮政和广电网络等服务行业及网点应当为老年人提供优先与便利服务,并对有特殊困难、行动不便的老年人提供特需服务和上门服务。

第二,优化卫生保健优待服务。卫生健康部门组织实施国家基本公共卫生服务项目,每年为65岁及以上老年人提供一次免费健康体检服务,免费建立健康档案并提供健康指导,为行动不便的老年人提供巡回医疗、上门诊疗或者开设家庭病床等服务。医疗卫生机构通过完善挂号、诊疗系统管理,开设专用窗口或快速通道,提供导医服务等方式,为老年人就医提供方便和优先服务,并免费提供担架和轮椅等助老服务器具。医疗机构与养老机构建立业务协作机制和预约就诊快速通道,逐步推进面向养老机构的远程医疗服务工作,并为老年人提供优先、便利和优惠的医疗服务。

第三,配套交通出行优待服务。鼓励对乘坐城市公共交通车辆的 65 周岁及以上老年人给予费用优待。在售票区域,设置老年人购票专用窗口,并及时为老年人购票提供服务;在候乘场所和停靠站点,设置老年人等候专区或老年人优先标志,并为行动不便且无人陪同的老年人提供引导、咨询和协助服务。

第四,拓展公共文化优待服务。免费向老年人开放博物馆、美术馆、科技馆、纪念馆、公共图书馆和文化馆等公共文化设施;免费为老年人提供公益性文化、体育服务;旅游场所对老年人免费或优惠开放,鼓励旅游景区内收费的游览观光交通工具和游览项目对老年人给予优惠。

第五,强化权益保障服务。人民法院应建立老年人立案快速通道,提供优先接待、优先受理等服务,方便老年人立案;对高龄、失能等行动不便的老年人,可以预约上门立案。司法行政部门应当建立健全法律援助服务网络,简化申请程序,为老年人就近申请和获得法律援助提供便利;对无力支付律师费用、符合条件的老年人,应依法给予援助。

(二)创新老年优待方式

统一老年人基本公共服务优待项目。我国城乡老年人享受公共服务优待的整体水平较低,各地老年人获得优待的政策标准地区差异较大,具有较强的地域局限性。应建立全国老年人基本优待制度,逐步消除地域限制,使不同户籍的老年人同样能够享有共同的基本优待。

明确老年人接受公共服务的基本优待项目。在现行的老年人优待政策中选择普遍性的项目作为老年人基本优待项目,在全国范围内统一执行。同时,引导社会力量积极参与老年人优待服务的供给,促进老年人优待服务水平的提高。

传统方式与智能化方式并行,共同保障老年人享有优待。随着社会科技的进步和移动互联网的快速普及,更加方便、快捷的老年人电子优待证应运而生。老年人电子优待证遵循自愿申领、即时办结的原则,进一步拓宽老年人亮证渠道,确保老年人能够快捷享受各项老年人优待政策。老年人凭居民身份证、老年人电子优待证、港澳居民来往内地通行证、台湾居民来往大陆通行证、护照和各省(自治区、直辖市)颁发的老年人优待证中任何一种有效证件,均可享受老年人优待政策。部门之间应做好对接,优化工作流程,实现互通互认。在大数据技术相对成熟的条件下,适时推行以身份证替代老年人优待证实体证,进一步减轻老年人的办证负担。

第三节　强化社会敬老的政策建议

2021 年,我国已经由人口老龄化社会进入老龄社会阶段。继承社会敬老优秀传统,创新发展与现代老龄社会相适宜的社会敬老模式,可从以下几个方面为切入点继续推进。

一、进行老龄社会公民教育

人口老龄化是世界普遍趋势,也是 21 世纪中国的基本国情。人口老龄化不仅对经济社会发展有整体性影响,也改变着每个人的生活方式。2018 年,全国老龄办牵头开展人口老龄化国情教育,并组织开展了一系列活动。2020 年 10 月,党的十九届五中全会提出"实施积极应对人口老龄化国家战略"。继续深入开展人口老龄化国情教育不仅更加必要,还应纳入常态化的公民教育体系。

公民教育是现代民族国家的产物,其目的是提高公民素质,培养道德高尚、积极负责的社会成员。道德高尚是对公民素质养成的要求,而积极负责是公民参与社会生活、承担相应社会责任的体现。健全完善的公民教育体系应包含当前和未来社会对每个公民的基本要求,并通过多种形式使每个公民都建立起积极的国家认同感和社会责任感。国际比较研究显示,受背景因素和结构因素影响,不同国家的公民教育有自己的价值取向和实施途径①。孝亲敬老传统是我国独特的社会文化传统,应成为老龄社会公民教育的组成部分。

人口老龄化公民教育贯穿个人整个生命历程,包括从家庭、学校到社会,在不同人生阶段应担负的主要责任。其中,学校教育尤为重要。学校是对公民进行社会化的社会制度,是正式的公民教育的组织机构。公民教育是学校德育教育的一部分,应在学校的思政课程中加入人口老龄化相关内容;还应立足于中国老龄社会的现实,将中华优秀敬老传统文化蕴含的思想观念、人文精神和道德规范纳入教育课程体系,并与社会实践相结合。在社会层面,应结合公民道德建设,将老龄社会公民教育同社会公德、职业道德、家庭美德相结合。

二、建立敬老社会诚信体系

人口老龄化公民教育在强调知识学习的同时,也要重视社会实践,建立敬老社会

---

① 洪明、许明:《国际视野中公民教育的内涵与成因》,《国外社会科学》2002 年第 4 期。

诚信体系就是强化敬老行动、提高公民素质的一种促进模式。《国民经济和社会发展第十四个五年规划和 2035 年远景目标纲要》提出要"提升公民文明素养",具体做法包括"完善市民公约、乡规民约、学生守则、团体章程等社会规范,建立惩戒失德行为机制。弘扬诚信文化,建设诚信社会",为建立社会诚信体系提供了政策基础。

孝亲敬老是中华民族的传统美德,诚信也是中华民族推崇的优秀品质。随着社会主义市场经济体系的建立,市场化的经济信用制度和组织逐步完善,但社会诚信体系尚不健全。与经济信用相比,社会诚信体系建设是国家治理体系和治理能力现代化的重要途径,涵盖的范围更加广泛。

敬老社会诚信是中国特色社会信用体系的组成部分,建立在人际平等、年龄平等的基础之上。国家是制定社会诚信体系的责任主体,制定敬老社会诚信体系的规范和标准。政府主导的权威机构对其进行认证实施和监督管理,实施守信奖励和失信惩戒。在应用上,对于重要政府职务人选的甄选、任命、考核,以及对于特定社会公益组织岗位的任命、评价等,都可以作为重要的参考指标。利用传统媒体和新媒体进行宣传倡导,使其成为社会治理的一个活跃机制。现代信息技术的发展,有助于社会诚信体系的建立和应用。

三、构建社会敬老慈善文化

讲求效率的市场分配、体现公平的税收分配和注重责任的慈善分配,是现代社会的三次财富分配机制。通过三次分配,政府、市场和社会相互弥补不足,使社会更加公平。随着社会力量的壮大,作为财富第三次分配方式的慈善事业在构建和谐社会过程中发挥的作用将越来越大。

敬老是儒家慈善思想的组成部分。孔子"仁"的思想是儒家学说的核心,是儒家道德规范体系的根本原则,奠定了儒家慈善观的基础。"人不独亲其亲,不独子其子,使老有所终,壮有所用,幼有所长,矜寡孤独废疾者皆有所养"。孟子认为,君主施仁政,可以使百姓"出入相友,守望相助,疾病相扶持,则百姓亲睦"。传统中国社会始终存在以家族为核心的慈善传统。中国现代意义上的慈善事业起步较晚,到现在仍然很不发达,一个重要原因是慈善思想主要停留在以家族文化为基本社会脉络的熟人文化中。随着社会发展,必须大力推动建立在普遍性原则上的现代慈善文化,社会敬老是现代慈善文化发展的一个重要推动力。

为建立相互信任关怀的良善社会秩序,表达善意和爱心成为现代社会公民责任的一部分。在敬老慈善文化的基础上,可建立敬老慈善组织或设立专项慈善基金,通过学校教育、社会教育、组织公益慈善活动等形成社会共识,包括策划组织开展各种形式的敬老慈善活动,表彰宣传敬老慈善个人、企业和组织等。活动形式多样,鼓励人人参与、量力而行、各尽所能。推进敬老慈善事业,对于促进社会公共事业发展、提高公民道德素质和社会责任感、缓解社会冲突、加强社会凝聚力等,都有十分积极的作用。

第十一章　积极培育银发经济[*]

人口老龄化在给我国经济社会带来诸多挑战的同时,也带来老龄社会经济发展的新机遇。发达国家的实践经验表明,银发经济是老龄化社会中最具活力、最有发展前途的经济形态之一,是应对人口老龄化的有效举措。

第一节　发展银发经济是积极应对人口老龄化国家战略的重要内容

我国党和政府一直高度重视老龄问题。2000 年,我国刚进入老龄化社会,党中央、国务院就颁布了《关于加强老龄工作的决定》,《中国老龄事业发展"十五"计划纲要(2001—2005 年)》首次出现了"老年产业"的表述,全国老龄工作委员会印发的《中国老龄事业发展"十一五"规划(2006—2010 年)》中正式出现了"老龄产业"的概念,《国务院关于加快发展养老服务业的若干意见》提出要培育养老产业集群[①]。

党的十八大以来,习近平总书记对老龄工作作出重要指示、批示、讲话达 30 余次[②]。2020 年 10 月 29 日,党的十九届五中全会通过的《中共中央关于制定国民经济和社会发展第十四个五年规划和二〇三五年远景目标的建议》提出,"实施积极应对人口老龄化国家战略"。因此,要发展银发经济,推动养老事业和养老产业协同发展,健全基本养老服务体系,培育养老新业态,构建居家社区机构相协调、医养康养相

[*]　本章作者:彭希哲,复旦大学老龄研究院院长。本章基于国家社会科学基金重大项目"积极应对人口老龄化背景下加快养老服务体系建设研究"(20ZDA077)的研究成果。项目团队成员还包括沈洁、封进、苏忠鑫、周五四和陈倩。
[①]　李志宏:《中国老龄产业政策发展报告》,2015 年出版。
[②]　吴玉韶、赵新阳:《推动新时代老龄工作高质量发展的纲领性文件——〈中共中央、国务院关于加强新时代老龄工作的意见〉解读》,《行政管理改革》2022 年第 4 期。

结合的养老服务体系。

2021年3月11日，十三届全国人大四次会议表决通过了《中华人民共和国国民经济和社会发展第十四个五年规划和2035年远景目标纲要》。《纲要》第45章中明确提出推动养老事业和养老产业协同发展，强调"发展银发经济，开发适老化技术和产品，培育智慧养老等新业态"。

2021年11月24日，《中共中央、国务院关于加强新时代老龄工作的意见》发布，提出"积极培育银发经济"，要求加强规划引导，发展适老产业。2021年12月30日，《"十四五"国家老龄事业发展和养老服务体系规划》发布，明确提出"大力发展银发经济"。

在很长时期内，我国政府、学术界和产业部门一直秉承"事业是基础，产业是希望"的思路，从事业和产业两方面共同推进老龄工作，促进老龄产业和银发经济的发展。政府各主管部门面对市场需求，相继发布实施了很多政策文件，比如：

国务院办公厅先后发布《关于全面放开养老服务市场提升养老服务质量的若干意见》《关于推进养老服务发展的意见》《关于促进养老托育服务健康发展的意见》等指导性文件。

2019年12月，工信部等5部委发布《关于促进老年用品产业发展的指导意见》，首次明确了老年用品产业重点领域，要求大力推进发展功能性老年服装服饰、智能化日用辅助产品、安全便利养老照护产品、康复训练及健康促进辅具、适老化环境改善产品，同时促进老年用品科技化、智能化升级。

2020年7月，民政部等9部委出台《关于加快实施老年人居家适老化改造工程的指导意见》，提出了居家适老化改造项目和老年用品配置推荐清单。

2020年11月，国务院办公厅发布《关于切实解决老年人运用智能技术困难的实施方案》，提出扩大适老化智能终端产品供给，积极开发智能辅具、智能家居和健康监测、养老照护等智能化终端产品。

2021年6月，国家发展改革委等3部门发布《"十四五"积极应对人口老龄化工程和托育建设实施方案》，明确到2025年，进一步改善养老、托育服务基础设施的条件，推动设施规范化、标准化建设，逐步构建居家社区机构相协调、医养康养相结合的养老服务体系。

2021年10月，由工信部、民政部、国家卫健委共同制定的《智慧健康养老产业发展行动计划（2021—2025年）》正式发布，提出丰富智慧健康养老产品及服务供给，提升适老化水平，提高供给质量，促进供给侧与需求侧更高水平动态平衡；要求到2025

年,智慧健康养老产业的科技支撑能力显著增强,产品及服务供给能力明显提升,产品种类不断丰富,产品质量与性能持续提升,试点示范建设成效日益凸显,产业生态不断优化完善。

在各类相关政策的推动下,中国银发经济市场持续扩展。

第二节　我国银发经济的概念、特征与现状

在很长一个时期内,学界关于银发经济的研究中,对于老龄产业、老龄事业、养老产业、银发经济以及养老服务业的概念尚未完全厘清,上述名词混淆使用的情况较为普遍,银发经济也未被清晰界定①。总体说来,2009 年后,银发经济的概念被普遍采用,但至今没有一个统一和权威的定义,也因此缺少对银发经济发展的综合性研究。

一、中国银发经济的基本概念

基于国内外银发经济研究的成果并结合中国国情,我们认为,"银发经济"是一个目标服务对象为老年人口的产业体系。它并不是传统意义上一个独立的产业部门,而是由老年消费市场需求增长带动形成的国民经济中一个新兴产业或产业集群。简言之,我国的银发经济,是为老年人口提供各种产品和服务的生产、供给、消费以及衍生的经济活动的总和。

从银发经济的实践上看,银发经济体系跨越或者基本涵盖了传统的第一、二、三产业,包括生产、经营和服务等 3 个领域。其中,既包括为老年人提供特需服务的农副产品和各种工业制成品,例如主要为老年人服务的各种智能设备、以老年人为主要服务对象或为应对人口老龄化开展的各种金融保险活动,还包括为老年人提供的各种医康养护等各种服务行业。发达国家可借鉴的经验表明,老年人既可以是经验丰富的生产者,又可以是实力强大的消费者。

---

① 比如,陆杰华:《我国老龄产业研究评述及展望》,《北京大学学报(哲学社会科学版)》2002 年第 1 期;郑志刚、陆杰华:《中国语境下老龄事业和老龄产业相关概念的关系界定》,《老龄科学研究》2017 年第 5 期;杨燕绥:《有备而老》,《中国社会保障》2014 年第 7 期;吴玉韶、党俊武主编:《中国老龄产业发展报告(2014)》,社会科学文献出版社 2014 年版;杨振轩:《中国老龄产业发展与政府职能界定》,《上海大学学报(社会科学版)》2021 年第 2 期;李璐、赵玉峰、纪竞垚:《人口老龄化背景下的老龄事业和产业协同发展研究》,《宏观经济研究》2020 年第 10 期;杨立雄、余舟:《养老服务产业:概念界定与理论构建》,《湖湘论坛》2019 年第 1 期;杨燕绥:《银色经济下的核心城市群与养老金融格局》,《北大金融评论》2021 年第 6 期;胡苏云、杨昕:《银发经济概论》,上海社会科学院出版社 2021 年版;芮明杰:《"银龄"时代中国要发展现代"银发"产业群》,见 https://www.yicai.com/news/101324389.html。

从长远的战略上看,发展银发经济的最终目的是最大限度满足老年人的精神需求和物质需求,以利于老年人能够健康生活、提高整体生活质量,并通过这些经济活动进而实现企业盈利或公共服务的市场价值。我国的银发经济具有经济和福利双重性,涵盖了目前老年产业、老年事业的主要内容,需要妥善处理作为一个产业的营利性与银发经济作为老龄事业一部分的福利性之间的矛盾。

二、中国银发经济的主要特征和行业分类

(一)我国银发经济的主要特征

一是综合多样性。银发经济既包括有形的物质生产活动,也包括无形的精神文化服务;既包括传统的老龄产业,也包括现代服务业背景下面向老年人的新产业和新业态;既包括以老年人为主要消费者的产业,也包括以老年人为主要生产者的经济活动等。

二是年龄指向性。银发经济的主要对象为老年人,相关产业的经济实体主要基于老年人的需求和特征进行运作。目前,作为银发经济服务对象的老年人口这个概念尚无公认的分界标准。

三是公共经济性。银发经济具有公共产品的性格,兼具市场性和福利性,是一种混合经济形态。有些产业或产品应该是公益导向甚至以公益性为主,还有一些可以是商业导向、以营利为目的。因而,它在供求与价格等方面与完全市场经济下其他的产业经济类型有所不同,其价格制定和发展规模受到来自政府对老年人公共产品的财政支持和公共政策指向的制约。

四是动态发展性。现代数字经济、虚拟经济、移动通信技术、人工智能技术等的发展,使银发经济处于动态发展变革之中,产业融合化和行业细分化趋势增强,新产业、新业态、新商业模式不断涌现,内涵与外延的范围均在不断拓展。

(二)我国银发经济的主要分类

根据老年人的特殊需求和未来我国银发经济发展的总体框架,银发经济主要包括老年产品市场、养老服务市场和涉老基础设施建设三大类,大致可以分为 10 个行业:一是养老服务业,如各类养老服务机构、居家养老服务、社区养老等。二是老年医疗保健业,如老年人药品、保健品及老年医疗辅助设备等。三是老年日常生活用品业,如老年人的服装、生活用品等。四是老年金融保险业,如专为老年人设计的健康储蓄计划、证券投资规划等,以及涉老的人寿、健康和养老保险等。五是老年房地产业,如老年人住宅、老年社区等。六是老年文化娱乐业,如老年旅游业,老年文化、体

育和娱乐业等。七是老年教育产业,如老年大学、老年培训班等。八是老年咨询服务业,如为老年人进行心理、职业、法律、婚姻咨询服务等。九是涉老基础设施建设,如适老化改造、涉老网络和数据平台建设等。十是其他相关产业等①。本章对银发经济的分类,只是依据经济活动的特征,不涉及产品或服务的性质或支付主体。

三、我国银发经济的发展现状

我国的银发经济,是围绕衣食住行、文教娱乐、医护康养等为老年人提供各种产品和服务的生产、供给、消费以及衍生的经济活动的总和。银发经济的发展主要包括老年产品市场、养老服务市场和涉老基础设施建设。伴随收入水平的提升、消费观念的转变,我国老年人的消费需求日渐多元化、个性化。要推动银发经济的产业规模、效益不断提升,市场潜力不断释放。

(一)老年产品市场:老年产品和用品市场发展势头良好,产业链初步形成

以保健品、体检和医疗、护理康复器械设施为主的健康养老产业产值增长迅猛,产业链初步形成,出现规模化趋势;老年生活辅助性器材的种类不断增多,老年服装用品、老年人电子智能产品、电动交通工具等产品的业绩增长明显,老年文化用品市场增长迅速。老年游客在国内游客中的占比稳步上升,老年游客专线或适老项目的国内游路线占比进一步提高。此外,随着网络消费的发展,老年人成为线上消费的增长主力②。

老年用品覆盖的范围非常广阔,涉及很多领域,产业链极长。当前,老年用品市场依然存在着研发投入不足、适老化改造不够、缺乏客户精准定位和专业性延伸等问题。根据中国老龄协会的研究③,目前全球老年用品(康复辅助器具)有 6 万多种,但我国仅有 2000 多种,在高科技产品、无障碍设备、生活自助类产品、家居环境改造、文体娱乐等方面的产品基本处于空白。老年用品制造业的自主创新能力低,高科技产品、无障碍设备、生活自助类产品、家居环境改造、文体娱乐等方面自主研发的产品也

---

① 国家统计局在 2020 年 2 月发布《养老产业统计分类(2020)》,将养老产业定义为"以保障和改善老年人生活、健康、安全以及参与社会发展,实现老有所养、老有所医、老有所为、老有所学、老有所乐、老有所安等为目的,为社会公众提供各种养老及相关产品(货物和服务)的生产活动集合,包括专门为养老或老年人提供产品的活动,以及适合老年人的养老用品和相关产品制造活动"。

② 根据 Quest Mobile 的《2021 银发经济洞察报告》,银发人群平均每天用网超过 4 个小时,对于抖音、快手等短视频平台具有较高的黏性。京东消费及产业发展研究院发布的《银发经济崛起——2021 老年用户线上消费报告》显示,线上老年适用品市场越来越繁荣,线上老年健康服务类商品数量增长超过 10 倍;2021 年前三季度,银发族网购销量同比增长 4.8 倍。

③ 中国老龄协会:《需求侧视角下老年人消费及需求意愿研究报告》,2019 年出版。

基本处于空白。

（二）养老服务市场：多层次养老服务体系基本成型，产业体系逐渐拓展

养老服务主要包括家庭服务、社区服务、机构服务3种主要类型，市场化水平、专业性、利润率和对消费者支付能力、心理接受程度的要求均依前序依次升高。随着各项养老政策措施的推进，我国基本形成了居家为基础、社区为依托、机构充分发展、医养有机结合的多层次养老服务体系。

近年来，对失能失智老年人口长期护理为核心的养老服务行业发展迅速，产业形态不断变化，新兴业态不断涌现，智慧技术不断融入。社会资本在健康养老领域的投资持续升温，金融、地产、保险、互联网等资本不断进入健康养老、老年地产、养老养生、养老旅游等跨界融合的养老服务行业。围绕养老服务这个核心的其他产业，如旅游、教育、社交娱乐、消费品、金融服务等，正在形成一个规模庞大的产业体系。

但是，由于社会化养老服务起步较晚、基础支持总体不足、监管机制不完善等问题，养老服务的覆盖内容和服务质量仍未根本性提升，我国养老服务业发展仍处于初级阶段，现有的养老服务产业供给总体不足与需求不断增长之间的矛盾依然突出。在老年人个性化、多样化及精细化养老服务需求快速增长的背景下，为老服务市场有效供给不足，服务质量和服务效率还存在较大的短板，养老服务个性化、专业化程度有很大的提升空间。养老服务人力资源严重短缺，养老服务从业人员职业素质参差不齐、流动性高，严重阻碍了养老服务行业的长期健康发展。养老服务产业可持续、高质量发展，离不开专业人才队伍的保障。

（三）涉老基础设施建设：涉老化改造稳步推进，智能技术应用逐渐提速

国家发改委等3部委于2021年发布《"十四五"积极应对人口老龄化工程和托育建设实施方案》，要求在2025年前进一步改善养老服务基础设施条件，推动设施规范化、标准化建设，增强兜底保障能力，增加普惠性服务供给，提升养老服务水平，逐步构建居家社区机构相协调、医养康养相结合的养老服务体系。

具体而言，一是建设连锁化、标准化的社区居家养老服务网络，提供失能照护以及助餐、助浴、助洁、助医、助行等服务；二是新建或改扩建公办养老服务机构，提升公办养老服务机构的护理能力和消防安全能力，强化对失能失智特困老年人的兜底保障；三是扩大普惠性养老服务供给，支持培训疗养机构改革转型发展养老服务，支持医疗机构开展医养结合服务。

当前，我国养老机构建设、适老化改造、无障碍公共设施改造稳步推进，在养老机构、城乡社区设立康复辅助器具配置服务（租赁）站点；在全国建设一批"智慧养老院",推广物联网和远程智能安防监控技术,包括数据平台、信息网络化等硬件、软件和网络基础设施的建设在提速。

综合而言,近年来,我国银发经济呈现市场规模不断扩大、需求持续增长、产业体系逐步完善、关键技术和产品创新速度日益加快等发展态势。与此同时,现阶段我国银发经济发展具有一些基本的特点:(1)银发经济市场规模迅速扩张,但产业带动经济和就业局面尚未形成,产业链尚在形成完善过程之中,产品和服务之间对接与业态融合不足。银发经济发展区域间的不平衡状况有扩大趋势。(2)养老服务和产品发展势头良好,但产业规范与标准欠缺,提供的产品和服务较为单一,不能精准匹配不同年龄段老年人的差异化需求,对于老年人在文娱、社交、学习培训等方面的产品和服务供给也不足。(3)养老观念向现代社会转变,新的涉老产品和服务的消费群体正在形成,新兴消费品市场呈现良好局面,但传统产品和服务为主的局面仍未打破,科技进步对银发经济发展的红利还在收获初期。(4)大量的社会资本已经进入或正在积聚以图投入银发经济,但尚未形成有效的商业营利模式。目前,银发经济福利色彩浓厚,社会力量参与和产业资源亟待整合①。此外,考虑到我国银发经济多为中小企业,这些企业不可能在市场研究和产品开发方面花费大量的人、财、物力,政府需要在鼓励并推动银发经济发展高新产品和服务过程中发挥更加积极的作用。

第三节　我国银发经济规模的测度和发展愿景

由于对银发经济尚未有权威、统一的定义,当前也缺乏对我国银发经济整体发展状况的精准测度和对未来整体发展趋势的预测,本章试图借鉴以往研究成果,首先从老年需求入手,开展我国银发经济规模的测算,并探讨未来的发展愿景。

一、银发经济规模的测度

近年来,一些商业咨询公司和研究团队对银发经济的各组成部分开展了一些研究,也发布了有关银发经济规模的研究成果。艾媒咨询发布的数据显示,2016—2020年,中国银发经济市场规模持续上升。2020年,已达5.4万亿元,年增长率为25.6%。2021年,中国银发经济市场规模保持增长,达到5.9万亿元,占国内生产总

---

①　艾媒咨询数据显示,2013—2020年,中国健康养老产业的融资规模不断扩大,2020年的融资规模达1976.36亿元。

值的比重约为 5%①。厦门大学养老消费与养老产业发展研究课题组测算,到 2050年,我国老年用品市场的规模将达到 100 万亿元,占国内生产总值的 33%②。而从整个银发经济市场来看,全国老龄委发布的《中国老龄产业发展报告》显示,2050 年,我国老年人口数量将达到 4.8 亿,消费潜力将增长到 106 万亿元。工信部、民政部等 5部门在 2020 年 1 月联合印发的《关于促进老年用品产业发展的指导意见》明确,到2025 年,老年用品产业总体规模超过 5 万亿元。公开数据显示,2020 年,日本养老用品市场规模为 5099.43 亿美元,美国养老用品市场规模也达到了 3261.13 亿美元。

(一)银发经济规模测度的假设和方法

按照本章关于银发经济的定义,决定银发经济规模的,主要是我国老年人口的数量和结构、老年人口的消费模式和消费能力、国家和社会用于老年人口的各种基础建设投资。无论是对现状规模的评估还是对未来趋势的预测,也都基本上取决于上述因素的变动情况。

本章关于银发经济规模测度的基本思路如下:第一,根据国家统计局有关2013—2020 年总的居民消费数据(人均水平),以及细分的八大类别,得到这期间每年各类消费品的人均消费额和年度增长率。第二,基于中国家庭追踪调查(CFPS)2018 年的数据,估计得到分年龄组的各类人均消费额③,并与国家统计局的宏观汇总数据匹配校准。第三,使用联合国人口司"低、中、高"生育率假设条件下人口分年龄结构的数据及其预测④。第四,利用国民转移账户的方法估算 60 岁以上老年人口的总消费与人均消费⑤,并在未来预测时对人均消费水平作低速、中速和高速 3 种增长速度的假设。根据国家统计局的数据,2020 年,我国的国内生产总值为 102 万亿元。根据《中共中央关于制定国民经济和社会发展第十四个五年规划和二〇三五年远景目标的建议》,将 2035 年的国内生产总值预测为 200 万亿元,将 2050 年的国内生产总值预测为 400 万亿元。

---

① 艾媒网:《艾媒咨询 | 2021 中国银发经济行业调研报告》,2022 年 3 月 22 日,见 https://www.iime-dia.cn/c1020/84229.html。

② 陈茗等:《养老消费与养老产业发展研究》课题报告。

③ 中国家庭追踪调查(China Family Panel Studies,CFPS)是北京大学"985"资助项目,由北京大学中国社会科学调查中心执行。年龄别人均消费的估算方法,参见朱勤、魏涛远:《中国人口老龄化与城镇化对未来居民消费的影响分析》,《人口研究》2016 年第 6 期。

④ 联合国经社理事会人口司:*The 2019 Revision of World Population Prospects*,见 https://population.un.org/wpp/。

⑤ 这部分研究借鉴了国民转移账户对生命周期各年龄段收入和消费模式的研究思路,具体方法参见沈可:《人口老龄化、代际分配与财政负担》,社会科学文献出版社 2019 年版。

（二）银发经济规模的测算和预测结果

基于上述假设和估算思路,得到的 2020 年、2035 年及 2050 年银发经济总的规模如下(见表 11-1)。

(1)人均消费水平高增长情况,即从现在到 2050 年间年均增长 6%时,老年人口人均消费增长率约为 6.32%。2020 年,银发经济规模为 5.24 万亿元,占总消费的比重为 16.35%,占国内生产总值的比重为 5.16%;2035 年,银发经济规模为 21.73 万亿元,占总消费的比重为 27.81%,占国内生产总值的比重为 10.87%;2050 年,银发经济规模为 63.50 万亿元,占总消费的比重为 35.04%,占国内生产总值的比重为 15.88%。

(2)人均消费水平中等增长情况,即从现在到 2035 年间年均增长 5%时,老年人口人均消费增长率约为 5.32%。2020 年,银发经济规模为 5.17 万亿元,占总消费的比重为 16.35%,占国内生产总值的比重为 5.09%;2035 年,银发经济规模为 19.11 万亿元,占总消费的比重为 27.82%,占国内生产总值的比重为 9.56%;2050 年,银发经济规模为 49.87 万亿元,占总消费的比重为 35.06%,占国内生产总值的比重为 12.47%。

(3)人均消费水平低增长情况,即从现在到 2035 年间年均增长 4%时,老年人口人均消费增长率约为 4.32%。2020 年,银发经济规模为 5.05 万亿元,占总消费的比重为 16.35%,占国内生产总值的比重为 4.97%;2035 年,银发经济规模为 15.73 万亿元,占总消费的比重为 27.84%,占国内生产总值的比重为 7.87%;2050 年,银发经济规模为 34.58 万亿元,占总消费的比重为 35.10%,占国内生产总值的比重为 8.65%。

表 11-1 3 种人均消费增长方案下中国的银发经济规模

年份	老年群体总消费（亿元）	占总人口消费的比重（%）	占国内生产总值的比重（%）
方案一:人均消费高增长 6%,老年人均消费增长率约为 6.32%			
2020	52444.2	16.35	5.16
2035	217252.2	27.81	10.87
2050	635012.1	35.04	15.88
方案二:人均消费中增长 5%,老年人均消费增长率约为 5.32%			
2020	51657.8	16.35	5.09
2035	191073.5	27.82	9.56
2050	498672.0	35.06	12.47

续表

年份	老年群体总消费 （亿元）	占总人口消费的比重 （%）	占国内生产总值的比重 （%）
方案三：人均消费低增长4%，老年人均消费增长率约为4.32%			
2020	50489.5	16.35	4.97
2035	157310.3	27.84	7.87
2050	345830.2	35.10	8.65

将人均消费增长速度的不同方案与生育率方案结合，可以得到 10 种情况。由于未来 60 年间的老年人口都已经出生，不同生育率假设的影响在 2080 年之后才会体现，本章在此不作赘述。由于测算和预测的参数假设很多，这里展示的只是笔者认为最可能发生的场景。

（三）小结

未来银发经济的规模，主要受到人口老龄化和消费水平增长两大因素影响。在中等增长速度假设下，我国 60 岁以上老年人口总消费在 2018—2035 年显著增长，该增长可分解为人口老龄化效应及收入增长效应。其中，人口老龄化因素的贡献为 41.59%，消费增长的贡献为 58.41%。老年人口消费增加的速度要远远快于人口增长速度。但就老年消费和老年人口的增长来看，老年人口的快速增长在 2035 年左右达到相对高位之后，会呈现出稳步增长态势，老年人口的消费却一直呈现出高速增长之势，2050 年，银发经济规模占国内生产总值的比重将达到 17.3%。这个比例变动，显示了银发经济在未来国民经济增长中不断提升的重要地位。而且，从不分城乡和分城乡的模型对比中可以发现，老龄消费市场的城乡差异依然明显存在，这种差异表现为城镇老年消费市场要远远高于农村，因此，城镇化也是影响未来银发经济发展的重要变量。

需要指出的是，上述为较为保守的估计，只考虑了老年人口的消费部分，未考虑与老龄相关的投资，例如为老服务基础设施建设投入、养老产业中的研发投入等，也未考虑居民与养老相关的金融、保险服务等市场规模。若按 2050 年消费对国内生产总值的贡献达到 70% 估计，考虑到相关投资以及提高老年人社会经济参与等形成的经济溢出效应，银发经济规模可高达国内生产总值的 23% 或更高。由于银发经济的内涵、外延尚不确定，所以，它的指标与口径不完全一样，估算结果也会存在差异。人均消费增长的设定，是对未来银发经济规模增长的主要影响因素。

国际经验表明，社会保障制度的发展，特别是养老金制度和长期照护保险制度的发展,是银发经济的助推器。随着我国社会保障制度的进一步完善,特别是长期照护保险制度的建立和可持续发展,将有效提高老年人口及其家庭的有效需求,成为我国银发经济发展的一个关键因素①。本章测算选择的分析变量相对有限,还有较大的完善空间。

总体上看,银发经济以其自身蕴藏的巨大市场潜力,在拉动内需、培育新的经济增长点方面发挥着重要作用,主要表现为两个上升过程的叠加效应,即消费在国内生产总值中所占比重不断上升,老龄消费市场规模以及在全人口消费中的比重不断上升。这两个上升的过程使银发经济在国内生产总值中所占比重持续攀升,保证了银发经济在拉动内需和培育新的经济增长点方面持久、强大的动力。

二、我国银发经济的发展愿景

目前,我国银发经济仍处于起步阶段,呈现市场规模不断扩大、需求持续增长、政策扶持力度逐渐加大、产业体系基本形成、关键技术和产品创新速度日益加快等基本态势,同时也面临涉老产品和服务供应明显滞后于市场需求、商业模式不成熟、供需结构错配、信息共享难、标准体系欠缺、专业人员稀缺等问题。

经济发展和收入增长是推动消费的基础条件。随着我国总人口包括老年人口收入水平的提升、养老模式和消费观念等的转变,我国老年人消费需求的多元化、个性化特征日渐增强,催生出更多银发经济的新业态,孕育更多的供给和消费新热点。我国银发经济已经步入市场拉力和政府推力共同促进的重要战略机遇期。随着产业发展和政策环境的不断优化完善、市场潜力的不断释放、市场机制作用力的不断增强,我国银发经济将会步入发展“快车道”。

20 世纪“婴儿潮”中出生的那批人,在全世界范围是相对最富裕的一代人,中国也基本如此。随着 20 世纪 60 年代出生的人口迈入老龄化,这些潜在老龄人群的总体消费能力较他们的前辈有较大提高,消费观念和消费行为也发生了较大的变化。他们对适老产品的需求将快速增加,并推动未来整个银发经济的发展②。

从养老产业和用品的发展与供给来看,国内养老用品产业将会保持快速增长。就发展潜力而言,养老用品细分行业,适老化的日常用品、医疗器械、保健用品、电子

---

① 日本银发经济快速发展,在很大程度上得到日本介护保险制度的推动,参见沈洁:《日本社会保障制度的发展》,中国劳动社会保障出版社 2004 年版。

② 智研咨询发布的《2018—2024 年中国财富管理行业竞争现状及投资前景分析报告》显示,截至 2017 年,年龄在 40 岁及以上的中老年人拥有社会 62% 的财富。如今已经或正在迈向老年阶段的“60 后”“70 后”人群,是整个社会最富裕的一代人。

电器等细分领域会有更好的发展机会。当前,面向养老机构的适老化产品已经有较好的开发,但面对家庭和老人个体的用户市场需求潜力巨大,多样性也需要进一步拓展,以期在共同富裕的大战略下满足城乡和不同老年群体的多样化产品需求。

养老服务产业的市场前景广阔、潜力巨大,将会成为朝阳产业。老年人口特别是高龄老人的增加,必然导致满足老年人多样化需求的服务种类、规范、质量和效率都会有更紧迫的发展提升。

"十四五"期间仍然以基本养老服务和普惠养老服务为主,医养康养相结合成为未来产业发展的重要领域,公办(含公建民营)养老机构将继续发挥兜底保障作用。从供给侧来说,在继续强化传统养老服务的同时,未来以"年轻"老年人为主要对象的康养、旅游、再就业以及老年大学等产品和服务将得到更多的重视与长足的发展。

养老服务人力资源短缺可能成为未来养老服务业发展的最大瓶颈,但也可以成为银发经济发展的重要领域。养老机构内和社区的护理人员数量不足、年龄偏大、专业水准较低,在未来,缺口或专业要求差距可能进一步增大;专业从事养老服务管理的人才数量匮乏、能力不足;医养护专业人才严重紧缺,养老服务"养中有医"落地困难。

第四节　推动银发经济发展的政策建议

推动银发经济全面发展,需要政府、市场、社会、企业方方面面的合作与投入,既是一个循序渐进的过程,也蕴含着短期内的快速突破。各相关主体都需要根据宏观发展态势和中、微观客观需求的变化,探寻最适合的发展模式和运营格局。就政府部门而言,在进一步落实已有各种政策法规、规划项目的同时,还应当在以下几个方面有更好的作为。

一、系统梳理完善相关法律法规及政策规定,消除年龄和政策歧视,为银发经济健康发展创造良好的社会和市场环境

目前,我国对银发经济发展的支持性政策主要集中在土地、税收、金融、人员等方面,影响老年经济参与和社会参与的年龄歧视与行业歧视现象尚未得到充分关注,影响了银发经济资源的优化整合、配置效率。因此,一是系统梳理现有的法律法规和政策体系,消除年龄歧视和所有制歧视;通过政策或制度创新,加强行业规范,构建不分年龄、共同努力、为社会经济作贡献的制度体系。二是破解当前金融、保险和旅游康

养等行业的年龄歧视,扩大老龄金融保险和旅游市场。三是适时推出鼓励老年人社会经济全面参与的政策法规、行业规定,合理分担风险。四是以实施共同富裕战略为契机,以支持家庭能力发展为抓手,在消费观念变化的基础上,提升老年人口及其家庭的有效需求和消费能力。五是根据不同产业类型的特点,通过政策法规进一步破解制约银发经济发展的用地、用工、融资、营利等具体难题。

二、突出规划引领,加强政策扶持,凸显国情优势

一是进一步明确银发经济的概念、内涵和外延,研究制定相应的指标体系和统计规范。在学界和政府内部都需要对银发经济有个更精准的定义,对它的内涵和外延有更明确的表述。在此基础上,制定发展银发经济的综合规划和专项规划,确定银发经济发展的战略总目标与阶段性目标,促进银发经济科学有序发展。

二是探索建立银发经济发展评估指标体系,由国家统计部门完善银发经济发展的统计指标及数据采集工作,对各地银发经济发展实施动态监测,为政府决策和市场发展提供参考。

三是强化公共福利设施基础建设,完善相关扶持政策,促进政策制度衔接,加大财税、土地、人才、技术等方面的政策扶持力度,搭建支持银发经济发展的公共服务平台。

四是充分发挥政府和国资国企的主导引领作用,形成政府宏观管理、社会积极参与、企业自主经营的发展模式,鼓励社会资本探索多种业态和经营模式,实现银发经济产业投资主体多元化、服务形式多样化、服务对象社会化、服务队伍专业化,充分发挥市场在养老资源配置中的决定性作用。

五是合理有效地配置公共养老资源,增加为老公共服务的投入,重视发挥第三次分配的作用,引导企业承担社会责任,吸引民间资本参与银发经济活动;加快养老金和长期照护保险等项涉老社会保障制度的改革与完善,尽可能地释放老年人口及其家庭的消费能力。

三、加强人才培养,壮大从业队伍

一是推动开发低龄老年人力资源,适时出台渐进式延迟退休年龄或弹性退休政策,破除现有就业和社会经济参与的年龄歧视。

二是在全面构建终身教育体系的过程中,鼓励开展针对老年人的职业教育,提高其适应信息化社会相关工作的智力素质与技能水平。

三是推动构建与银发经济发展相适应的职业教育、技能培训和就业创业服务体系，加快产品研发、产业经营等人才的培训培养，壮大银发经济产业从业队伍。

四是促进与老年健康和养老服务有关的人才培养，开发以家庭成员和低龄老人为主的养老服务人力资源池。

五是加强技术培训、资格认证，提高薪酬待遇，加快培养老年医学、康复护理等紧缺人才，并采取切实措施防止从业人员流失。

六是推动相关专业学科建设、大力集聚银发经济高端专业技术人员、产业发展创新人才。

四、充分利用现代科学技术发展红利，实现银发经济高质量发展

一是建立全国涉老数据共享平台，以国家卫健委、全国老龄办已有的数据库为基础，接入民政、人力资源社会保障、公安、教育等部门的涉老信息，结合企业大数据，利用信息化和智能技术整合政府与市场的各类资源，建设资源整合、多元协同、供需匹配、数据融合，机构、社区、居家有机衔接的为老服务体系。

二是顺应我国人口老龄化发展和老年人消费需求变化趋势，利用"新基建"契机，依靠新技术、新应用，对银发经济产业进行全方位、全角度、全链条的改造升级，加强老年产品和服务的科技研发及成果的市场转化；重点强化老年智慧健康、康复辅助、老年游戏等领域的技术研发和应用，依托科技创新培育新的产业增长点，推动老年消费市场提质扩容，以科技创新促进银发经济产业升级。

三是进一步加强老年用品和服务标准体系建设，以高标准促进质量提升；严格行业准入制度，完善相关法律法规和市场准则，强化监督管理，规范市场运作；推动培育行业内的龙头企业，推广优质产品和服务；为老年人创造良好的消费环境。

第十二章　大力发展老龄金融*

应对人口老龄化离不开金融的资源配置与融通、风险分散等作用,由此诞生了老龄金融这一领域。随着中国人口老龄化程度不断加深,老龄金融发展日益受到社会各界的广泛关注。目前,中国老龄金融发展无论是理论还是实践都处于初级阶段,与国民层次多元化且不断丰富的养老需求还有较大差距。尽管一系列挑战制约了中国当前老龄金融的发展速度,但在中国人口老龄化的现实趋势下,养老需求将持续增加,中国老龄金融发展的未来前景依然广阔。

第一节　老龄金融发展的背景、内涵和意义

本节主要从人口老龄化背景入手,阐述人口年龄结构将对未来金融市场体系和金融服务特征产生深远影响。本节引用经典文献,阐述老龄金融的内涵,包括养老金金融、养老服务金融、养老产业金融3个部分。其中,养老金金融指面向制度化的老年社会保障制度提供的金融服务,养老服务金融指面向个人客户提供的全生命周期、以养老财富规划和管理为目标的金融服务,养老产业金融指面向养老产业链上的参与主体提供的以投融资为主的金融服务。大力发展老龄金融、有效应对人口老龄化,事关全球经济趋势,事关国家发展全局,事关金融创新方向。

一、发展老龄金融的背景

现在,人口老龄化逐渐成为一个全球性现象,中国的人口老龄化更呈现出规模

---

　　*　本章作者:巴曙松,北京大学汇丰金融研究院执行院长、中国老年学和老年医学学会副会长、中国银行业协会首席经济学家、中国宏观经济学会副会长。

大、速度快、"未富先老"等一系列新的特点。据联合国统计,2021 年,全球 65 岁及以上老年人口占人口总数的 9.6%,而中国这一占比为 14.2%,标志着我国已经迈入老龄社会(65 岁以上老年人口占比超过 14%)。这一新的变化,正在深刻改变过去几十年的经济金融运行机制、社会保障制度,也必将深刻改变经济体的宏观格局和市场运行。人口老龄化已成为当前中国经济运行面临的现实国情,将贯穿国家未来战略转型全过程。有效应对人口老龄化,事关全球经济趋势,事关国家发展全局,事关金融创新方向。

二、老龄金融的内涵

人始终是经济发展的关键要素,人口问题也是经济学研究的重要领域之一。近年来,人口老龄化、人口红利减少以及"刘易斯拐点"等问题越来越成为人口经济学研究中的热点问题。随着各经济体不断迈入老龄化,社会新生人口增速放缓,人均预期寿命延长,劳动力供给下降,进一步加大了养老压力。但人口老龄化并非意味着社会老化,相反,直接催生了老龄金融的发展。

老龄金融是一个综合性的概念体系,是指为了应对人口老龄化挑战,围绕着经济社会运行中的各种养老需求进行的金融活动的总和,包括养老金金融、养老服务金融、养老产业金融 3 个部分①。其中,养老金金融指的是为储备制度化的养老金进行的一系列金融活动,其对象是制度化的养老金资产,目标是通过制度安排积累养老资产,同时实现保值增值;养老服务金融指的是除制度化的养老金以外,社会成员为了满足自身养老需求采取的财富积累、消费及其他衍生的一系列金融活动,其本质是通过金融活动参与来满足人们多元化的养老需求;养老产业金融则指的是为与养老相关产业提供投融资支持的金融活动,其对象是养老产业,目标是满足养老产业发展需要的各种投融资需求。

三、人口老龄化的深远影响

从生命周期理论看,经济主体的风险厌恶在生命周期中具有时变性。微观视角下,风险厌恶受年龄正向影响,且影响程度单调上升;宏观视角下,平均年龄与风险厌恶同向变化②。考虑到宏观人口年龄结构与风险厌恶的关系,少年人口占比负向影

---

① ［美］彼得·德鲁克:《养老金革命》,刘伟译,东方出版社 2009 年版。
② 易祯、朱超:《人口结构与金融市场风险结构:风险厌恶的生命周期时变特征》,《经济研究》2017 年第 9 期。

响风险厌恶,中年和老年人口占比负向影响风险偏好,风险态度趋于保守。由此可见,风险厌恶的生命周期时变特征表现为年龄越大,风险厌恶越强。随着人口老龄化趋势下年龄重心上移,风险厌恶上升将推动市场对流动性高、收益稳健的金融产品需求。事实上,金融资产收益率可以获得人口学角度的解释,少年人口占比将推高金融资产收益率,中年和老年人口占比则存在负向影响。

从影响机制来看,人口老龄化主要通过影响劳动生产率、劳动参与率、人力资本以及消费需求和投资需求,进而影响产业结构升级。一方面,劳动力市场用工成本上升,迫使劳动密集型产业不得不退出市场,并逐渐被资本密集型和技术密集型产业取代;另一方面,庞大的老年消费市场推动了第三产业中老年服务业的发展,在一定程度上提升了第三产业的就业份额及产值占比。年轻人和老年人的消费需求结构不同,不同的老年人/年轻人比例会通过需求渠道改变当地的产业结构。比如,老人多的地方会使"夕阳产业"快速发展,催生银发经济蓬勃发展。这种由人口结构长寿化导致的消费结构调整,将引发产品结构转型。

未来,从老龄金融的角度看,首先要从养老服务金融的视角来提升养老认知、激发养老需求,以此增强养老产业对资本的吸引力,进而为产业结构升级创造条件;其次,要抓住市场机遇,积极扶植老年产业和银发经济发展;最后,在总量和空间结构上,应当保证产业需求与人才资源供给相匹配,通过鼓励人才要素空间流动,缓解资源空间错配情况。

四、发展老龄金融的意义

积极应对人口老龄化已上升为国家战略,将贯穿未来几十年国家战略转型全过程。《国家积极应对人口老龄化中长期规划》《中共中央、国务院关于加强新时代老龄工作的意见》与《"十四五"国家老龄事业发展和养老服务体系规划》等文件相继出台,共同构成中国积极应对人口老龄化国家战略的顶层设计,为老龄工作提供了基本遵循和保障。

风险分散是金融的重要功能之一。随着人口老龄化逐渐加深,进一步优化金融体系在时间维度的风险分担功能是发展老龄金融的应有之义。同时,从资金层面缓解社会老龄化问题,实现养老金收缴规模持续扩大、资产管理保值增值,对增强老龄金融发展的可持续性具有重要战略意义。作为应对人口老龄化挑战的战略制高点,老龄金融既是金融体系的重要组成部分,又是老龄产业的重中之重,关系到未来金融行业的发展。在老龄社会条件下,老龄金融关系到国家金融安全,攸关虚拟经济和实体经济的协调发展,是保持宏观经济稳定运行的关键因素。

第二节　中国老龄金融发展现状及挑战

本节主要关注中国老龄金融发展现状及挑战。第一,欧美等国发展老龄金融较早,通过跨国比较分析,对比了各国的优势和不足,为中国大力发展老龄金融提供国际经验。第二,梳理了新中国成立后老龄金融发展的政策沿革,总结了有关纲领性文件、政策性文件和支持性文件。第三,梳理了中国老龄金融的主要实践探索。中国的养老金金融实践探索主要是建立多支柱系统,着手大力发展个人养老金制度,与资本市场互动频繁,且纳入 ESG 投资理念。第四,梳理了中国老龄金融发展遇到的挑战。一方面,中国养老体系"一支独大"的特征显著,三支柱的发展并不平衡。另一方面,中国的养老服务与产业和资金供给之间缺乏高效匹配的纽带。

一、国际老龄金融发展实践探索

(一)养老金金融方面

自 1994 年世界银行首次提出养老金三支柱这个概念,养老金三支柱体系现已成为全球养老金主流模式。其中,第一支柱为公共养老金计划,特点在于强制性;第二支柱为职业养老保险计划,特点在于由雇主发起设立;第三支柱为个人储蓄计划,特点在于由个人自愿进行储蓄或保险。现以美国和日本为例,进行简要介绍。

美国的三支柱养老体系中,第一支柱为基础,第二、第三支柱贡献主要力量。第一支柱是基本养老计划,即联邦社保基金(OASDI),由联邦政府统一组织、国会立法强制执行,是美国目前覆盖面最广、最基础的养老制度,投资范围仅限于美国政府发行或担保的利率型产品[①]。第二支柱是雇主养老计划,具有代表性的401k计划的主要服务对象是私营企业和部分非营利组织的雇员。它是美国市场上最主要的职业养老金形式,投资范围主要是共同基金、股票、债券等。第三支柱主要指个人退休账户(Individual Retirement Account, IRA),其资产配置经历了由银行储蓄存款等低风险产品到共同基金和其他权益资产为主的转变。

日本的三支柱养老体系中,第一支柱为核心,第二、第三支柱是重要补充。第一支柱主要由日本政府养老投资基金(GPIF)统一运营管理,以实现稳定收益为目标,

---

① 美国《社会保障法案》201(d)款对联邦社保基金的投资范围有明确规定。

在全球进行多样化投资、分散化投资以降低风险,从而为日本现收现付的养老体系及老龄化社会提供支持。第二支柱为雇主统筹为雇员缴纳的养老金,包括适合不同企业和不同工种的诸多保险基金。第三支柱主要由日本个人免税储蓄账户(NISA)和个人缴费确定型养老金(iDeCo)构成。其中,NISA 是日本所有居民均可办理的具有税收优惠的储蓄账户,iDeCo 主要针对没有提供企业养老金计划的中小企业员工、自由职业者以及家庭主妇等群体。

(二)养老服务金融方面

长期护理保险。长期护理保险已成为发达国家健康保险市场中最重要的产品之一。经过 20 多年的研究和实践,发达国家普遍认识到,建立相对独立的长期护理服务体系是养老服务体系发展的重要内容,需要进行科学的管理和规范。老年长期护理保险对满足老年人护理服务需求、抑制医疗费用飞速上涨,起到了重要的作用。美国和日本是发展护理保险较有经验的国家。其中,美国的长期护理保险至今已有近40 年的历史,由商业保险公司自愿办理,而日本的护理保险始于 2000 年,由政府强制实施。总体上看,美国和日本的长期护理保险已经成为社会养老服务体系的重要支撑,以服务机构为主体,服务实现标准化、规范化,鼓励家庭成员、社会工作者和志愿者积极参与长期护理服务制度体系。发达国家通过建立和完善老年护理保险制度来解决老年人护理与保健服务的资金问题,这给中国提供了参考经验。

以房养老。美国、英国、日本为代表的发达国家在以房养老方面均有实践,并形成了一套完善的制度体系和操作规范。从共性经验来看,可以概括为 4 个方面:一是因需而设,以老年人的需求为出发点,结合实际需求灵活设计;二是制度保障,出台相关的规章制度,用制度规范流程和操作原则;三是专业委托,产品的实际操作机构实力雄厚且专业,一般为基金、保险或银行业的佼佼者,行业经验丰富,并且拥有足够的专业技术水平;四是政府监管,制定政府监管办法,用政府监管保障以房养老市场的正常有序发展。

(三)养老产业金融方面

养老产业体系的发展离不开资金支持。老龄金融与养老产业的深度融合,是推动养老产业加速发展的重要前提。这在客观上需要开发多种融资渠道,以确保养老服务体系建设中资金的供需平衡。从全球来看,近几十年来,养老资金需求呈稳定增长趋势。多元化的融资渠道、完善的金融支持和政策支持、养老服务体系的金融支持,是推动老年产业发展的重要途径。

发达国家养老产业体系金融支持的典型特点,就是金融服务的规范化和融资渠道的多元化。英国、日本和美国均采取由政府、非营利机构与市场化机构等构成的多元化养老服务体系运营方式,这种方式缓解了政府的财政负担,也满足了老年人多层次、多样化的养老服务需求。其中,美国养老服务产业投资基金的发展已经相对成熟,先进的融资技术和发达的融资工具为养老产业融资创造了良好条件,使美国养老产业融资呈现出政策制度保障规范、融资来源多样、担保机制科学明朗等特点。日本养老服务的主要特色在于"去家庭化",传统的家庭不再是照顾老年人的主力军,"去家庭化"市场与社会化服务的作用越来越大,因此,日本养老产业的金融支持主要表现在财政积极参与、保险制度规范、提供专业的社会化服务等方面。比如日本的长期护理制度,正是由于政府财政资金的支持,得以循环发展。综合来看,发达国家养老服务体系的发展相对成熟,政府财政支持已标准化、规范化,还对有正外部性的老龄企业给予适当补助,从而纠正市场失灵现象。

二、中国老龄金融发展政策沿革

(一)养老金金融政策沿革

新中国成立之初,党和政府初步建立了家庭、国家、集体养老发展规划。依据当时中国生产力水平相对较低、工业不发达等现实情况,国家出台政策实行退休养老、土地养老、"五保养老",同时鼓励家庭养老,并且给予一定的优惠待遇。

养老政策统筹转型初步探索阶段(1978—1991年)。党的十一届三中全会以来,中国养老事业随着经济体制改革进入了有序发展时期。党和政府在原有养老政策基础上,结合中国经济、民生发展实际,对城镇企业职工和农村居民养老的社会统筹进行了初步探索,不断扩大城镇养老覆盖面、提高城乡养老保险整体水平。

养老政策统筹发展阶段(1991—2014年)。1991年,中国正式开始了全面养老改革实践,通过不断改革试点、总结经验,初步确立了城镇职工养老保险、城镇居民养老保险、新型农村养老保险等制度,建立了中国特色社会主义养老体系的基本框架。

老龄金融政策全面确立阶段(2014年至今)。这一时期,合并新型农村养老保险和城镇居民养老保险,建立全国统一的城乡居民养老保险制度。至此,初步搭建起适应中国国情的养老金三支柱体系。其中,第一支柱为基本养老保险代表的公共养老金,囊括城镇职工基本养老保险和城乡居民基本养老保险。社会保障基金对基本养老保险的资金调剂起补充作用。第二支柱是机关事业单位或企业在基本养老保险之外专门为职工建立的附加保险,包括职业年金和企业年金。第三支柱是自愿建立的个人养老金,当前主要有税延型商业养老保险、专属商业养老保险、养老目标基金、养老理财产品 4 种形式。2022 年 4 月,国务院办公厅发布《关于推动个人养老金发展的意见》,明确提出将实施个人养老金账户制,标志着我国个人养老金制度设计迈出关键一步。

(二)养老服务与产业金融政策沿革

从纲领性政策来看,在近期出台的涉及养老领域的政策文件中,"十四五"规划确立了应对人口老龄化的一系列战略与纲领。"十四五"规划在第四十五章"实施积极应对人口老龄化国家战略"的第三节"完善养老服务体系"中,用较大篇幅为全社会指明了"十四五"期间养老服务体系建设的方向、目标和任务。

从政策支持文件来看,民政部和国家开发银行《关于"十四五"期间利用开发性金融支持养老服务体系建设的通知》,是养老服务领域金融支持政策的代表。该通知提出,支持各地有效利用国家开发银行养老服务体系建设专项贷款,支持居家社区机构养老服务网络建设、智慧养老服务发展、养老服务人才队伍建设等三大重点任务;同时,优化养老服务投融资环境,支持项目投融资主体做优做强。

从监管政策文件来看,中国银保监会发布的《关于规范和促进商业养老金融业务发展的通知》,对商业养老金融的业务规则作出原则性规定,提出支持和鼓励银行保险机构发展养老金融业务、商业养老理财产品不得宣传预期收益率、符合规定的商业养老金融产品可在产品名称和营销宣传中使用"养老"字样等。这个通知支持商业养老金融的发展:一是明确了商业养老金融的发展理念,支持和鼓励银行保险机构发展相关业务、丰富产品供给。二是突出养老属性,规定了银行保险机构商业养老金融业务的基本标准和原则。三是强调银行保险机构要充分披露信息,开展消费者教育,培育养老金融理念。四是对银行保险机构商业养老金融业务的组织实施、管理机制、费用政策等方面提出了基本要求,并明确了对不规范业务的清理安排。

三、中国老龄金融发展实践探索

(一)养老金金融实践探索:第一支柱投资业绩出色,第二和第三支柱需提升效率

社保基金过去几年的投资表现亮眼。2020 年,社保基金的投资收益为 3786.6 亿元,当年的投资收益率高达 15.84%。社保基金在全国社会保障基金理事会的成熟运作下,长期收益率已迈入高水平资产管理之列:成立以来的年均投资收益率为 8.51%,累计投资收益额为 16250.66 亿元。

基本养老保险基金自 2016 年 12 月受托运营以来,截至 2021 年末,社保基金受

托的资金权益总额为 1.46 万亿元,2017—2020 年累计投资收益额为 1986.46 亿元,年均投资收益率为 6.89%。社保基金受托的基本养老保险基金资产配置,以交易性金融资产和持有至到期的投资资产为主。

由于职业年金以省级社保机构作为代理人统一委托投资,投管人有投资回报和阶段性考核压力,在一定程度上加剧了长期资金短期化现象。企业年金成立以来,投资收益较为稳定,在控制风险最小化的同时,为计划参与者提供长期稳定的养老金资产增值服务。截至 2021 年 12 月末,企业年金规模达到 2.64 万亿元,实现投资收益 1241.98 亿元,投资收益率为 5.33%。自 2007 年以来,企业年金年平均收益率达到 7.17%,收益稳健且丰厚。

第三支柱的规模尚需培育。养老目标基金发展势头良好,截至 2022 年 4 月末,存续产品数量近 200 只,产品规模突破千亿元。从已存续一年以上的基金收益率来看,目标日期基金的平均年化收益率为 7.72%,目标风险基金则仅为 4.89%,整体收益水平一般。

发展第二、第三支柱的关键是个人投资者坚持长期投资且积极调整投资组合,但由于多重原因,养老金投资面临一系列挑战,特别是需要立足中国市场现实,从投资者的需求出发,积极提升效率。当前,市场都非常关注第二、第三支柱的投资是否可以积极推动与金融科技的融合,以帮助提升效率。

(二)养老服务金融实践探索:大力发展个人养老金制度

养老金第三支柱的概念,自从世界银行在 1994 年提出养老金体系改革的三支柱模式后,开始受到广泛关注。

2022 年 4 月 21 日,国务院办公厅发布《关于推动个人养老金发展的意见》(以下简称《意见》),规定账户制将是个人养老金的核心运行模式,同时将对缴费、投资以及领取等不同环节进行改革。《意见》指出,第三支柱个人养老金不再采用产品制,转而采取账户制运行模式,提供税收优惠政策。对于个人养老金的缴费、投资以及领取阶段,也作出了更详细的规定。(1)缴费阶段:个人自愿参保,建立个人账户,年缴款上限为 1.2 万元,参保对象为在中国境内缴纳城镇职工基本养老保险或者城乡居民基本养老保险的劳动者。(2)投资阶段:用于购买符合规定的银行理财、储蓄存款、商业养老保险、公募基金等。(3)领取阶段:可以按月、分次或者一次性领取个人养老金,不可提前支取,个人账户权益可以继承。

相比此前试点的个人税收递延型商业养老保险个人账户,此次个人养老金账户存在几方面不同。第一,在缴款阶段的税收抵免采取固定上限额,不再以个人收入比例作为衡量基准。第二,账户可投资范围增加,账户资金可用于购买符合规定的银行理财、储蓄存款、商业养老保险、公募基金等,此前,只能投资商业养老保险。第三,对具体的税收优惠设计环节,《意见》并没有作出具体说明。包括采取的税优模式以及税优比例,在缴费阶段、投资阶段以及领取阶段的税优细节等,仍值得商榷。

从国际上来看,鼓励家庭参与养老金计划的核心在于税优政策。以美国为例,20世纪70年代,美国政府通过税优方案,将养老金缴费模式从税后积累(TEE)转向税延积累(EET)。在税优的激励下,美国家庭参与养老金计划的热情大增。从老龄金融发展的趋势看,中国未来可以从两方面入手优化个税递延:一方面,实施产品和账户的双重管理。个人养老金账户的编码和使用具有唯一性,通过密码进入个人账户,在全国建立统一的账户系统。产品管理需建立合格默认投资产品(QDIA)制度,以最大限度地规避市场风险、投资风险和道德风险,账户内进行交易和投资的只能是产品。通过备案的产品将列入产品目录清单予以公布,列入清单的产品为合格默认投资产品。另一方面,实现保险与投资的双重功能。个人养老账户兼有保险和投资两种功能。保险功能主要体现为可以购买保险产品,其特点是收益低但稳定性高,不能一次性领取,年金产品却可终生支付。具有兜底属性的保险,符合年龄偏大、收入有限和低风险偏好的群体。投资功能主要体现在基金产品上,其特征是收益率透明,高风险高收益,带有明显的市场进取性,适合年纪轻、风险承受力高的群体。

(三)养老产业金融实践探索:与资本市场互动,并纳入 ESG 投资理念

近年来,ESG 投资逐渐兴起。ESG 分别代表环境(Environmental)、社会(Social)和公司治理(Governance)。与其他类型的资金相比,养老金资产配置更加重视投资的安全性、长期投资能力和配置能力,这与 ESG 投资关注的问题非常契合。首先,养老金具有长期属性。养老金投资是典型的代际投资,要从长时间维度去考虑投资收益,ESG 投资的特征符合长期属性的要求。其次,养老金具有避险属性。因为资金量巨大,且承担数以百万计的社会家庭的托付,对于养老金机构而言,稳健的收益比高收益更有吸引力,ESG 投资的特征也符合该特点。最后,养老金具有公共属性。养老金受益人是社会公众,资金带有一定的公共属性。投资行为应符合主流价值取向,避免产生重大的社会、环境负面影响。综上所述,ESG 投资在养老金投资中具有良好的应用前景。

在人口老龄化的背景下,随着中国经济向绿色转型,实施碳达峰与碳中和战略,资本市场改革逐渐深入,金融基础设施建设日趋完善,中国有条件逐步将"责任投资"的理念贯穿于产品研发、投资管理、投资者教育的全链条,建立起适合中国 ESG

实际情况的养老金投资标准。未来,在政策导向和市场需求的双轮驱动之下,以环境、社会和治理为核心的 ESG 投资在中国将会迎来广阔发展空间。

四、中国老龄金融发展的主要挑战

(一)养老金体系的挑战

从理论上来说,理性消费者追求的是生命周期内平滑跨时消费的效用最大化,工作时的储蓄或投资为老年时所用,个人对养老问题的金融安排构成了老龄金融的微观经济学基础①。不同的金融体系中,养老金制度也不同:在英美等金融结构以直接融资市场为主导的国家,养老金供给更多地依赖私营养老金计划;而在日本和德国等金融结构以银行为主导的国家,人们更多地依靠公共养老金系统来获取养老收入。因此,以直接融资为主导的经济体,老龄金融往往发展得相对较好,同时,在养老金发展的过程中,也促进了金融市场自身的深化和发展。另外,以积累制为主的国家应对人口老龄化更加自如,以现收现付制为主的国家收支缺口较大。

随着人口老龄化程度不断加深,中国仅依靠基本养老保险,将逐渐无法充分满足退休人群的生活保障。数据显示,截至 2021 年末,中国 65 岁以上人口已突破两亿,人口老龄化比例为 14.2%。根据世界银行的建议,养老金替代率保持在 70%—80%可以保证劳动者退休后生活水平基本维持不变,60%的替代率只能保证基本的生活水平,55%则已经处于警戒线附近。中国基本养老保险替代率初始预期为 60%,但近年来,随着基本养老金替代率逐步下降,2021 年,基本养老金替代率仅为 45%,如今看来,仍低于 55%的国际警戒线水平②。中国养老体系"一支独大"的特征显著,三支柱发展并不平衡。截至 2021 年末,中国养老金总规模约为 14.04 万亿元,其中,第一、二、三支柱规模分别为 9.42 万亿元、4.40 万亿元和 0.22 万亿元。第一支柱占比约 67%,政府部门提供的基本养老金承担了较多国民养老的责任。

(二)养老服务与产业的挑战

当前,中国的养老服务与产业和资金供给之间缺乏高效匹配的纽带,面临的制约主要表现在以下两个方面。

一是养老服务体系资金来源渠道单一,融资供给渠道不畅,资金投入相对不足。

① Merton R C,"Life time portfolio selection under uncertainty:The continuous-time case",*Review of Economics and Statistics*,Vol.51,No.3(1969),pp.247−257.

② 巴曙松、李羽翔:《中国基本养老保险制度待遇水平测算及影响因素分析》,《现代财经(天津财经大学学报)》2017 年第 10 期。

在目前的养老服务业市场融资渠道中,政府性投资主体占据主导地位,社会投资主体的投资方向和投资领域单一,民间资本投资总体规模不足。政府投入的资金主要用于福利事业,扶持引导资金规模小。从经济学的角度来看,政府投资养老产业的必要性毋庸置疑,但应当看到,单纯依靠政府的一己之力,老龄产业发展可能面临不可持续的挑战。社会投资主体的投资领域主要是围绕老龄服务业和老龄房地产业展开的,以保险资金和商业银行资金为主,资本市场资金、信托资金等金融渠道的资金投入仍然较少。近年来,民间资本参与老龄产业发展很快,但总体上看,投入的积极性还不高,投资总额相对较小,服务产品不丰富。由于中国金融市场上与老龄金融相关的创新较少,客观上影响了养老产业的融资环境,养老企业通过直接融资渠道进行融资存在困难。市场化融资渠道缺失,仍然是养老产业融资供给量不足的主要原因之一。长远来看,随着养老产业的发展,应逐步减少政府财政投资的比重,加大引导社会资金投入的力度。

二是融资保障体系尚未建立。从宏观角度看,目前中国针对老龄产业的融资政策和制度还有待完善,特别是针对老龄产业的产业融资所需制度保障和政策环境尚未有效建立,无法为老龄产业的融资和发展提供足够支撑。从微观角度看,针对老龄产业融资的金融服务依然较为欠缺,证券、法律、财务等服务机构对老龄产业融资的参与程度有限,老龄产业融资服务短缺。

总体来看,我国现阶段养老金体系的平台化建设程度较低,投资与实际消费需求二者之间的互联互通机制有待进一步完善。提高养老金体系的制度吸引力,一方面需要大力发展第三支柱养老金体系,进一步利用金融手段优化资源配置;另一方面,从交易成本的角度看,进一步打通个人养老金从募集、投资到消费之间的互通机制,从场景化、平台化的角度围绕个人养老金制度探索特色金融服务,有助于降低养老金体系在运转过程中的交易成本。

第三节 中国老龄金融发展展望

根据服务对象的不同,本节从3个子领域——养老金金融、养老服务金融和养老产业金融提出了老龄金融发展总思路。这3个子领域,主要分别侧重于养老金资产管理、养老产品开发和养老产业投融资3个方向。在监管部门的积极推动下,各类金融机构广泛提供养老个人金融产品和服务并参与养老产业投融资,以银行、保险和基金为代表的众多金融机构纷纷加大养老领域规划与布局力度,但成熟的商业模式尚在摸索中。本节通过分析银行、保险和基金公司在老龄金融领域的布局现状，提出未来的改进措施。

一、中国老龄金融发展总体思路

从中国养老金金融方面看，一是需要通过政府、单位和个人的多方责任共担机制，建立起多支柱、风险分散的可持续养老金制度体系，以应对人口老龄化挑战。二是通过市场化投资运营实现基金积累十分重要，由此，养老金资产管理也是养老金金融的重要内容。

从中国养老服务金融方面看，一是需要金融机构针对养老资产储备需求开发专业化养老金融产品和服务，如养老理财、商业养老保险、养老投资基金，以及养老财务规划、养老投资顾问等。二是需要金融机构针对老年人消费需求，提供针对性强的金融服务，比如住房反向抵押贷款/保险、老年财产信托等。

从中国养老产业金融方面看，一是需要通过各类金融手段支持老龄产业发展。具体包括：支持老龄产业的市场化融资手段，比如养老产业机构发行债券、上市、并购等；支持老龄产业的政策性融资手段，比如政策性金融债、政府贴息贷款等。二是养老产业在实现经济效益的同时，还需注重社会效益，例如引入 ESG 投资等。

二、中国养老金金融发展展望

人口老龄化对金融体系和金融市场可能产生深远影响。一方面，中国的经济金融政策需要从人口结构角度提前预判未来金融市场风险厌恶的转变，合理把握老年人群风险偏好以调整投资组合。另一方面，金融机构需要考虑老年人的风险承受能力和退休收入来源，开发针对老年人的金融产品。老龄金融产品期限较长、资产结构较复杂，普通投资者不容易作出最优投资决策。以美国的 401k 计划和 IRAs 账户为例，这些计划均赋予美国的投资者进行资产配置的权利，但部分投资者缺乏投资理财经验，选择投资顾问作为投资管理的主要决策来源。

养老金融是指围绕全体社会成员养老的相关投资、理财、消费及其他衍生需求开展的金融活动，包括但不局限于养老储蓄、商业养老理财、商业养老保险等产品。中国发展养老金融产品时，需要充分考虑客户的养老需求，按照生命周期特征，形成相应的财富规划模型和产品组合。当前公众的整体金融素养还有待提升，对养老金融产品的认识还需要深化，因此，需要对金融机构的养老金融业务组织实施、管理机制、费用政策、投资者教育等方面提出基本要求，进一步提升养老金融产品的合规性、长期性以及普惠性。

三、中国养老服务金融发展展望

从趋势看,中国下一步发展养老服务金融的关键之一在于发展社区老年金融服务。社区老年金融服务是指以信息技术为支撑,依托社区资源和专业化的金融机构,为社区中的老年群体提供专业化、人性化的金融服务。社区老年金融服务对于满足老年人基本生活之外的个性化、深层次需求,帮助老年人进行资金管理,为老年人提供金融产品,实现资产保值增值,提高老年人的生活保障能力和生活质量等,具有重要作用。

考虑到老年人金融服务需求的特殊性,老龄金融产品的首要原则就是安全性,其次是收益性和便利性。未来倡导金融设备、金融知识、金融服务进社区,探索社区金融服务新方式,将金融服务送到老百姓家中,创新与社区养老相适应的金融支持手段。探索采用政府与社会资本合作(PPP)、财政补贴、股权投资、产业基金等多种融资手段,发展社区老年金融服务。社区老年金融服务应包含3个层次的内容:宏观上全面覆盖,包括社区金融机构网点、自助设备、网络银行等先进硬件设施建设,提高金融服务的可得性;微观上彰显人性化服务,通过普及金融知识、进行适老化改造、增设老年客户服务专区、开辟绿色通道等多种方式,为老年客户营造便捷、安全、舒适的服务环境,开发设计老年金融产品,并配以优质的服务;适应现代社会发展趋势,主动运用互联网、物联网等信息技术手段,推进智慧社区建设,打造集团化、智能化的社区服务网络,满足老年人多元化的新型金融服务需求。

四、中国养老服务产业金融发展展望

为了适应中国人口老龄化的现实,中国需要大力发展养老服务产业金融。一方面,拓宽养老服务产业的融资渠道。财政投入、个人投资、银行贷款以及产业投资基金、债券融资、风险投资、信托投资等,都可以成为养老服务产业的融资渠道。由于部分地区养老服务体系的发展不太完善,金融机构为养老服务产业提供金融支持的意愿不高,这就要求政策性金融机构在养老产业发展中充当更重要的角色。另一方面,着力建设比较完善的金融支持体系。这不仅需要政府的支持,更需要完善的金融市场环境作保障。从目前看,中国金融市场体系中针对养老服务产业金融支持的政策和制度还有一些不足,难以为养老服务产业发展提供足够的支持。

在老龄金融的发展中,通过市场化的投融资手段支持养老机构,可以促进直接融资的发展,并相应实现资源优化配置和效率提高。部分地方考虑成立养老产业投资基金,既可以弥补金融机构从事公益性养老产业的动力不足,也能弥补政府财政资金融资能力不足和管理效率方面的制约。运行良好的养老产业投资基金可以发挥市场的主导作用,推动建成多元化、可持续的资金保障机制,引导社会资金参与养老产业建设,有助于发展开放的老龄金融融资体系。

五、金融机构对老龄金融的探索和展望

老龄金融的市场化进程加快,机构竞争激烈,涵盖银行、保险、基金、证券、信托、私募股权基金公司等。在监管部门的积极推动下,各类金融机构广泛提供养老个人金融产品和服务,满足养老财富管理(如养老目标基金、专属商业养老保险)、消费融资(如农户养老贷、以房养老、住房反向抵押保险)、风险保障(如商业护理险、老年防癌险等老年人专属保险)、财富传承(如家族信托、家庭信托)等多元需求。

近年来,保险公司抢先发力老龄金融市场。险企作为商业保险的开发、设计和提供者,专业精算技术和风险管理能力卓然。在养老问题上,围绕长寿风险、健康风险的风险管理和精算厘定,正是保险行业相比其他金融行业的优势所在。险企主要根据自身的风险偏好,结合市场需要,设计诸如年金保险、健康保险、长期护理保险、失能保险、终身寿险等产品,为有需求的客户提供多样化保障方案。展望未来,各家保险公司可以通过整合人身保险、另类投资等板块,以养老社区为触点,发挥医养结合优势,打通"金融+实体""保险+服务",形成集投资、保险、医疗、养老于一体的紧密型养老生态全链条。

近年来,商业银行重点拓展老龄金融,主要包括社保存款、受托、账管、托管等养老金服务,采取两大典型业务模式:一是中国银行等多数商业银行在行内设立独立的职能部门,其中部分商业银行和旗下基金公司合作实现养老金全牌照经营;二是个别银行试点成立专门的养老金管理公司,此类公司和养老保险公司相同,具备年金受托、账管、投管和发行养老保障管理产品的业务资格。为顺应资管新规要求,未来建议商业银行建立注重长期收益与风险考量的产品体系,通过适度加强波动率,提高中长期限资管产品收益水平,增强产品吸引力。商业银行可根据不同阶段的风险偏好、财富积累、收入现金流等特征,形成不同年龄客群的差异化、系统化产品组合;借鉴海外经验,研究采取住房租赁、贷款分期、保险等形式盘活老年客户资产,提高支付能力;创新引进痴呆险、商业护理险、家庭信托等,满足财富传承和风险保障需求;探索以家庭为单位的产品服务和财富规划,由"个人养老"金融服务转变为"家庭养老"金

融服务。

养老目标基金公司是重要的布局方向。养老目标基金是以追求养老资产的长期稳健增值为目标,鼓励投资者长期持有,采用成熟的资产配置策略,合理控制投资组合波动风险的公开募集证券投资基金。与普通的基金直接投资"一篮子"股票或债券不同,养老目标基金投资的是"一篮子"基金,即基金中基金(Fund of Funds)的形式运作,目的在于优化资产配置、减小投资风险。2020年,我国共发行了159只养老目标基金,规模超过1150亿元。未来,基金公司在智能投资顾问方面的投入,将会有助于提高养老金投资回报。2019年10月,中国证监会下发《关于做好公开募集证券投资基金投资顾问业务试点工作的通知》,公募基金投资顾问业务试点正式落地。这意味着针对智能投资顾问的改革正在进行,未来基于人工智能和大数据技术的智能投顾将有望成为国内投顾市场的中坚力量。老年群体对资产配置安全性和流动性的要求高于收益性,智能投顾可以根据老年群体的特征和投资需求提供个性化资产配置服务,并且能简化使用流程,提高老年群体的投资效率。

第十三章　构建老龄科技创新体系*

　　科技支撑是社会治理体系的重要组成部分,科技支撑社会治理体系建设是实现国家治理能力和治理体系现代化的基本要求。在"互联网+"的时代背景下,智慧养老、科技助老使养老服务信息化。打造更多快捷、高效、便利的老龄科技产品,可以有效助力数字经济发展。然而,伴随着信息技术快速迭代、对社会生活的嵌入程度越来越深,相较于年轻群体而言,老年人在使用信息科技方面正逐步脱节,"如何应对'数字鸿沟'"成了老龄化社会需要重点关注的难题。因此,着眼于科技创新和产品支撑有待加强的问题,有必要加快构建和完善老龄科技创新体系,构筑全龄友好、人人参与的信息无障碍设施,实现以人为本的数字包容,进而助力积极老龄化、健康老龄化和成功老龄化美好愿景的实现。

　　本章以老龄社会的发展规律、人口老龄化的发展现状与发展趋势为研究背景,系统论述老龄科技创新体系实施过程及研究趋势,为科技化养老服务实践提供理论框架,并提出适合中国人口老龄化国情和老龄社会治理特色的老龄科技创新体系政策建议。在智慧养老背景下构建老龄科技创新体系,可以在"互联网+"养老服务智能化建设基础上,解决"互联网+"养老服务智能化建设研究问题,对"互联网+"养老服务智能研究进行前瞻管理和逻辑支持,进而参与积极应对人口老龄化国家战略的创新实践。

---

　　*　本章作者:陈功,北京大学人口研究所所长、北京大学中国老龄事业发展研究中心主任、教授;刘岚,北京大学中国老龄事业发展研究中心副主任、副教授。本章是基于研究诠释党的十九届四中全会精神国家社科基金重大项目"中国特色养老服务体系建设研究"(20ZDA076)的研究成果。项目团队成员包括李玥、索浩宇和张承蒙等人。

第一节　构建老龄科技创新体系的背景及意义

自人类社会开始注意到人口老龄化带来的挑战之后,关于科技如何赋能老年人的研究和实践就成为学术界的热点。1982年,联合国第一次世界老龄大会明确指出:"通过增强国际技术合作,特别是增强发展中国家相互间的技术合作,来解决人口老龄化衍生的社会问题。"通过相关产品研发和应用,可以实现从需求到产品的商品化,有助于改善老年人的社会福祉,使老年人获得更优质的产品和服务。在理清相关概念的基础上,把握我国老龄科技创新的政策走向,有助于从时空视角把握我国老龄科技创新的发展脉络,更好地理解老龄科技创新体系实施过程,并为面向未来的老龄科技创新提出参考。

一、构建老龄科技创新体系的相关理念

科技创新从本质上讲提升了生产和沟通的效率,改变了社会信息的传输方式,实现了人的解放。尤其是以物联网、大数据、云计算、人工智能为代表的现代信息科技,极大提升了社会治理整体能力,为有效处理复杂的社会治理问题提供了新的有力手段。借助科技促进治理力量精准配置,把更多新技术应用于社会治理之中,让广大人民群众享受到科技进步带来的便利,有助于满足人民对美好生活的向往。当今是一个信息技术飞速发展的时代,人口老龄化趋势面临的挑战与机遇并存①。积极应对人口老龄化的一项重要策略,就是充分发挥科技创新和前沿信息技术的作用,在消除"数字鸿沟"的同时,使老年人共享科技创新带来的发展成果。欧美学者较早意识到科技创新对老年人群福祉的影响。自1991年荷兰埃因霍芬第一届国际老年福祉科技会议提出"老龄福祉科技"(Gerontechnology)的概念后,技术如何促进老年福祉就逐渐受到了全球的关注②。台湾元智大学教授徐业良是第一个将"Gerontechnology"引入中华文化圈并加以推广实践的学者,他在2003年创立台湾元智大学老人福祉科技研究中心,并将"Gerontechnology"定义为"老人福祉科技:设计科技与环境,使高龄者能够健康、舒适、安全地独立生活并参与社会"③。随后,这一概念逐步扩展延伸。就老年人与科技的结合,根据应用、功能和目标的不同,出现了"乐龄科技""智慧养

---

① 陈虹霖、吴晓薇:《适老化科技的社会工作回应》,《社会工作》2019年第1期。
② 吴菲菲等:《老年人口流动对福祉技术创新需求的分析》,《科技管理研究》2019年第22期。
③ 徐业良:《智慧科技在长者照护应用的发展与创新》,《国土及公共治理季刊》2020年第1期。

老""老龄化科技""科技适老""科技银龄经济"等不同的概念。结合老龄科技的概念,从科技创新的视角来讲,可以认为"老龄科技创新"是信息技术社会背景下同老龄科技相关的新知识、新技术和新工艺的开发与创新,包含了面向老年人的科技产品研发和生产相关各环节。

老龄科技创新体系中的研发环节,大多基于高校开展。美国麻省理工学院着眼于老龄化社会的到来,于1999年设立老龄实验室,旨在产生新想法并将技术创造性地转化为实用的解决方案,以改善人们的健康并使他们能够在整个生命周期中做事。麻省理工学院老龄实验室是一个多学科研究平台,与企业、政府和非政府组织合作,以提高老年人和照顾者的生活质量为目标,倡导以消费者为中心的系统思维来了解老龄化社会生活方式的挑战和机遇,进而促进老年人福祉。麻省理工学院老龄实验室与金融服务公司、银行和保险公司合作,探索人们如何思考整个生命周期中尤其是晚年的需求,并采取行动为"明天的生活"做计划。麻省理工学院老龄实验室还引领了世界范围内人工智能、无人驾驶等前沿技术的进展,将先进的计算机科技与人类为中心的驾驶员行为感知相融合,致力于提升道路安全性并拓展适用于各年龄段的移动出行方案。麻省理工学院老龄实验室等世界知名高校的前期探索,是老龄科技创新的一个缩影,很多与老龄相关的产品和技术就诞生于这些实验室中,并很快投向市场,给老年人乃至全龄人群提供便利,改善人们的生活。这种社会需求—高校研究—企业生产的老龄科技创新模式,已成为老龄科技创新的通用范式。科研院校的研发实力搭配企业的商业化运作能力,使得老龄产业能够蓬勃发展。

近年来,中国一些高校也开展了相关探索。北京大学成功老龄化社会创新实验室、中国人民大学老龄体验中心、合肥工业大学老人福祉科技实验室等一批实验室、研究中心,纷纷开展一系列老龄科技创新教育工作。北京大学成功老龄化社会创新实验室是北京大学人口研究所为推动中国老龄产业和老龄社会建设发展而搭建的集成平台,通过老龄生命体验、老龄产品展示和产品创意孵化等一系列内容,启发中国健康与养老服务的新发展;依托线上、线下的互动平台,通过对海量老龄产品和服务需求数据的收集与分析,为老龄产品、服务和产业布局提供建议,挖掘和开拓中国老龄市场消费需求,助力相关产品的研发;通过促进现代社会家庭内部的代际交流和老龄群体的社会互动与互助,以中华优秀文化价值导向,推动社会治理格局创新。目前,北京大学成功老龄化社会创新实验室依托民政部政策理论研究基地,已经与中国银行、北京健康养老集团有限公司(诚和敬驿站养老服务有限公司)、深业健康产业投资运营(深圳)有限公司、中国北京国际老年产业博览会等建立合作关系,推动这一领域的政、产、学、研、用五位一体发展。北京大学相关教师依托成功老龄化社会创新实验室,开设辅助器具与福祉科技等硕士研究生课程,短短 5 年间,就已孵化了 120 余件产品创意,其中有 1 件作品获发明专利授权、6 件作品入选北京大学首届数字人文作品展,更有 3 件产品/方法参与到全球性的老龄健康相关学术研讨会进行海报展示,取得了较好的育人业绩。

面向老年人群的科技创新,其核心价值体现在老年人需求的满足上。老龄科技可以促进老年人的社会交往、丰富老年人的社会资本,还有助于老年人发挥自己的价值。受限于体力的衰退,很多人进入老年期以后面临着诸多障碍,而老龄科技中很大一部分技术创新是针对老年人功能丧失而进行的设计研发。在满足老年人一般需求之外,老龄科技还可以基于大数据优势,识别老年人深层次的需求。中国人民大学信息学院教授左美云长期关注信息技术在养老服务领域的贡献。他担任学术委员会主任的中国老年学和老年医学学会智慧医养分会会刊《智慧医养动态》(内部刊物),一直跟进各类智慧医养、老年照护软硬件的开发和应用,其中介绍了湖南省"5G 智慧健康养老"模式、四川省自贡市第五人民医院"智慧医养进社区"、情感陪护机器人等新业态。湖南省卫健委利用 5G、互联网等新一代信息技术开发出健康老龄平台,通过研发适合于老年人使用的移动端和电视端应用、配备老年人摔倒报警系统、编制老年人常见疾病的规范化宣传手册等,仅一个镇级医养中心,就可以让周边 1.1 万多名老人就近得到专业化的医疗服务和实时健康监控①。情感陪护机器人的主要目的则是满足老年人的心理诉求,消除他们的孤独感,对于减缓因老年人增龄造成的社会交往能力下降有重要意义,在家庭养老功能日益弱化的当下,已经成为许多子女照顾父母的心仪选择。

面向老年人群的科技创新不仅能够给老年人带来福祉,也能够对科学技术本身的发展提供帮助。科学技术的再生产需要经历一个知识—创新—应用的循环过程,老龄科技的发展也是科技创新发展与变革的一部分,尤其是信息无障碍服务技术和兼容性技术,极大提升了全人群使用的便利性。"数字鸿沟"问题成为近年来社会的焦点议题,面对数以亿计的老年人使用智能化应用问题,通常采用改善应用的适老化、包容性设计、开展面向老年人的技术使用培训、为老年人使用前沿信息科技时提供指导帮助等策略。适老化(包括老年用户使用支持)不仅仅关系到老年用户使用

---

① 曹敏:《湖南长沙:基于 5G 智慧健康养老平台上线——科技赋能"老有所养"》,《智慧医养研究动态》(内部刊物)2021 年第 94 期。

数字化服务方便生活和提升自身福祉的问题,还关系到老龄数字社会有效治理和充分利用老年人力资源的问题。从多个角度看,面向老年人的科技创新,带有公共服务的色彩,需要政府引导的、多方面的参与和协作。从这一视角来讲,老龄科技创新对全人类共享技术发展成果、实现联合国可持续发展目标等具有非凡的意义。

二、国家老龄科技创新的政策取向

党的十八大以来,我国着眼于人口老龄化日益加快的趋势,较早布局老龄科技创新领域,以政策支撑这一领域的发展。从现有的部分老龄科技相关政策中,我们可以发现促进这一领域发展的政策导向(见表13-1)。

(一)从技术研发到产品适老

党的十八大以来,前期的政策文本比较关注老龄科技带来的新变化,强调"开发新业态""开发和应用新产品",旨在通过新产品研发来满足部分老年人的特殊需求。近3年来的政策文本逐渐强调消除老年人在使用科技产品时的阻碍,不断推动现有的信息技术产品进行适老化改造,致力于推动多方力量搭建一个"老龄友好的无障碍信息环境",将现有信息技术产品也视作老年人应当享有的一部分成果,优化供给以实现老龄科技产品的良好布局。

(二)从技术赋能走向全面普惠

近年来的政策文本,价值取向逐渐从"鼓励研发功能型老龄产品"转向鼓励"普惠型产品"。科技创新通常面临着投入大、见效周期长等问题,面向老年人群进行的科技创新更是如此。随着老龄科技的迅速发展,近年来,老龄科技创新的政策激励已经不再拘泥于某一类、某些领域,而是朝向科技创新的全产业链、全局发展。政策关注的重点,也从功能补偿转变到与技术培训、消除"数字鸿沟"问题有关的领域。

表13-1　党的十八大以来部分老龄科技相关政策文本统计

序号	政策名称	发文单位	年份	内容
1	国务院办公厅关于全面放开养老服务市场提升养老服务质量的若干意见	国务院办公厅	2016年12月	发展智慧养老服务新业态,开发和运用智能硬件,推动移动互联网、云计算、物联网、大数据等与养老服务业结合,创新居家养老服务模式。
2	国务院关于进一步扩大和升级信息消费持续释放内需潜力的指导意见	国务院	2017年8月	支持企业推广面向低收入人群的经济适用的智能手机、数字电视等信息终端设备,开发面向老年人的健康管理类智能可穿戴设备。

续表

序号	政策名称	发文单位	年份	内容
3	国务院办公厅关于推进养老服务发展的意见	国务院办公厅	2019 年 3 月	持续推动智慧健康养老产业发展,拓展信息技术在养老领域的应用,制定智慧健康养老产品及服务推广目录,开展智慧健康养老应用试点示范。 促进人工智能、物联网、云计算、大数据等新一代信息技术和智能硬件等产品在养老服务领域深度应用。
4	国务院办公厅关于促进养老托育服务健康发展的意见	国务院办公厅	2020 年 12 月	发展"互联网+养老服务",充分考虑老年群体使用感受,研究开发适老化智能产品。
5	中华人民共和国国民经济和社会发展第十四个五年规划和 2035 年远景目标纲要	全国人大	2021 年 3 月	加快信息无障碍建设,帮助老年人、残疾人等共享数字生活。
6	国务院办公厅关于服务"六稳""六保"进一步做好"放管服"改革有关工作的意见	国务院办公厅	2021 年 4 月	坚持传统服务方式与智能化服务创新并行,切实解决老年人等特殊群体在运用智能技术方面遇到的突出困难。
7	国务院关于印发全民科学素质行动规划纲要（2021—2035 年）的通知	国务院	2021 年 6 月	以提升信息素养和健康素养为重点,提高老年人适应社会发展的能力。
8	国务院关于印发"十四五"数字经济发展规划的通知	国务院	2021 年 12 月	在基础设施智能升级过程中,充分满足老年人等群体的特殊需求,打造智慧共享、和睦共治的新型数字生活。 制定实施数字技能提升专项培训计划,提高老年人、残障人士等运用数字技术的能力,切实解决老年人、残障人士面临的困难。
9	国务院办公厅关于印发"十四五"城乡社区服务体系建设规划的通知	国务院办公厅	2021 年 12 月	充分考虑老年人、残疾人的习惯和特点,推动互联网应用适老化及无障碍改造。
10	国务院关于印发"十四五"国家老龄事业发展和养老服务体系规划的通知	国务院	2021 年 12 月	老年用品制造业和服务业加快转型升级,科技化水平显著提升,教育培训、文化娱乐、健康养生、旅居养老等融合发展的新业态不断涌现。

第二节　我国老龄科技创新体系的政策依托与实践发展

由于我国老龄科技创新体系还不完善,尚处于发展的早期阶段,对政策有较强的依赖性,在梳理相关政策重点内容的基础上,回顾我国的老龄科技创新实践进展,对理解政策、勾勒未来老龄科技创新体系蓝图大有裨益。本节先对近年来的重点政策进行回顾和分析,并论述我国老龄科技的五大实践方向及重点案例,为下一步梳理我国老龄科技创新体系的困难与挑战打下基础。

一、养老服务科技创新领域的政策重点

2019 年,《积极应对人口老龄化中长期规划》提出:"要强化应对人口老龄化的科技创新能力",把技术创新作为积极应对人口老龄化的第一动力和战略支撑。3 年来,中央和国家有关主管部门累计出台 20 余项养老服务政策,提到或包含与养老服务科技支撑相关的文本内容,从顶层设计的角度持续推动老龄科技创新体系建设。从政策出台的时间上看,2019 年有 4 部、2020 年有 6 部、2021 年有 7 部文件包含老龄科技的内容,呈逐年递增趋势。从政策效力的级别上看,党中央、国务院出台的规范性文件有 6 部,部门规范性文件有 7 部,部门工作文件有 6 部,"十四五"规划 1 部。内容包含加快"互联网+养老服务"发展,推进智慧健康养老产品、服务建设,发展"互联网+老年健康"服务,推动医疗、健康服务数据共享,加快推进适老化改造和信息无障碍建设,破解"数字鸿沟"便利老年人运用智能科技,以及发展养老服务机器人等。

2021 年 12 月印发的《中共中央、国务院关于加强新时代老龄工作的意见》和《"十四五"国家老龄事业发展和养老服务体系规划》,对"十四五"以及中长期我国养老服务科技支撑的发展进行了顶层部署,以老龄领域科技创新、"互联网+养老服务"、"互联网+照护服务"、"智慧助老"以及产品应用与适老化升级等为主要发展方向。《"十四五"国家老龄事业发展和养老服务体系规划》明确指出,要"促进老年用品科技化、智能化升级",并且提出了"十四五"期间"围绕老年人衣食住行、康复护理的老年用品产业不断壮大,科技创新能力明显增强,智能化产品和服务惠及更多老年人"的发展目标。2021 年 10 月,工信部联合相关部门出台《智慧健康养老产业发展行动计划(2021—2025 年)》,对智慧健康与养老领域场景建设、数据开发与应用进行了详细部署。我国养老服务科技支撑领域迎来较好的政策机遇期,又恰逢供给转型、需求升级的战略机遇期,养老服务科技创新体系不断健全,供给能力有一定程度提升,为不断满足老年人美好生活需要提供了科技支撑保障。《"十四五"健康老龄化规划》也明确提出,要"促进健康老龄化的科技和产业发展",在 2025 年实现"老年健康保障机制不断增强,科技和信息化支撑能力明显提升"。

以上政策重点内容,提供了一个老龄科技创新的发展框架,同时也反映了在老龄科技创新发展不成熟、不充分、不平衡的当下,有限的研发和产品转化资源应该配置

的重点领域及方向。政策重点内容的设置,以及后续实证案例的解读,共同描绘了一条科学化、合理化的中国特色老龄科技创新体系发展道路,即在面向全龄友好的同时,通过无障碍和适老化为重点、照护服务和健康服务为优先布局方向的老龄科技研发与应用体系,解决目前全社会需求供给矛盾最突出的方面。

二、我国老龄科技创新的实践发展

科技支撑促进养老服务从"碎片化"走向"整体性"治理①,依托科技手段,养老服务资源得到进一步整合,养老服务需求识别、筛查、匹配的精准度得到实质性提升,基于社区居家机构一体化的养老服务供需配对和多样化需求满足实现了一定程度突破,主要体现在以下方面。

(一)着力破解老年人的"数字鸿沟"问题

首先,在解决老年人运用智能技术的困难方面,政府出台《关于切实解决老年人运用智能技术困难的实施方案》,助推老年人共享便捷、幸福的生活。其次,开展老年人智能技术教育,进一步解决好老年人使用固定及移动数字设备的动机和障碍、老年人学习信息技术的技巧和程序等问题,帮助老年人积极融入数字化社会。最后,运用互联网技术对传统的养老机构进行升级改造,为养老机构赋能增效,实现养老机构的信息化运作、养老设备的适老化改造和养老服务的智能化供给,最终实现老年人智慧化养老②。

典型案例:新冠疫情期间,各地上线"健康宝""防疫行程码"等配合大数据进行精准防控,但也使无法使用智能手机的老年人遇到了"数字鸿沟"。北京通过 AI 赋能"健康宝"应用,在智能终端增加证件读取功能,帮助使用智能技术不便的老年人,通过刷卡实现一次性完成健康状态查询、来访登记、体温测量等功能③。

(二)推动信息无障碍建设

首先,对互联网网站和手机 App 进行适老化改造,对字体、页面布局等进一步优化以适应老年群体的使用习惯。其次,建立信息无障碍建设立法保障体系,政府出台《无障碍环境建设"十四五"实施方案》、修订老年人权益保障法,保障老年人对信息的无障碍需求。最后,政府与市场和社会力量联动,共同推动乐龄科技发展,实现以

①　孙计领等:《社会治理视角下科技发展支撑养老服务的理论思考》,《人口与发展》2022 年第 1 期。
②　刘庆:《智慧赋能:"互联网+养老"的现实经验和未来向度》,《决策与信息》2022 年第 4 期。
③　《北京"健康宝"AI 赋能生活场景,老年人出行更方便 412 处公共场所实现刷卡验码》,《北京城市副中心报》2021 年 11 月 9 日,见 http://www.bjtzh.gov.cn/bjtz/c202111092/202111/1497479.shtml。

人为本的数字包容。

典型案例:上海启动"数字伙伴计划"探索互联网适老化和无障碍升级,在互联网应用改造、数字化培训等方面,致力于弥合老年群体面临的"数字鸿沟"。重点建设"为老服务一键通"应用场景,针对养老高频急难场景,开发老年人一键预约就医、叫车出行、紧急救援等功能,实现老年人通过常见设备,比如电话、电视、自助服务机享受数字化服务,建设老年人信息无障碍体系。同时,在上海全市积极开展线上线下培训,以信息助力员与老年数字体验官结伴学习的形式,深入社区听取老年人关于信息适老化改造的建议,并为之提供数字化培训与帮办服务①。

(三)加快推动"互联网+养老服务"

首先,增加家庭养老床位,提供"互联网+养老服务"供给。其次,丰富"智慧养老"的运用场景,如开设智慧助老餐厅,依托信息技术提供面向社区养老助餐场景的便捷订餐送餐、刷卡支付等服务;建设智慧养老院,通过智慧产品和信息化系统,提高养老机构的管理运营效率。最后,构建养老服务信息化系统,整合所辖地周边的养老服务资源进行精准服务匹配,形成"线上+线下"的居家养老模式。

典型案例:武汉积极探索"互联网+居家养老"融合模式,依托互联网技术搭建居家养老信息化平台,以中心辐射、社区嵌入以及统分结合的形式建设养老服务站点,搭建平台形成养老服务网络,上门提供为老服务②。北京市诚和敬康养集团探索搭建智慧养老产业链,研发"诚和美美"智慧微型中央厨房,推出了"机器人生产+个性营养配餐"创新方案,积极探索智慧养老的发展方向和标准化建设要求③。

(四)创新性探索时间银行互助养老服务供给

北京大学人口研究所时间银行研究团队的研究指出,当前,我国至少有300家时间银行机构,主要分布在东部、南部沿海地区以及中部地区的省会城市。时间银行呈现政府主导的特征和趋势,"互助养老"是我国时间银行本土化过程中呈现出的主要功能。目前,北京市、上海市、河北省、海南省、南京市、青岛市等地已出台了相关实施方案,在全域范围内推广基于信息技术的时间银行互助养老模式④。从实践发展上

① 新华网:《上海启动"数字伙伴计划"助老年人跨越数字鸿沟》,2021年7月21日,见 http://m.xinhuanet.com/2021-07/21/c_1127679214.htm。
② 湖北省政府网站:《武汉市民政局:虚实互通家院互融创新"互联网+居家养老"新模式》,2019年2月24日,见 https://www.hubei.gov.cn/zhuanti/2019/2019mzgz/2019cxld/201902/t20190224_1616727.shtml。
③ 养老头条:《诚和敬饭美美联合打造中央厨房》,2018年9月18日,见 https://www.sohu.com/a/254594867_100085398。
④ 陈功:《"时间银行"助力构建老龄社会治理新格局》,《国家治理》2021年第39期;转引自北京大学、中国红十字基金会:《中国时间银行发展研究报告》,2021年9月22日。

看,网站、微信及各类 App 等网络信息平台在时间银行实践中的应用取代了以往单纯的纸质记录方式,志愿者招募、登记注册、服务宣传的开展更加便利。

典型案例:中国银行等大型央企、国企布局养老服务。中国银行开设时间银行互助公益平台,搭建了时间银行信息化管理和运营系统并向社会免费开放,运用大数据、区块链技术进行服务时间记录和供需精准匹配。该平台已在全国 23 个省市进行布局,且与北京大学等高校进行产学研合作,对时间银行基础设施的普及起到了较好作用。此外,阿里巴巴、腾讯集团等大型互联网企业也纷纷探索建立时间银行公益平台,推动了时间银行信息化建设。

(五)促进发展老龄科技产品提质升级

首先,国家通过政策扶持和市场推动的方式,大力推广智能穿戴设备。其次,发展养老监护智能产品[1]。例如,建立 SOS 报警系统,通过安装 SOS 呼叫跌倒与报警定位装置,保障老年人的安全。运用摄像头、毫米波雷达、红外传感器等智能产品赋能老年人能力评估,提供智慧化老年人能力评估服务。

典型案例:江苏积极探索以信息技术为依托的智慧养老服务与产品,建设智慧养老管理服务中心。一旦突发紧急状况,老人或监护人按下报警键,呼叫中心即可获取老人的信息,在远程指导施救的同时,与 120 救护车以及离老人最近的社区工作者取得联系。此外,实现动态监测老人健康状况,最大限度缩短老人急救时间,避免因就医不及时导致悲剧发生[2]。

第三节 老龄科技创新体系建设的
国际经验与启示

西方发达国家较早进入人口老龄化社会,在应对老龄社会议题方面有着成熟的经验。特别是随着信息技术等新一轮工业革命的蓬勃发展,相关国家在老龄科技产品和服务的研发以及应用等方面取得了一定成效。本节选取美国、日本、德国、澳大利亚和英国等 5 个国家,对其老龄科技创新与实践应用的重点特色进行梳理。研究团队认为,我国应当充分吸收借鉴相关国家在政府主导和监管等方面发挥的作用,发

---

[1] 青连斌:《"互联网+"养老服务:主要模式、核心优势与发展思路》,《社会保障评论》2021 年第 5 期。

[2] 《江苏:科技赋能 让养老服务更智慧》,《新华日报》2022 年 3 月 18 日,见 http://www.mca.gov.cn/article/xw/mtbd/202203/20220300040673.shtml。

挥后发优势,加大科技创新投入,推动智慧养老产业发展。

一、构建老龄科技创新体系的国外实践与经验

(一)美国老龄科技创新体系的实践及经验

美国是世界各国中率先开展人口老龄化相关技术研发的国家,很多高新科技产品始发于美国,美国政府出台的政策也成为养老服务产业发展的坚实后盾。为适应老龄化带来的社会问题,美国在智慧养老领域开拓了诸多模式。

美国主要采取市场化、多元竞争的养老方式,通过企业之间的良性竞争,促进对涉老科技、产品及服务的开发和应用。政府通过建立统一的服务平台,在监管和政策保障方面对企业给予一定的支持。在涉老科技产品及服务发展方面,远程医疗与养老社区成为以市场力量为主、发展涉老科技产品和服务的主要代表。

美国的 PACE(Program of All-inclusive Care for the Elderly)称为综合性老人健康护理计划,依靠自身强大的科技力量,将智能化运用到养老服务中,建立高效的信息管理系统,利用云计算、大数据分析等科学技术方式分析老年人的健康数据,为医务工作者及时作出合理的诊断提供依据。

(二)日本老龄科技创新体系的实践及经验

日本是人口老龄化水平发展快速的国家之一,在应对人口老龄化问题方面出台了大量的政策,如发展法律法规、老年就业政策等。另外,日本不断推进创新,把科技应用到健康医疗领域,在健康、适老等方面采用了一些处于全球领先水平的新技术产品。

日本政府从 2013 年开始大力支持和鼓励先进科技产品的创新与研发,旨在通过先进的机器人技术缓解老年人口数量快速增长带来的压力。相关企业积极研发智慧养老产品特别是护理机器人,如搬运机器人、自动排泄智能装置、步行助力机器人、健康监测设备等,很多有效应用于养老服务中的机器人的生产技术处于世界领先水平。

在适老化环境方面,充分利用现代科技提高老年人的生活质量,在智能家居设计上累积了大量的成功经验,以适应老年人的生活习惯[①]。在智能房屋设计方面,日本也注重以老年人的需求为本,通过采用各种电子传感设备主动调整窗户、空气、光线等,为老年人创造安全、方便、健康的家庭氛围。

(三)德国老龄科技创新体系的实践及经验

德国是人口老龄化现象比较严重的国家。在应对人口老龄化问题方面,德国积

---

① 韩振秋:《日本科技创新应对人口老龄化经验借鉴》,《科技管理研究》2021 年第 4 期。

极面对自身的老年人口问题,大力发展智能科技和健康养老产业,通过高科技手段解决日趋严重的人口老龄化问题,并且在很多方面取得了显著成果。

德国计划到 2050 年前,提供全智能家居服务,使更多家庭有更智能的家居设备。德国智能家居的发展,为人们的生活提供了很大便利。通过智慧城市和智慧家居设备的建设,德国在很大程度上缓解了人口老龄化带来的问题和压力,为老年人提供了更加便捷的服务。

德国在高科技方面的创新和发明,以及智能家居计划的实施、智能产品的创新研发和使用,很大程度上解决了很多瘫痪老年人、残疾老年人的生活照料问题。这些措施的实施,真正实现了利用科技手段助老,让很多患有疾病的老年人的日常生活在科技手段下变得更加便捷和舒适。这也是今后我国智慧养老服务产业发展的方向,通过科技助老,创造老年人晚年的舒适生活。

(四)澳大利亚老龄科技创新体系的实践及经验

澳大利亚政府主要提供相关政策和资金支持,企业主要进行智慧养老服务供给和产品研发。澳大利亚联邦政府推行了一项"黄金机遇计划",为老年人提供日常生活护理服务。在企业研发方面,澳大利亚的养老机构逐渐开始使用智慧养老设备和机器人。例如,澳大利亚蓝宝石集团开发了照护信息系统,使机构照护服务信息化。在智能医疗方面,开发临床支持设备、心脏康复设备、呼吸道通气设备等,为老年人提供精确度更高、更安全的医疗护理服务。

(五)英国老龄科技创新体系的实践及经验

如何为患有阿尔茨海默病及其他形式认知症的老年人提供养老服务,一直是一个难题。英国布罗姆利区的认知症咖啡馆 Mission Café 是非常受欢迎的认知症友好环境项目,旨在为患有阿尔茨海默病及其他形式认知症,或各种脑部疾病的长者,还有长者的照护人员提供独特的体验。通常而言,认知症咖啡馆由当地社区的养老机构和社会服务专业人士运营或协助,以更好地在服务过程中作出专业指导,相关工作人员能够及时回应参与者的问题或资源需求。通过提供多项活动让老年人保持活跃,提高自信心、记忆力、灵活性,在快乐中养老,无疑是一种新奇的养老模式。这种开放式的文化,帮助了许多患认知症的长者及其家庭,为他们搭建了一个美好的社交平台,营造了一方难能可贵的温暖①。

---

① 爱普雷德智慧养老微信公众号:《认知症咖啡馆是什么样? 两个案例带你了解》,2021 年 9 月 30 日。

二、国外老龄科技创新体系对我国的借鉴

很多发达国家运用科技手段提升老年人晚年生活质量的做法,对于我国刚起步的科技助老模式探索有非常重要的借鉴作用。国外在针对人口老龄化的技术创新方面大致有以下模式:一种是强调政府的主导作用,主要通过财政支持或政策倾斜着力发展涉老科技、相关产品及服务;另一种是强调发挥市场的作用,政府在其中主要扮演监管者的角色。对当前我国老龄科技支撑体系的借鉴主要有如下几个方面。

(一)完善政策法规,保障智慧养老健康发展

美国、日本、德国还有其他欧美发达国家都是最早一批建立完善的社会保障制度的国家,这些国家分别出台了一系列的政策法规。在发展养老服务产业的中国,有着自身独特的中国特色,这决定了政府在市场中的主导作用。我国近年来出台的一系列政策法规,显示了我国已经把发展养老服务业、提高老年人生活水平上升到了国家层面,为智能养老产业发展提供了良好的政策指导。因而,我国必须将积极应对人口老龄化问题融入国家经济发展的全局统筹谋划,努力探索适合于我国发展特色的智慧养老体系①。

(二)加大科技创新投入,发展智慧养老服务产业

科技可以有效改善老年人的晚年生活状态,为老年人提供各种舒适便捷的科技服务。发达国家的科技创新一直走在世界前列。随着互联网的快速发展,我国紧跟世界最先进科技产品的创新步伐,将科技创新作为新的发展契机,真正实现科技以人为本。因此,我国在发展智慧养老产业的过程中,必须依托技术开发,通过科技创新,不断完善养老服务内容,提供更多养老服务产品,这才是智慧养老的最终目标,让老年人享受到科技社会发展的福利。

美国、日本等较早步入人口老龄化社会的国家,在发展银发产品和辅助器具等方面起步较早,利用互联网、大数据等现代信息技术的智能辅具和穿戴设备也走在世界前列。根据失能失智老年人、残疾人士等的实际需求,我国需要开展老年服务机器人、手术机器人、看护机器人等智慧养老产业的技术研究和落地应用。主要对老年人的养老意愿、身体健康等情况进行监控。积极推进医疗领域的数据共享,共同构建智能健康的养老城市。同时,目前中国的服务机器人市场仍处在培育阶段,具有全球知

---

① 沈燕、刘厚莲:《中国积极应对人口老龄化:来自日本科技创新的启示》,《中国人力资源开发》2020年第3期。

名品牌、技术水平高、性能好的服务机器人这类科技养老产品还很少。我国需要培养一批服务机器人龙头企业和制造园区等建设项目,形成养老领域的先进技术标准,以适应中国老龄健康服务市场的需求。

(三)完善养老服务内容,培养专业护理人员

美国、日本、德国、英国等国家的养老服务内容不仅包括生活辅助、健康管理、医疗护理等,还包含日常出行、生活娱乐、智能家居、智能住宅、智能机器人等设备设施,为老年人提供全方位的照料和服务。还有各种智能机器产品,广泛应用于智能养老产业,不断完善科技创新体系。我国需要加强智能科技创新,与发达国家一起应对人工智能时代带来的科技巨变。

与此同时,在培养健康养老护理队伍方面,美国形成了完善的人才培养机制,政府给予补贴,大力开展技术人才培养。在日本,护理已经成为一门独立学科,不断提升日本护理人员的专业技能。在德国,适龄劳动人口可以参加"福利士"的考核,通过培训达到相关要求后可以正式上岗;同时,德国政府还制定了专门的养老服务人员考核标准,以此提高养老护理人员的专业化程度。这些国家的护理人员行业已经形成了完善的体系。在我国养老服务人员的培养过程中,可以更多借鉴发达国家的经验,以此来完善养老服务人员的培养工作,为老年人提供更加舒适健康的服务。

第四节 老龄科技创新体系建设的挑战与展望

面向新发展阶段,我国已进入新一轮科技革命和技术创新的转型发展时期。科技支撑是养老服务发展的重要战略支撑力量,构建中国特色养老服务体系,离不开科技创新。本节对当前我国养老服务科技支撑发展存在的困难与挑战进行梳理。在此基础上,研究团队认为,需要牢牢把握"十四五"养老服务发展的重要战略机遇期,以科技支撑赋能养老服务体系建设,围绕构建信息化平台、创新科技产品、推进适老化改造以及丰富应用场景等方面着力发力,加快形成中国特色积极应对人口老龄化的老龄科技创新体系。

一、构建老龄科技创新体系的困难与挑战

围绕人口老龄化问题,大数据和人工智能方面,我国的科技创新在智慧养老领域取得了重大突破。目前,还面临着"互联网+养老服务"城乡发展不平衡、科技产品开发缺乏专业技术支撑,"银色数字鸿沟"无法避免等问题。

（一）信息技术较为落后

与国外的智慧养老技术比较,中国的很多智能产品还不够完善,主要体现在信息技术较为落后。在智慧养老服务产业中,有些高科技电子产品还未能得到有效的普及和应用[①]。而且,很多智能养老产品在实际应用的过程中,还存在着一定的监控误差和信息不准确等问题,是导致智慧养老无法被老年人接受的主要因素。

（二）老年产品科技创新不足

技术创新正在促使老龄化社会发生巨大变革,不仅仅是价值观念的改变,更在于积极应对人口老龄化手段与方式的改变。在中国智慧养老产品科技创新方面,尽管国家的投入正逐渐加大,但围绕着老年产品的技术研究,无论是地方政府部门还是社会各界都还略显薄弱,相关发明专利的数量也较少,从而势必影响老龄化社区智能设备的研究以及推广。

（三）"互联网+养老服务"城乡发展不平衡

我国乡村的网络建设正在不断完善,"数字乡村"是我国乡村振兴的重要战略方向和主要任务[②]。人口老龄化城乡发展不平衡与中国不同区域社会经济发展水平的不均衡相联系,最主要的影响因素就是农村地区的网络科技水平、基础设施条件等均低于城镇。

（四）供需匹配失衡并出现"数字鸿沟"

现阶段,智慧养老服务行业正面临着供给与需求严重失衡的问题,主要体现在老年人日益增长的生活需求与不健全的养老服务供给之间的冲突。中国的智能养老发展体系还不完善,养老服务供给不能满足养老服务需要主要体现为供需结构失衡。同时,从数字技术的可操作性来看,在老年人运用信息化产品提高自身现状方面缺乏相应技术,还未能找到解决智能养老建设问题的有效方式,从而造成在智能养老服务的供应上,出现了不同地区、群体、机构之间明显的不平衡性和"数字鸿沟"。

（五）政府的政策法规落地不到位

目前,中国的智慧养老服务模式更多的是顶层设计上加大力度健全政策规范。随着对老龄化社会公共服务、老年人教育、老龄宜居、智慧健康养老等方面规范以及相应政策措施的制定,也使得完善并执行中国老龄工作政策措施成为十分关键的问题。在实地调查过程中发现,部分社区和养老机构还没有完成政策法规的落实工作。

---

① 胡文婷、胡文杰:《老龄化背景下我国智慧养老体系的创新发展》,《西部学刊》2021 年第 21 期。
② 吴锦:《新型农村社会养老保险法律问题研究》,辽宁大学 2012 年硕士学位论文。

促进政策法规的落地执行,让老年人尽快享受政策法规带来的优质生活,是今后智慧养老服务发展的重点。因此,在我国发展构建老龄科技创新体系过程中,应用信息化和智能化技术改善养老服务业发展的困境就变得势在必行。

二、推动构建老龄科技创新体系的总体性对策与展望

(一)总体性的政策建议

在国家层面上,第一,正确把握人口老龄化带来的市场需求新变化和产业结构提升的新动力①,积极引导以社会竞争性市场为主体生产供给与养老服务相关的产品,促进社会产业结构高级化;第二,鼓励高校、研究机构、企业开展养老科技创新研究,设立应对老龄社会的重大基础科学问题研究项目,确立重点科技创新领域并开展科技立项。

在产业层面上,第一,需要制定面向老年人特殊需要的科学技术服务的技术规范、技术标准、服务质量和伦理准则等有关文件,以提高老龄化科学技术服务的安全性、便捷性、有效性;第二,在现有科技产业园区开辟养老科技产业创新单元,吸引研发机构和企业入园,开展面向老龄社会的科技创新与产业发展经营活动。

在企业层面上,第一,积极参与养老科技领域的国际竞争,抢占全球养老科技创新制高点;第二,积极谋划海外专利布局,及时掌握养老科技领域的重要知识产权,为国家占领全球养老科技创新制高点、避免"卡脖子"提供战略支撑②。

(二)应对人口老龄化科技创新支撑的发展方向

在未来的发展中,建设以科技创新助力养老服务事业和产业发展的探索模式。今后的发展过程中,如何走上一条更有效的科技化、智能化、信息化养老服务道路,将是我国养老服务业需要持续关注并尽快解决的问题,也是政府相关部门和相关领域学者进行重点探讨的领域。

1. 加大政府扶持力度,增加相关资源投入

养老服务行业健康运行需要完善的政府监管,这也对政府部门在养老服务体系构建中的主导性与引导性提出了更高要求。政府部门应当切实落实各项政策,主动统筹利用社会资源,强化建设对社会资源的有效监督;同时,应该加大资金投入,积极推进智慧养老服务制度。政府还应利用政策法规统一服务规范,使养老服务资源、为

---

① 黄鲁成、米兰:《养老科技新兴技术发展态势与我国发展对策研究》,《情报杂志》2020 年第 6 期。
② 邵晓燕:《发展养老产业,应对人口老龄化——以青岛市即墨区为例》,《经营与管理》2021 年第 1 期。

老服务资源以及政府有关部门和社区资源之间互相联系,实现社会资源的高效集成与共享。

2. 建立创新型智慧养老信息服务平台

运用互联网、云计算等信息技术,积极促进智能养老综合服务平台建设,实现智能化养老产业全面运营,是国家未来养老服务信息化发展的方向。利用5G、互联网等新一代信息技术开发出健康老龄平台,绑定用户端、医生端、健康老龄评估端3个App,让群众享受专业化的健康养老服务。合理运用养老健康信息服务大数据,基于智慧养老综合服务平台对数据进行累积和分析,专业运营团队能够了解老年人的基本生活服务需求,并有效调度最适宜的智慧养老服务供应资源,为老年人提供个性化的生活服务;同时,也可以为养老服务机构和相关政府部门提供更加精准的产品设计,为社会资本进入智慧养老产业提供有价值的参考依据。

3. 开发智慧养老应用技术,创新科技养老产品

加快发展智慧养老应用技术,通过建立先进的数字化健康养老服务管理模式,覆盖智能化、健康化运营监管等业务,满足居住养老生活服务、社区养老服务、机构养老服务等多元化的养老服务需求,为康复养老服务行业智能赋能。当前,部分地区针对老年人生活需求形成的不良社会现象仍层出不穷,危害了养老服务产业的社会公信力。创业者们应该从居家养老的老人利益出发,推广创新技术,对影响市场经济的不良商家予以必要的严惩。在激烈的市场竞争中,企业也要力求技术创新,以科技发展来促进养老服务,让公共服务更加简单、有效。

4. 弥合老年人"数字鸿沟",推动产品适老化

技术研发应以人为本,要努力采取措施,让老年人愿意使用信息技术。智能信息技术终端的设计需要更加适老化,从而增强老年人的技术获得感,提高老年人使用信息技术产品及服务的主观意愿。着力将信息技术内嵌于老年人生活,增强信息技术的可及性、便利性,让老年人能够方便地使用信息技术。一方面,加强对智能设备和互联网的普及。另一方面,加强线上和线下协同,引导涉老科技企业与养老服务商开展合作,让老年人能够真正通过线上得到及时有效的服务。通过弥合"数字鸿沟",信息技术将给老龄社会和老年人生活带来莫大益处。

5. 丰富智慧健康服务内容,拓展智慧养老场景

依托互联网平台、手机应用程序等,建设预防、医疗、康复、护理、安宁疗护等相衔接的覆盖全生命周期的智慧健康服务体系,提升人民群众的健康素养及健康管理能力。重点发展远程医疗、个性化健康管理、"互联网+护理服务"、"互联网+健康咨询"、"互联网+健康科普"等智慧健康服务。推进物联网、大数据、云计算、人工智能、区块链等新一代信息技术,以及移动终端、可穿戴设备、服务机器人等智能设备在居家、社区、机构等养老场景集成应用,丰富养老服务种类,优化养老服务质量,提升养老服务效率。重点面向家庭养老床位、智慧助老餐厅、智慧养老院,打造智慧化解决方案,创新"互联网+养老"、时间银行互助养老、老年人能力评估等智慧养老服务方式。

第十四章　加强人才队伍建设*

自2020年党的十九届五中全会将积极应对人口老龄化战略提升为国家战略以来,党和国家先后制定并发布了一系列政策①与重要举措,为新时代我国养老服务人才队伍建设带来了新机遇,并给养老人才队伍职业化、专业化、社会化和国际化发展提出了新要求。我国养老服务人才队伍建设成为国家发展战略的重要一环,进入了大规模、高质量发展的新阶段。本章从养老服务人才队伍建设的现状与问题入手,分析新时代养老人才队伍建设面临的新形势、新任务和新要求,并对未来养老人才发展的政策与制度创新进行初步探索。

第一节　养老服务人才发展的现状与问题

实施积极应对人口老龄化国家战略以来,我国养老服务人才队伍建设取得了很大进步,政策体系愈加完善,队伍建设成效斐然,但是,对比中长期规划确定的发展目标和关键任务,我国养老服务人才发展仍任重道远。长期存在的人才队伍发展缓慢、有效人才供给短缺、职业能力建设不到位等问题没有得到根本性解决,而一些瓶颈问题更要引起重视②。

一、对养老服务人才队伍范畴和基本概念的再认识

《中共中央、国务院关于加强新时代老龄工作的意见》(以下简称《意见》),将养

---

*　本章作者:吴江,中国人事科学研究院原院长、研究员;张相林,中央财经大学政府管理学院副教授、中国老年与老年医学学会养老服务人才发展专委会执行总干事、中国人才研究会副秘书长。

①　《中共中央、国务院关于加强新时代老龄工作的意见》、国务院《"十四五"国家老龄事业发展和养老服务体系规划》、国家卫生健康委等15部门《"十四五"健康老龄化规划》等。

②　国务院发展研究中心课题组:《老龄化背景下养老服务业人力资源创新发展研究》,中国发展出版社2021年版,前言第18页。

217

老服务人才界定为专业技术、社会服务、经营管理、科学研究和志愿者等5支人才队伍,这与以往很多文件中的提法有很大不同。按照《中华人民共和国职业分类大典(2015年版)》的概念界定,专业技术人员是指从事科学研究和专业技术工作的人员①。很显然,《意见》中的专业技术人才是狭义的概念,不包括科学研究人才。笔者认为,《意见》对养老服务人才队伍范畴和人才类型的划分方法是科学的,有助于统一养老服务人才标准和职业标准,推进人才队伍建设规范管理。

其一,专业技术人才,指通过学习接受养老服务相关技术知识,掌握一定的专业工具使用能力,具备从事养老事业管理和为老服务所需技术能力的人员。他们是我国养老服务人才队伍的骨干力量,具体包括:适老建筑、老年食品、老年用品制造等工程技术人员,老年健康、照护等卫生技术人员,老年教育和养老服务类专业教学人员,养老服务领域的司法援助、金融保险从业人员,老年工作政工人员,以及在家政、教育培训、文化娱乐、健康养生、旅居养老、智慧养老等融合发展的新业态中的为老服务技术人员。

其二,社会服务人才,指不具备或不要求必须具备专门养老服务专业知识或专业技能,但在养老服务领域从事服务或管理工作的办事人员、生产和生活服务人员。办事人员和有关人员,主要负责提供行政业务办理、社区管理、社团管理、行政执法、消防安全、保卫、应急救援等服务;社会生产和生活服务人员,主要提供购物,住宿和餐饮,信息技术,公共设施管理,居民服务,电力、燃气及水供应服务,以及修理、文体、娱乐、健康等服务。

其三,经营管理人才,指具有一定的养老服务专门知识、较高的经营和管理技能,在养老服务领域从事养老事业和养老产业经营管理的人才。他们主要负责养老事业和产业规划、养老机构管理、项目运营管理、人力资源管理、培训管理、科研管理,并能够从事全球及地区老龄问题治理、积极应对人口老龄化国家战略实施与可持续发展议程相关目标落实等工作。

其四,科学研究人才。按照2015年版《国家职业分类大典》的概念界定方法,养老服务人才队伍中的科学研究人才,指在养老服务领域从事相关社会科学和自然科学研究工作的人才。养老服务科学研究具体包括老龄领域科技创新、基础理论和政策研究、老龄问题研究等,涵盖哲学、经济学、法学、教育学、医学、管理学等专业领域。

---

① 国家职业分类大典修订工作委员会:《中华人民共和国职业分类大典(2015年版)》,中国劳动社会保障出版社、中国人事出版社2015年版,第13页。

其五,养老服务志愿者,指志愿贡献个人的时间及精力,在不获取任何物质报酬的情况下,为老年人提供照护、陪伴、保洁、教育、宣传等服务的人员。他们包括老年志愿者,也包括非老年志愿者;既有专职志愿者,也有兼职志愿者。按照服务的内容和形式,又可以分为提供医疗护理、健康咨询等专业技术服务的志愿者,以及提供陪伴、巡视、购物、交通等社会生活服务的志愿者。

二、养老服务人才发展的成就和经验

(一)人才发展体制机制改革稳步推进,政策基础进一步夯实

2019年7月,经国务院同意,建立了以民政部为牵头单位,国家发展改革委、教育部、人力资源和社会保障部等21个部门及单位组成的养老服务部际联席会议。联席会议促使政策内容的覆盖面不断加宽,针对性越发明确。3年以来,国家出台了多项养老服务人才队伍建设的政策措施(见表14-1),支持力度不断加强。参照国家相关政策,各省区市陆续出台了更有针对性的政策举措。

表14-1　2020年以来国家养老服务人才支持相关政策(部分)

序号	发布年份	政策名称	人才政策要点
1	2020年	国务院办公厅《关于促进养老托育服务健康发展的意见》	加强老年医学、老年护理等学科专业建设;优化专业设置,完善教学标准,加大培养力度;加强养老托育从业人员培训;推行养老托育"职业培训包"和"工学一体化"培训模式。
2	2020年	人力资源和社会保障部等5部门《关于实施康养职业技能培训计划的通知》	建立康养服务人员培训制度,全面提升康养服务人员职业技能水平,健全康养服务培训标准体系,大力培育康养服务企业和培训机构。
3	2021年	中共中央、国务院《关于加强新时代老龄工作的意见》	加快建设适应新时代老龄工作需要的人才队伍;切实保障养老服务人员工资待遇,提升岗位吸引力;大力发展相关职业教育,开展养老服务、护理人员培养培训行动。
4	2021年	国务院《"十四五"国家老龄事业发展和养老服务体系规划》	人才等支持政策更加有力,从业人员规模和能力不断提升;养老服务相关专业招生规模明显增长;加强农村养老服务和管理人才队伍建设。
5	2022年	国家卫生健康委等15部门《"十四五"健康老龄化规划》	加强老年医学及相关学科建设,加紧培养复合型人才;加大专业人才培训力度;强化老年健康照护队伍建设,开展职业技能培训和就业指导服务。
6	2022年	国家卫生健康委等9部门《关于开展社区医养结合能力提升行动的通知》	支持医务人员参与居家社区医养结合服务,培育老年医学、医养结合相关专业技术人员。
7	2022年	新修订的《中华人民共和国职业教育法》	实现职业教育从"层次教育"到"类型教育"的转变,保障职业学校毕业生的平等发展机会,拓展其职业发展空间。

(二)多途径加快新时代养老服务专业人才队伍建设

在增加人才基数方面,通过一体化设计中职、高职、本科职业教育培养体系,增设相关专业,适应养老服务领域发展新要求,将目前紧缺的医养结合人才纳入卫生健康和养老服务发展规划,探索院校和机构协同培养的模式。在扩大就业主体范围方面,推行医师区域注册制度,支持医务人员从事医养结合服务。2019 年版《养老护理员国家职业技能标准》放宽了养老护理员入职条件。2020 年,《老年人能力评估师国家职业技能标准》发布,吸引更多人才投身养老服务事业。

(三)重视技能提升,全方位推动养老服务人才职业培训

在人才岗前技能培训方面,实行"1+X"证书(学历证书+若干职业技能等级证书)制度;建立健全职业技能认定补贴制度,对初次通过养老护理员职业技能鉴定并取得职业资格证书的各类人员,给予职业技能鉴定补贴;将康养职业技能人才培训纳入补贴性技能培训,扩大培训范围。《关于促进养老托育服务健康发展的意见》《养老机构岗位设置及人员配备规范》等,进一步确定了从业人员的素质要求和职业标准。

(四)人才激励政策不断加强,职业荣誉感和社会认同感明显提升

将养老服务人才纳入政策补贴范围,已有北京、河北、辽宁等多个省(市)建立了养老护理员入职补贴制度和岗位补贴制度,养老服务人才的工资不断增长。2022 年,人力资源和社会保障部发布《关于健全完善新时代技能人才职业技能等级制度的意见》,提出"健全技能人才培养、使用、评价、激励制度","提高待遇水平,增强荣誉感获得感幸福感",为进一步加大养老服务人才激励力度奠定了政策基础。同时,通过举办全国养老护理职业技能大赛的方式,加大宣传力度,提高养老护理员的职业荣誉感和社会认同感。

三、养老服务人才发展的不足和问题

(一)缺乏养老服务人才整体性和长期性发展规划

现在,国家、各省区市都制定了经济社会"十四五"发展规划和 2035 年远景目标,并制定了老龄事业发展规划,积极老龄观、健康老龄化这些新理念已经融入经济社会发展全过程,养老和健康更是面向全生命周期。国家和各地老龄事业的发展目标远大,路线图清晰、具体,也提出了养老服务人才队伍建设的具体举措,但是,缺乏有关养老服务人才整体、系统、协同发展的中长期发展规划。专业技术、社会服务、经营管理、科学研究和志愿者 5 支队伍结构失衡,战略人才和顶级经营管理人才、专业技术人才尤其缺乏,养老服务高技能人才体系建设严重不足。

（二）人才体制机制改革滞后与老龄事业快速发展的矛盾日渐凸显

首先,养老服务人才供给侧结构性改革进展缓慢,与越来越严峻的人口老龄化形势相比,改革的力度需要进一步加大。一是可落地和可执行的具体举措不足。二是人才培养机制亟待完善,涉及招生、就业和培训、人才激励与褒扬机制、职业资格改革等内容基本上还是原则性和方向性意见。其次,养老服务全社会参与,尤其是市场用人主体的作用发挥得不够,企业参与养老服务人才培养、标准制定还非常欠缺。推动老有所为、为老志愿服务以及养老服务人才发展国际合作的政策创新或配套措施缺乏。

（三）缺乏资金保障,养老服务人才激励配套政策和措施不足

我国养老服务人才队伍面临收入偏低、社会地位不高、职业认同感不足,以及工作强度高、压力大、工资低等问题,养老服务人才流失率较高,队伍稳定性差。调查结果显示,北京老年服务与管理等专业毕业生 3 年内的行业留存率仅约 30%[①]。虽然国家和地区层面不断开展职业技能鉴定补贴、时间银行、职业技能大赛奖励等人才激励探索,但不能根本解决养老服务人才面对的发展困境。此外,养老服务人才的工资分配机制和社会保险政策还不够完善,难以体现其岗位价值、能力素质和业绩贡献,薪酬待遇很难得到合理增长,落户、住房、医疗、子女教育等激励政策很少面向一线的技术技能人才。

（四）养老服务人才队伍的标准化、规范化建设不足

我国养老服务人才建设存在职业类型、职业技能标准、国家职业资格偏少,社会化职业技能等级认定还不够规范和成熟等问题,尚未形成完整的养老服务人才职业资格框架和管理服务体系。目前,只有老年人能力评估师、养老护理员、健康照护师等 10 余种养老服务相关职业是具有国家职业标准的;养老服务人才列入国家职业资格目录的,仅有准入类的医生资格、护士执业资格,水平评价类的社会工作者职业资格和卫生专业技术资格这 4 种。此外,在智慧健康养老、老龄科研、适老化产品研发制造等领域尚缺乏相关新职业的认定。

（五）重点领域养老服务人才供给质量和服务质量较差

一是专业养老服务人才培养任重道远。当前,全国本科院校中仅有 1 所开设老年学、8 所开设养老服务管理、13 所开设家政学,距离"原则上每个省份至少有 1 所本科高校开设家政服务、养老服务相关专业"[②]的目标还有很大差距,且在培养方案、师

[①]　《新闻调查:谁帮我们养老》,央视新闻频道,2021 年 1 月 9 日。

[②]　教育部办公厅等 7 部门《关于教育支持社会服务产业发展　提高紧缺人才培养培训质量的意见》,2019 年 9 月 5 日。

资力量的调配上较为滞后。二是医养结合专业人才缺口巨大。全国两证齐全的医养结合机构在 2020 年底已有 5857 家,但参与医养结合的医师和养老护理人员均存在严重不足①。2021 年,高等职业教育本科专业新增"医养照护与管理"专业,才真正开启医养专业人才的培养工作。三是新业态养老人才培养严重滞后。我国于 2021 年通过专业调整和新设的方式,在职业教育体系开设了智慧健康养老服务、智慧健康养老服务与管理、智慧健康养老管理专业。可以说,国内对于养老新业态专业人才的培养才刚刚起步。

第二节　新时代养老服务人才发展的形势与任务

截止到 2022 年 6 月,《国家积极应对人口老龄化中长期规划》《中共中央、国务院关于加强新时代老龄工作的意见》《"十四五"国家老龄事业发展和养老服务体系规划》等重要政策和文件先后发布,中央人才工作会议隆重召开,为进一步贯彻和推进积极应对人口老龄化国家战略、推动养老服务人才高质量和跨越式发展夯实了政策基础,明确了新机遇、新形势和新任务。

一、新时代养老服务人才发展的新形势

(一)养老服务人才发展的政策环境逐步完善,政策保障持续加强

近 20 年来,在所有关于养老服务的政策文件中,都把人才问题放在重要的位置。人才政策、具体举措的针对性越来越强。对于如何补齐农村养老服务短板,如何提高农村养老服务和管理人才队伍的职业化、专业化服务水平,如何支持社会力量建设专业化、规模化、医养结合能力突出的养老机构,如何开展医养结合人才能力提升培训等瓶颈问题与关键问题,都进行了深入阐释。养老服务人才政策支持体系也更趋完善。

(二)人才类型明确,大规模、多层次、多领域人才体系正在形成

《中共中央、国务院关于加强新时代老龄工作的意见》第一次明确提出,要加快建设适应新时代老龄工作需要的 5 支人才队伍。专业技术人才、社会服务人才、经营管理人才、科学研究人才以及志愿者 5 支队伍,从职业类属、人才结构和人才类型、服务内容和服务形式等方面,进一步明确了发展目标和发展路径。其中,专业技术人才

---

① 郑诗韵:《医养结合养老模式的发展现状及发展建议》,《中国社区医师》2021 年第 19 期。

队伍是养老服务人才的骨干力量;科学研究人才队伍则从事有关养老服务的社会科学和自然科学研究。

（三）养老服务人才缺口巨大,人才培养、就业与发展困境依然突出

当前我国的养老人才特征是数量不足、质量不佳,主要体现为整体年龄结构偏大、受教育水平低、复合能力欠缺①。欧美日韩等国家和地区的养老服务人才队伍建设经验表明,真正能够满足老年服务需求的大多是复合型人才②。壮大养老服务人才队伍需要多措并举,大力发展职业教育。虽然新修订的《中华人民共和国职业教育法》在法律层面明确了职校学生享有与普校学生平等的发展机会③,但职校毕业生在就业、发展和待遇等方面仍面临较为严重的群体性差别化对待,难以获得平等的竞争机会。此外,养老服务技术技能类人员的薪资收入相对较低,养老服务类职业教育"没有前途""低人一等""是失败者的教育"等偏见根深蒂固,生源不足或优秀生源缺乏现象短时间难以解决。

二、新时代养老服务人才发展的新要求

（一）健全党管人才领导体制,创新养老服务人才发展工作机制

中央人才工作会议上,习近平总书记强调,做好新时代人才工作,必须坚持党管人才。新时代的老龄工作必须坚持党的全面领导,坚持党政主要负责人亲自抓、负总责,强化各级政府的主体责任,进一步完善组织协调机制。为了实现 2035 年进入创新型国家前列、建成人才强国的战略目标,实施积极应对人口老龄化国家战略更要不断健全党管人才领导体制,创新养老服务人才发展工作机制,充分发挥党管人才的制度竞争优势。在实际工作中进一步明确党管人才原则,不断建立健全工作机制,实施监管与考核问责制度,强化党对养老服务人才工作的监督,督导各级政府发挥主体责任,制定具体策略和行动规划,并确保各项规划落实到位。

（二）坚持战略引领和总体规划,因地制宜,实施人才工程

习近平总书记在中央人才工作会议上强调:做好新时代人才工作,必须坚持党管人才,坚持面向世界科技前沿、面向经济主战场、面向国家重大需求、面向人民生命健

---

① 中国老年学和老年医学学会:《新时代积极应对人口老龄化研究文集·2021》,华龄出版社 2021 年版,第 241 页。

② 全国老龄办党组成员、中国老龄协会副会长肖才伟在 2021 年 4 月 17 日养老人才专业委员会成立时的讲话。

③ 2022 年 4 月,新修订的《中华人民共和国职业教育法》规定:"职业学校学生在升学、就业、职业发展等方面与同层次普通学校学生享有平等机会。"

康,深入实施新时代人才强国战略。养老服务发展要以习近平新时代中国特色社会主义思想为指导,深入贯彻党的二十大精神,统筹推进"五位一体"总体布局,协调推进"四个全面"战略布局。各地要根据老龄事业发展的需要,因地制宜,科学制定养老服务人才队伍建设行动计划,组织实施重点人才工程。

(三)发挥市场和用人主体的作用,提高全社会参与养老服务的广度和深度

"十四五"规划和《中共中央、国务院关于加强新时代老龄工作的意见》发布之后,养老事业和养老产业已经成为国家经济社会发展极其重要的部分。为此,需要坚持大力推进产业发展和科技创新,推进人才体制机制改革和创新,激活5支养老服务人才队伍的创造力和活力,从健康教育、预防保健、疾病诊治、康复护理、长期照护、安宁疗护,到水电、物流、家政服务等多角度,提高全社会参与养老服务的广度和深度,发挥好家庭、社区、机构的作用,推动建设多层次、多领域的养老服务体系,多渠道、多领域扩大适老产品和服务供给,提升适老产品和服务的质量。

(四)推进标准体系和健康支撑体系建设,提升人才供给质量

根据《中共中央、国务院关于加强新时代老龄工作的意见》有关精神,新时代建立医疗、康复、护理双向转诊机制,加快建设老年友善医疗机构等任务,都需要充足的养老服务人才队伍做支撑。2022年7月20日,民政部、市场监管总局印发的《关于全面推进新时代民政标准化工作的意见》提出,到2025年,基本建成覆盖全面、结构合理、科学实用、协调配套的民政标准体系。到2035年,结构优化、先进合理、国际兼容的民政标准体系更加健全。为此,需要加强标准化人才队伍建设,建立专职人员为骨干、兼职人员广泛参与的民政标准化人才队伍。根据标准化体系和健康支撑体系建设需要,重视养老服务人才队伍能力培训,提升人才供给质量和服务质量。

三、新时代养老服务人才发展的主要任务

(一)编制养老服务人才中长期发展规划和远景目标

首先,养老服务人才中长期发展规划的编制,应该坚持目标导向与问题导向相结合。聚焦我国养老事业"十四五"发展规划和中长期发展规划的目标,提出2035年远景目标任务,厘清各阶段人才工作重点任务。其次,坚持战略性与操作性相结合。突出规划的针对性和约束力,做到可操作、能落实、易评估。最后,坚持继承性与创新性相结合。既对现有一系列行之有效的人才政策一以贯之地予以坚持;又顺应新形势,聚焦新情况、新问题,结合我国积极应对人口老龄化国家战略和中长期发展规划需求,大胆突破,提出一系列创新性的思路和举措。

（二）健全养老服务体系，推进中国特色养老服务人才体系建设

当前，养老服务人才在区域、行业方面存在不平衡与不充分的矛盾，需要健全中国特色的养老服务人才体系和标准化养老服务体系。培育市场主体和社会主体，发挥用人单位的主体作用。进一步促进养老服务人才管理体制创新，继续下大力气破除养老服务人才队伍建设中体制性分割、部门性分割、市场性分割和条块分割的障碍①。重视发挥行业协会、学会、企业、科研院所在养老服务人才培养过程中的作用，重视战略级和顶级养老事业、养老产业经营管理人才培养，加大专业技术和人才社会服务人才的培养力度，保证有一定数量的人才转为经营管理人才和科学研究人才，提高经营管理人才和科学研究人才的培养质量，从而保证养老服务行业的高质量发展②。

（三）加快紧缺人才培养，提升人才质量和供给质量

结合养老行业发展新业态，优化养老服务专业设置，动态调整增设相关专业并完善教学标准体系。深入探索应用型本科院校养老专业人才培养方式改革，扩大人才培养的有效供给③。将老年医学、护理、康复等医学人才，纳入卫生健康紧缺人才予以培养。大力发展老年学、养老服务管理、健康服务与管理、中医养生学相关专业本科教育，扩大养老服务技术技能人才培养规模。在一流本科专业建设中加大对养老服务相关专业的支持力度，引领带动养老服务相关专业建设水平和人才培养质量整体提升。

（四）健全养老人才发展政策法规体系，推进人才发展实现专业化和职业化

完善养老机构等级评定、质量评价等政策，鼓励聘用取得职业技能等级证书的养老护理员，推动行业专业化发展。制定系统性激励政策，并配套实施，提高人才吸引力④。建立健全具有可操作性的规则体系，对养老服务对象、标准、机构、管理、工作人员等制定规范，做到权责明确、有法可依、有章可循。鼓励设置多层次的专业技术岗位，为从业人员打通职业发展通道，实现专业技术职务晋升。对通过养老护理职业培训和职业技能鉴定的人员给予相关补贴待遇，使人才留得住、引得进、出得去。

---

① 杜鹏、刘维林主编：《中国老龄化社会20年：成就、挑战与展望》，人民出版社2021年版，第240页。

② 牛利芳等：《新时代标准化人才体系结构探析》，《标准科学》2021年第6期。

③ 陈晓红等：《吉林省应用型本科院校养老服务专业人才培养路径分析》，《职业技术教育》2019年第23期。

④ 屈冠银：《我国养老服务人才瓶颈问题研究》，《北京劳动保障职业学院学报》2017年第1期。

第三节　养老服务人才优先发展的政策与制度创新

如今,我国人口老龄化程度正在逐渐加深,养老服务人才的需求日趋显著,养老服务人才的发展更需放在优先位置。养老服务人才优先发展,就是要推进养老服务人才高质量开发,盘活现有养老服务人才存量,向养老服务人才队伍注入活力,通过政策支持、制度创新等手段,为高质量的养老服务人才发展提供支持,加快形成以能力建设为目标的养老服务人才优先发展战略布局[①]。

一、加强养老服务人才优先发展的顶层设计

(一)结合老龄事业发展,制定养老服务人才紧缺目录和人才标准

需要立足多层次的养老需求,针对城乡、产业等不同特点,制定养老服务"高精尖缺"人才目录及标准,重视培养战略人才和顶级经营管理人才、专业技术人才,并以职业教育为抓手,提高教育对养老服务人才队伍提质扩容的支撑能力,分层分类对养老服务人才从业技能、职业发展路径、人才激励措施等各方面进行统一的规划部署,大力培育养老服务高技能人才,从教育培养、稳定就业、持久发展等方面制定具有可操作性的措施,确保养老服务人才的长远发展。

(二)不断推进人才体制机制改革,推动人才发展政策创新

为了扩大养老服务人才供给规模、提升人才供给质量,需要大力推进人才开发体制机制改革和创新。发挥市场在养老服务人才优先发展中的决定作用,进一步优化营商环境,加大人才供给侧结构性改革和"放管服"改革的力度,放宽养老服务从业壁垒和限制,保证养老服务人才队伍建设的人力资本投资,鼓励各类市场主体参与有关养老服务的政府和社会资本合作项目。制定养老服务人才职业资格目录清单,推动养老服务人才实现职业化、专业化发展,鼓励行业协会及产业联盟制定符合行业发展实际的从业资格认证和工作标准。鼓励企业参与人才培养,发挥养老机构在人才培养中的主体作用。建立相关的培养培训体系,完善养老服务人才的激励保障机制[②]。

---

①　杜鹏、刘维林主编:《中国老龄化社会 20 年:成就、挑战与展望》,人民出版社 2021 年版,第236 页。

②　杜鹏、刘维林主编:《中国老龄化社会 20 年:成就、挑战与展望》,人民出版社 2021 年版,第238 页。

二、切实完善并进一步推进人才评价与人才激励政策创新

(一)建立养老服务人才标准和职业标准,健全职业评价体系

加强养老服务工作分析,加快建设养老服务职业标准体系,加强养老服务专业技术技能职业标准体系建设。完善职业资格评价标准和职称评价体系,加大对从业人员职业技能的鉴定力度,建立以品德、能力、业绩为导向的职称评价和技能等级评价制度,推动职业人才认定工作。对于一线养老服务技术技能人才,降低或取消学历要求,经适当培训之后,广泛吸纳社会人员进入养老服务领域。

(二)建立并完善统一的人才评价体系,褒扬养老服务技术技能和工匠精神

根据《关于分类推进人才评价机制改革的指导意见》,加快建立以品德、能力、业绩为导向的人才评价体系和绩效考评办法,确立养老服务人才评价标准。倡导心怀敬老爱老的为老服务优秀品德,坚持实践标准,注重人才贡献与成果①。制定养老服务人才发展扶持政策,增加养老机构补贴。建立养老服务类毕业生实习补贴、入职补贴、培训补贴和岗位津贴制度。大力推行时间银行、积分奖励等制度,加大养老服务人才社会保障力度②,不断壮大志愿者队伍。举办养老服务技能大赛,褒扬模范机构和模范人物,倡导养老服务的工匠精神,提升养老服务人员的社会地位与职业认同感③。

三、基于积极应对人口老龄化国家战略实施需要,构建现代化职位管理体系和人才体系

(一)完善养老服务职业标准框架,建立现代化职位管理体系

自党的十八届三中全会以来,我国职业资格领域的改革已进行 9 年,在规范职业资格认可认定、降低就业创业门槛和激活市场主体活力、创造力等方面取得显著成绩。科学设置、规范运行、依法监督的养老服务类职业资格框架和管理服务体系初步形成,各类养老服务人才开发的科学化、规范化、国际化水平迈上了新台阶。尽管如此,养老服务人才发展依然存在着职业资格标准与新时代老龄事业发展不相适应、职业资格制度修订相对滞后、人才专业化和职业化开发同实际需求有差距等问题。

---

① 吴江:《新时代人才工作的战略擘画——中央人才工作会议精神解读》,《中国人才》2021 年 11 月 22 日。

② 代俊峰:《多名全国政协委员建言献策让养老服务业吸引人、留住人、培育人》,《中国社会报》2022 年 3 月 7 日。

③ 张婷:《聚焦急难愁盼 谋划养老护理人才队伍高质量发展》,《中国社会报》2022 年 3 月 12 日。

（二）构建人才体系，建设高质量养老人才队伍

第一，要精准识别人才类型，科学划分人才类型，制定人才标准，建立起集培养、发展、管理于一体的人才体系。第二，要做好顶层设计和愿景规划，紧密结合战略需要，加快建设世界养老人才高地。要加大国际交流合作，重点面向中医文化、中医康养、养老规划等领域，开展国际学术交流和留学生互换，建设国际养老服务人才培养培训基地。要更加重视自主培养，充分利用 5G 网络技术优势和信息化服务优势，培养老年教育、智慧养老、智能养老、适老产品研发的高层次专业技术人才以及新技术、新应用开发和运营管理人才。

四、面向人才专业化和职业化发展，不断拓宽人才培养途径

（一）建立多方联动的人才培养路径

首先，要加大政府对人才培养的引领力度，推行政府购买服务，政府提供扶持资金，鼓励民间资本建设培训机构，开展质量检测、市场培训等工作，积极开展相关专业教学研究和指导，有效推进产教融合、校企合作，发挥政府在行业、企业与院校之间的桥梁纽带作用。其次，要发挥市场导向作用，调动院校、企业、社会组织等在养老人才培养、培训、认证、实训、宣传、服务和咨询等方面的积极性，加强实践实训基地建设，医养联动、工学结合，培养实用型人才，让市场和社会组织逐渐担起社会养老服务人才的培养与使用责任。

（二）积极推动养老人才培养与交流，加强国际劳务合作

首先，可借鉴国外养老服务人才培养的先进经验，推行国际交流与合作。要将国外养老服务人才培养的先进经验与我国实际相结合，探索符合中国同情的养老服务人才培养道路。其次，要充分发挥中国—东盟以及"一带一路"合作潜力，发展跨境养老服务人才市场，培育跨境劳务中介机构，完善规范跨境劳务合作相关制度。适当引入外国劳动力，促进养老服务劳务合作进一步发展。

五、积极推动落实人才队伍建设的"扩容""培养""提质"行动计划

（一）积极推动落实养老服务人才"扩容"行动计划

首先，积极增设养老服务相关专业，注重整合养老服务相关专业，形成养老服务专业群，突出老年服务与管理示范专业的特色①。其次，扩大养老服务专业招生规

---

① 张岩松：《养老服务业人才创新培养与优化配置研究》，东北财经大学出版社 2021 年版，第 46 页。

模,推进探索养老服务人才培养方式和学位改革,促进实现普职教育双轨并行、相互融通。将高等职业学校养老服务类毕业生,纳入公务员、事业单位的相关养老服务岗位招聘范围。通过财税政策、资金补贴、技能教育培训等促进就业困难的职校毕业生到社区、养老机构工作,鼓励养老服务类高职毕业生到中西部养老机构就业、创新创业。

(二)积极推动落实养老服务人才"培养"行动计划

首先,要制定具有前瞻性、可操作性的老年医学等各类专业技术人才培养中长期规划和远景目标,组织开展医养康养结合人才能力提升培训,开展从事老年安宁疗护工作的医护人员培训①。其次,完善人才分类培养培训的标准体系建设,将职业资格证书与教育培训相结合,组织推行职业资格、技能等级认定,开展职业资格证书评估与规范管理。鼓励养老企业、志愿者组织和智库开展养老服务志愿者素质标准、资格标准研究,开展养老服务志愿者能力培训和养老服务资格培训,壮大养老服务志愿者队伍。

(三)积极推动落实养老服务人才"提质"行动计划

制定养老服务紧缺人才和紧缺专业目录清单,加快建设紧缺专业,加大资金投入,建设养老护理、老年照护、老年教育、老年研究等示范专业点,开展养老服务示范专业点教育教学质量评价,推动世界一流养老服务本科专业建设②。加大政府对校企协同育人项目的财政支持力度,鼓励校企育人合作、教学标准研究。依托国家开放大学、各层次老年大学、养老服务企业、科研院所等资源,建设国家养老在线教育平台和虚拟养老服务平台。

---

① 国家卫生健康委、国家发展改革委、民政部、财政部、住房和城乡建设部、应急部、国家医保局、国家中医药局、中国残联:《关于开展社区医养结合能力提升行动的通知》,2022年3月23日。
② 成海军:《解决养老服务人才供给不足的六条路径》,《中国社会报》2018年12月24日。

第十五章　完善政策支持和组织保障[*]

党的十九届五中全会明确提出"实施积极应对人口老龄化国家战略"以来,各级党委、政府采取了一系列政策措施,推动这项国家战略的落实。本章阐述 3 年多来,国家和地方按照积极应对人口老龄化的要求,在完善相关政策法规和标准规范等方面的新进展及其存在的短板,提出进一步健全老龄政策法规体系的建议;概述在强化相关政策支持和组织保障等方面所做的工作,分析老龄工作体制机制存在的问题,提出改进的对策。

第一节　老龄政策法规标准不断完善

"政策"有广义、狭义之分。广义的"政策"包含法律。例如,美国学者伍德罗·威尔逊指出:"政策是由政治家即具有立法权者制定的而由行政人员执行的法律和法规"[①]。我国有的学者认为:"政策是国家机关、政党及其他政治团体在特定时期为实现或服务于一定社会政治、经济、文化目标所采取的政治行为或规定的行为准则,它是一系列谋略、法令、措施、办法、方法、条例等的总称"[②]。这里采取对"政策"的广义理解,概述国家相关法律、政府部门涉老规章和标准的修订、完善以及推动政策法规落实的相关工作,分析存在的差距,提出改进思路。

一、完善老龄相关法律法规

(一)修订了老年人权益保障法

2018 年,《中华人民共和国老年人权益保障法》进行了首次颁布以来的第三次修

---

* 本章作者:朱耀垠,北京师范大学社会学院教授、博士生导师,北京师范大学国家高端智库——中国教育与社会发展研究院研究员,兼任中国社会福利和养老服务协会副会长。

① 伍启元:《公共政策》,商务印书馆(香港)1989 年版,第 4 页。

② 陈振明:《政策科学》,中国人民大学出版社 1998 年版,第 59 页。

订。民政部发出《关于贯彻落实新修改的〈中华人民共和国老年人权益保障法〉的通知》,要求地方民政部门不再实施养老机构设立许可、依法做好登记和备案管理、加强养老机构事中事后监管、做好法规政策修改和宣传引导,并制定了相应的文书式样。所有省份都制定了老年人权益保障法的配套法规。

（二）民法典规定了诸多涉老条款

《中华人民共和国民法典》规定了诸多涉老条款:重申了以往法律规定的成年子女赡养父母的责任;对包括老年人在内的成年人的意定监护人作出规定:"具有完全民事行为能力的成年人,可以与其近亲属、其他愿意担任监护人的个人或者组织事先协商,以书面形式确定自己的监护人,在自己丧失或者部分丧失民事行为能力时,由该监护人履行监护职责";制定了适合老年人的保护居住权条款,对财产继承事项及法定继承顺序作出规定;对遗嘱事项作了具体规定,列举了合法遗嘱的情形,规定"以最后的遗嘱为准";等等。

（三）修订了人口与计划生育法的相关条款

2021 年 8 月 20 日新修订的《中华人民共和国人口与计划生育法》有诸多条款与应对人口老龄化相关,规定"一对夫妻可以生育三个子女","国家支持有条件的地方设立父母育儿假","国家采取财政、税收、保险、教育、住房、就业等支持措施,减轻家庭生育、养育、教育负担","在国家提倡一对夫妻生育一个子女期间,按照规定应当享受计划生育家庭老年人奖励扶助的,继续享受相关奖励扶助,并在老年人福利、养老服务等方面给予必要的优先和照顾",取消了社会抚养费和相关处罚规定,等等。截至 2022 年 1 月,已有 25 个省份完成人口与计划生育条例修订,部分省份已制定实施方案。

（四）《中华人民共和国基本医疗卫生与健康促进法》的相关条款

该法自 2020 年 6 月 1 日起施行,对老年人医疗服务和健康促进作了诸多规定:"国家发展老年人保健事业","加强未成年人、残疾人和老年人等重点人群心理健康服务","开展未成年人和老年人营养改善行动","国家制定并实施未成年人、妇女、老年人、残疾人等的健康工作计划,加强重点人群健康服务"等。

二、完善涉老法规、规范和标准

（一）完善了国家行政法规和部门规章

2019 年 3 月 2 日,国务院修改《社会救助暂行办法》,将"五保供养"改为"特困供养"。民政部制定了《特困人员认定办法》和《养老机构管理办法》(自 2020 年 11

月 1 日起施行）。

（二）丰富了地方老龄法规

在养老服务方面,主要有《上海市养老服务条例》(自 2021 年 3 月 20 日起施行)、《上海市养老服务机构综合监管办法》,《贵州省养老服务条例》(自 2021 年 10 月 1 日起施行),《河北省养老服务条例》(自 2021 年 7 月 1 日起施行)和新修订的《河北省养老机构等级评定管理办法》;在老年教育方面,主要有《安徽省老年教育条例》(自 2021 年 1 月 1 日起施行),《山东省老年教育条例》(自 2022 年 1 月 1 日起施行);在老年宜居环境建设方面,有《北京市无障碍环境建设条例》(自 2021 年 11 月 1 日起施行)等。

（三）国家级老龄标准和规范密集出台

在养老服务方面,主要有《养老机构服务安全基本规范》《养老机构等级划分与评定》《养老服务质量信息公开标准指引》,国家医保局、民政部联合印发的《长期护理失能等级评估标准(试行)》等。在医养结合方面,主要有《老年医学科建设与管理指南(试行)》《医养结合机构服务指南(试行)》《医养结合机构管理指南(试行)》《医疗卫生机构与养老服务机构签约合作服务指南(试行)》《高血压健康管理规范》《糖尿病健康管理规范》《社区老年人跌倒预防控制技术指南》等。在老年宜居环境建设方面,住建部颁布《完整居住社区建设标准(试行)》《完整居住社区建设指南》,明确了居住社区养老服务设施的建设内容和标准。在老年用品方面,工信部发布《智慧健康养老产品分类及描述》等行业标准,以及《智慧健康养老产品及服务推广目录(2020 年版)》。在孝亲敬老方面,教育部和全国妇联联合印发《家长家庭教育基本行为规范》。在人才培养方面,人社部、民政部颁布实施《养老护理员国家职业技能标准(2019 年版)》,教育部发布《职业教育专业目录(2021 年)》,国家卫健委、国家中医药管理局联合印发《老年护理专业护士培训大纲(试行)》和《老年护理实践指南(试行)》等。

（四）各地结合实际探索制定地方性老龄标准

北京市制定了《基本养老服务清单(2021 年版)》《重点人群(老年人)家庭医生签约服务基本包》《社区老年健康服务规范》《社区老年健康服务规范化建设评价标准》《二级以上医疗机构安宁疗护服务指南(试行)》等。上海市制定了《长期护理保险社区居家和养老机构护理服务规程(试行)》《上海市家庭病床服务办法》《家庭病床服务项目清单(2019 年版)》《社区卫生服务中心安宁疗护(临终关怀)科设置标准》等。江苏省制定了《老年病医院基本标准》《护理院基本标准》《老年学科建设与管理指南》等。安徽省制定了《老年医院基本标准》。山东省制定了《医养照护职业技能标准》《失能和部分失能老年人预防和干预指南》《医养结合机构心理支持服务指南》。河南省制定了《老年友善医疗机构评价指标》。广东省制定了《老年友善医疗机构评估标准》《医养结合机构服务质量评价标准（试行）》《老年友好型社区评分细则》。湖北省制定了《居家适老化改造技术指南（2021年版）》。

这些法规、规范和标准为养老服务及老龄产业发展提供了有力指引。

三、强化涉老法律法规实施保障

（一）最高人民法院出台配套司法政策

最高人民法院出台《关于为实施积极应对人口老龄化国家战略提供司法服务和保障的意见》（以下简称《意见》）。《意见》要求将服务和保障实施积极应对人口老龄化国家战略纳入审判执行的总体工作之中，推动完善老年人优待政策、法规体系，涉及老年人利益司法政策的制定和执行过程要充分征求老年人意见，推动人民法院服务和保障实施积极应对人口老龄化国家战略的各项政策举措落地、落实、落细；要求充分发挥审判职能作用，加强老年人权益保障，依法加大对侵害老年人人身和财产权益违法犯罪行为的打击力度，依法妥善审理涉老年人婚姻家庭、监护权、合同、侵权纠纷等各类案件，加大涉老年人权益案件执行力度；要求持续深化改革创新，建立健全便老惠老司法服务机制，深化一站式多元解纷机制建设，推动涉老年人矛盾纠纷源头化解，建立完善涉老年人婚姻家庭、侵权等矛盾纠纷的预警、排查、调解机制，建立适老型诉讼服务机制，为便利老年人参与诉讼活动提供保障。

《意见》还配套发布老年人权益保护典型案例，为老年人权益保障提供了更为明确的行为指引和规则参考。

（二）开展全国打击整治养老诈骗专项行动

这项行动由中央政法委牵头，多个部门参加，于2022年4月8日启动，坚持依法打击、整治规范、宣传教育"三箭齐发"。2022年5月，中央政法委在12337智能化举报平台开通养老诈骗举报通道，各省份的网络举报部门也相继开设涉养老网络诈骗信息举报专区，重点受理处置以提供"养老服务"、投资"养老项目"、销售"养老产品"、宣称"以房养老"、代办"养老保险"、开展"养老帮扶"等名义，对老年人进行网络诈骗的相关举报。全国公安机关强化线索摸排，及时发现核查处置养老诈骗违法犯罪线索，依法严厉打击整治养老诈骗违法犯罪，挂牌督办了一批案情重大、影响恶劣的大要案件。

四、老龄法律法规建设的弱项和短板

（一）老龄立法进程明显滞后

延迟法定退休年龄、弹性退休制度尚未建立，在就业、教育、公共资源分配等领域的年龄歧视不同程度地存在，退休老年人再就业的劳动关系和工资待遇、社会保险、工伤认定等无法可依。国家层面的《养老服务条例》尚未出台，长期护理保险制度仍在探索之中，居家养老上门服务还缺乏规范和标准，家庭病床、医务人员上门治疗等缺乏规范的收费标准，基层老年协会的法律地位不够明确，优待老年人的全国性法规缺失等。

（二）法律法规配套衔接明显不足

老龄领域的法律和法规、全国性法规和地方性法规的配套衔接明显不足。医保政策与医养结合政策衔接不到位，支持家庭照护的政策法规缺失。

（三）老龄法规标准的操作性、系统性、协调性亟待增强

有些法规的内容不一致或相冲突。例如，劳动合同法将"享受基本养老保险待遇"作为劳动关系合同终止的条件之一，《劳动合同法实施条例》则将"达到法定退休年龄"作为劳动关系合同终止的判断标准。不同部门之间的老年人能力评估标准尚未统一，导致对一些老年人重复评估，数据无法共享共用。

五、进一步健全老龄法规政策体系

（一）将积极应对人口老龄化的理念和要求全面纳入国家法律体系

将积极老龄观、健康老龄化理念充分融入国家的各项法律法规、部门规章、行业标准规范，推动形成适应应对人口老龄化要求的新时代国家法律法规体系。

（二）适时调整完善相关法律法规

根据人口老龄化实际情况和经济社会发展需要，适时调整完善劳动法以及老年人权益保障法的相关条款，加强老年人福利等相关配套规章的制定、修订和废止工作，健全老年健康支持的法律法规。

（三）加强对国外和境外老龄法律法规的研究借鉴

深入研究人口老龄化先行国家或地区应对人口老龄化的综合立法，以及在老年福利、老年雇佣、老人保健、长期护理、老龄产业、老年教育等方面的法律法规及其对我国的借鉴意义。

第二节　强化相关政策支持

一、强化规划引领

（一）国家层面重大规划体系与老龄相关的分量加重

党中央、国务院印发《国家积极应对人口老龄化中长期规划》（2019 年 6 月）、《关于加强新时代老龄工作的意见》（2021 年 11 月）。《中华人民共和国国民经济和社会发展第十四个五年规划和 2035 年远景目标纲要》列专章阐述"实施积极应对人口老龄化国家战略"，国务院印发的《"健康中国 2030"规划纲要》和《关于实施健康中国行动的意见》对发展老龄健康服务提出明确要求。国务院印发《"十四五"国家老龄事业发展和养老服务体系规划》。国务院办公厅印发《国民营养计划（2017—2030 年）》《"十四五"国民健康规划》。国家卫生健康委等 15 个部门联合印发《"十四五"健康老龄化规划》。《"十四五"民政事业发展规划》设专章阐述"全要素构建养老服务体系"。《"十四五"文化和旅游发展规划》要求，充分保障老年人的文化权益。《"十四五"体育发展规划》要求，推动全民健身与全民健康深度融合，"开展老年人非医疗健康干预，支持社会力量参与新建社区老年人运动与健康服务中心，提供有针对性的运动健身方案或运动指导服务"。工信部牵头推动落实《智慧健康养老产业发展行动计划（2017—2020 年）》，制定了《智慧健康养老产业发展行动计划（2021—2025 年）》。

（二）各级政府纷纷出台发展老龄事业的意见或规划

北京、河北、内蒙古、吉林、黑龙江、江苏、安徽、湖南、甘肃和青海等地的省级党委、政府，制定了贯彻落实《中共中央、国务院关于加强新时代老龄工作意见》的实施意见或实施方案。

北京市委、市政府制定了《积极应对人口老龄化实施方案（2021—2025）》。浙江、湖北等地制定了省级应对人口老龄化中长期规划。宁夏回族自治区老龄委制定了《关于推进〈积极应对人口老龄化中长期规划〉重点任务落实的意见》。

内蒙古、上海、江苏、浙江、安徽、湖南等地出台了省级老龄事业发展"十四五"规划。陕西制定了《"十四五"老龄事业发展规划和二〇三五年远景目标》。

一些地方编制了老龄专项规划，如北京市制定《养老服务专项规划（2021—2035）》《推进老年友好型社会建设行动方案（2021—2023 年）》，宁夏、江苏等地制定省级"十四五"健康老龄化规划,安徽省制定《老年医学学科建设行动计划(2021—2025)》,河南省编制《"十四五"养老服务体系建设和健康产业发展规划》,海南省制定《切实解决老年人运用智能技术困难行动计划(2021—2022)》,山东省编制《养老服务"十四五"规划》,上海市出台《养老服务发展"十四五"规划》和《老年教育发展"十四五"规划》等。

二、拓宽资金渠道

(一)发挥财政资金的兜底作用

持续实施社会服务兜底工程。中央财政在预算内安排资金支持特困人员供养服务设施(敬老院)等养老服务设施建设,增强基本养老服务的兜底保障能力。

推行政府购买基本养老服务。将购买基本养老服务纳入政府购买服务改革的重点工作,鼓励有条件的地区务实拓展政府购买养老服务的领域和范围,优先保障经济困难的失能、高龄、无人照顾等老年人的服务需求,加大对基层和农村养老服务的支持。

(二)发挥财政资金的撬动作用

实施普惠养老城企联动专项行动。中央财政在预算内安排资金重点支持社区养老服务机构、医养结合的养老服务机构等的建设和培训疗养机构转型发展普惠养老,发挥了中央预算内投资的示范带动作用和地方政府的引导作用,激发了社会资本参与养老服务的积极性。实施积极应对人口老龄化工程中央预算内投资项目。中央彩票公益金采用以奖代补的方式支持发展居家和社区养老服务。

(三)支持社会融资

国家发展改革委制定《养老产业专项债券发行指引》,支持符合条件的企业发行养老产业专项债券进行融资。民政部、国家开发银行联合印发《关于"十四五"期间利用开发性金融支持养老服务体系建设的通知》,支持各地有效利用国家开发银行养老服务体系建设专项贷款。国家开发银行对满足授信条件的项目,给予不高于总投资额80%、原则上不超过25年贷款期限的贷款,并明确贷款利率、还款方式等优惠支持条件。

三、强化税收支持政策

(一)对承担赡养老人义务的个人实行所得税扣除

2018年修订的个人所得税法规定,赡养年满60周岁的父母以及子女均已去世的年满60周岁的祖父母、外祖父母,享受赡养老人专项附加扣除。

（二）实行营利性养老机构税收优惠

财政部发文规定,为社区提供养老服务的机构,可以按照规定享受企业所得税、增值税、契税、房产税、城镇土地使用税以及多项费用的减免征待遇。

（三）完善非营利性养老机构的税收优惠

《中华人民共和国契税法》（自2021年9月1日起施行）规定,非营利性的养老机构承受的土地、房屋免征契税。《中华人民共和国印花税法》（自2022年7月1日起施行）对非营利性和福利性养老服务机构免征印花税作出规定。

四、强化养老用地支持

自然资源部出台《关于加强规划和用地保障支持养老服务发展的指导意见》,明确了养老服务设施用地范围,要求依法依规确定土地用途和年期、保障养老服务设施规划用地规模、统筹落实养老服务设施规划用地、严格养老服务设施规划许可与核实,并对保障和规范养老服务设施用地供应、合理确定养老服务设施用地供应价格等作出具体规定。

五、加强科技支撑

加大了国家科技计划（专项、基金等）、社会科学基金等对老龄领域科技创新、基础理论和政策研究的支持力度。

（一）实施"主动健康和老龄化科技应对"重点科技专项

将"主动健康和老龄化科技应对"重点科技专项纳入国家重点研发计划,2019年度,重点支持健康生物学机制及健康影响因素的关键基础研究、主动健康关键技术和产品研发、老年常见疾病防控和康复护理技术研究,以及主动健康和老年服务科技示范与应用推广等方面的研究;2020年度,重点支持主动健康关键技术和产品研发、老年常见疾病防控和康复护理技术研究,以及主动健康和老年服务科技示范与应用推广等方面的研究;2021年度,重点支持主动健康关键技术和产品研发、老年常见疾病防控和康复护理技术研究、主动健康和老年服务科技示范与应用推广等方面的研究;2022年度,重点支持主动健康与健康老龄化基础研究、主动健康和老龄健康关键技术与产品研发、主动健康和老年常见疾病防控技术等方面的研究。

（二）加强老年医学学科、基地和能力建设

加强对国家老年疾病临床医学研究中心、国家老年医学中心的认定和建设,发挥其协调创新网络的作用,加快先进老年疾病适宜技术的推广普及,整体提升全国的诊疗水平和服务能力。

(三)强化老龄产品关键技术攻关和应用

2020年,工信部部署了老年功能维持和康复护理技术研究项目,开展老年疼痛控制的技术研究、老年失能预防和干预管理网络与技术研究等,为康复辅助器具发展提供科技支撑;还部署了医疗与照护支持技术的示范应用项目,开展老年综合征防控技术综合示范、"互联网+老年照护"技术研究与应用示范、老年常见临床问题防控技术综合示范、老年与残疾人友好型智能人居环境集成研究与应用示范等研究;推动康复辅助器具成果转化应用,加强老年健康服务与科技新产品、新方法、新模式的有机融合,加强康复辅助器具国家科技创新基地平台建设。

工信部等部门联合印发《关于促进老年用品产业发展的指导意见》,推动功能性老年服装服饰、智能化日用辅助产品、安全便利养老照护产品、康复训练及健康促进辅具、适老化环境改善产品等领域的关键核心技术研发;推进产业科技创新平台建设,发挥该平台在技术转移、成果转化、技术研发、资源共享、企业孵化等方面的重要作用。

天津、上海、浙江、福建、广东等地公安机关利用已建成的智能安防小区,通过孤寡老人出入轨迹监测、水电使用量下限预警,精准感知涉及孤寡老人的安全风险,实时推送给小区物业、社区居委会和社区民警上门帮扶救助。

六、加强数据支撑

(一)建立养老产业统计分类制度

2020年2月,国家统计局公布《养老产业统计分类(2020)》,将养老产业范围确定为12个大类,并以此为依据,开展老龄产业统计。

(二)公布"七普"和年度老年人口数据

2021年5月,国家统计局公布了第七次全国人口普查的数据,其中包括60岁及以上和65岁及以上人口的数量、比重及比重上升的数据。各省区市也公布了当地的人口老龄化数据。年度国民经济和社会发展统计公报则公布了当年的老龄人口数据。

(三)开展第五次中国城乡老年人生活状况抽样调查

这次调查内容,主要包括老年人口基本情况、家庭状况、健康状况、照料护理服务状况、经济状况、宜居环境状况、社会参与状况、维权意识与行动状况、精神文化生活状况以及老年人所在家庭的家庭成员状况等。调查对象为居住在中华人民共和国境内(不包括港澳台地区)的 60 周岁及以上的中国公民。抽样范围为全国 31 个省、自治区、直辖市和新疆生产建设兵团,涉及 315 个县(市、区)、3320 个乡镇(街道)、6300 个村(居)委会,以及新疆生产建设兵团 5 个师、40 个团场。调查样本规模为 12.76 万(总抽样比约为 0.5‰)①。该调查采取电子化问卷形式收集数据。

七、深化国际交流合作

我国积极参与全球及地区老龄问题治理,推动实施积极应对人口老龄化国家战略与落实 2030 年可持续发展议程相关目标有效对接。

(一)推动健康老龄化领域的国际合作

制定《中国落实 2030 年可持续发展议程国别方案》,兑现涉及养老保障和老年人基本医疗卫生服务方面的承诺。推动世界卫生组织制定 2020—2030 年健康老龄化行动十年计划,积极参加"健康老龄十年"联合国大会决议草案磋商,推动联合国大会宣布 2021—2030 年为"健康老龄十年"。呼吁各国预防、监测和应对新冠疫情对老年人的影响。2020 年 5 月 12 日,与 140 多个联合国会员国发表涉老龄联合声明,欢迎联合国秘书长古特雷斯发布《新冠肺炎疫情对老龄人口影响政策报告》,呼吁关切老龄人口在疫情期间获得医疗援助等。

(二)推进中法银色经济合作

2018 年 1 月 9 日,在中法两国元首的共同见证下,中国商务部部长钟山、全国老龄工作委员会办公室主任黄树贤,与法国经济和财政部部长勒梅尔、社会团结和卫生部部长比赞、欧洲和外交部部长勒德里昂,共同签署了中法关于在银色经济领域合作的谅解备忘录,旨在落实两国领导人关于推动养老领域合作的共识。中法双方愿意成立银色经济合作指导委员会,加强政策沟通和专家互访交流,鼓励两国企业开展银色经济领域的贸易投资合作。2021 年 6 月 15 日,中法养老服务合作洽谈会在北京举办。2021 年 1 月 18 日,中国建设银行巴黎分行、深圳分行通过"全球撮合家平台",与法国拉法兰基金会联合举办"中法携手,四时和颐"中法银色经济合作备忘协议签约仪式,促成法国拉法兰基金会推荐的法国领先的优质养老集团与深圳一家大型康养企业达成合作意向。

(三)加强中日韩健康老龄化政策对话与合作

2019 年 12 月 24 日,中华人民共和国、日本国和大韩民国国家元首/政府首脑在

---

① 中国老龄协会:《第五次中国城乡老年人生活状况抽样调查》。

成都举行中日韩领导人会议,发表了《中日韩积极健康老龄化合作联合宣言》,重申三国对全球和区域框架下积极健康老龄化的相关承诺,特别是进一步落实联合国可持续发展目标、联合国老年人原则和马德里老龄问题国际行动计划中关于积极健康老龄化的相关内容,三国在人口老龄化领域的合作交流成果,以及历届中日韩卫生部长会议联合声明中所作相关承诺,并宣布采取6个方面措施。

八、进一步强化对老龄事业和老龄产业发展的政策支持

目前,老龄事业和老龄产业发展还存在诸多问题:人才队伍数量不足、专业化水平整体不高,老龄事业发展经费严重不足,老年人力资源亟待开发,老龄科技创新能力不强,养老服务质量参差不齐,老年医疗服务能力整体偏弱,老龄产业发展滞后等。产生这些问题的原因比较复杂,其中一个重要方面是一些重要的政策不完善、难落地,政策的"玻璃门""弹簧门"现象比较普遍,需要下大力气来解决。

(一)加强人才队伍建设

构建院校培育与职业培训相结合的人才供给体系,加快落实"学历证书+若干职业技能等级证书"制度,深化养老领域产教融合,支持院校和优质机构共建合办养老服务实训基地,支持开展"订单式"培养。完善为老服务人员职业技能鉴定、岗位补贴和薪酬体系,强化鼓励医学专业毕业生到医养结合机构等老年服务机构执业的政策措施,吸引优秀人才投身为老服务业。

(二)加大经费保障力度

健全政府、市场和社会相结合的多元化投入机制。将老龄事业发展经费纳入各级财政预算,建立与经济社会发展水平和人口老龄化程度相适应的稳步增长机制。加强对各类资金资源的整合利用,提高财政资金利用效率。落实和完善土地供给、医保定点、税费优惠、金融信贷等扶持政策,规范政府与社会资本的合作模式,激励社会资本参与养老服务等老龄项目的建设和运营。

(三)提高科技创新能力

聚焦老龄化社会带来的医疗、护理、康复等健康服务的延伸需求问题,进一步加强老年人群健康促进、疾病防控、新型康复辅助器具和以主动健康为方向的医疗健康一体化核心关键技术的规划部署,进一步完善科技创新体系建设,增强自主创新能力。加强对国际先进技术的引进、消化、吸收,提升高端老龄产品的国产化能力。

第三节　强化组织保障

组织保障一般指为某一特定目的服务的组织机构、相关人员的组成及其运行机制。强化新时代老龄事业发展的组织保障，就是要落实习近平总书记对完善老龄工作体制机制的要求：要完善党委统一领导、政府依法行政、部门密切配合、群团组织积极参与、上下左右协同联动的老龄工作机制，形成老龄工作大格局。

一、加强党对老龄工作的领导

（一）党中央、国务院高度重视老龄工作

习近平总书记多次就老龄工作作出重要指示，党中央、国务院多次专题研究老龄工作。特别是 2021 年 5 月 31 日，习近平总书记主持中共中央政治局会议，听取"十四五"时期积极应对人口老龄化重大政策举措汇报，审议通过《关于优化生育政策促进人口长期均衡发展的决定》。会议强调，要贯彻落实积极应对人口老龄化国家战略，加快建立健全相关政策体系和制度框架。2021 年重阳节到来之际，习近平总书记对老龄工作作出重要指示。

（二）地方各级党委、政府经常研究部署老龄工作

各级党委和政府要高度重视并切实做好老龄工作，坚持党政主要负责人亲自抓、负总责，及时传达学习习近平总书记关于老龄工作的重要指示精神和全国老龄工作会议精神，为积极应对人口老龄化、贯彻落实中央决策部署作出安排，将老龄工作重点任务纳入重要议事日程，纳入经济社会发展规划，纳入民生实事项目，纳入工作督查和绩效考核范围。江苏省委、上海市委由副书记任老龄委主任，分管卫健、民政工作的副省长（副市长）任副主任；贵州省委组织部部长担任老龄委主任。国家发改委、民政部和国家卫健委联合确定了 61 个积极应对人口老龄化重点联系城市，推动地方党委、政府进一步重视老龄工作。

（三）发挥党建引领作用

中共中央办公厅印发《关于加强新时代离退休干部党的建设工作的意见》，要求强化政治引领、强化组织功能、强化管理监督、强化激励关怀，更好地把广大离退休干部团结凝聚在以习近平同志为核心的党中央周围，积极为实现第二个百年奋斗目标、实现中华民族伟大复兴的中国梦贡献智慧和力量。

二、强化各级老龄委的统筹协调职能

（一）发挥老龄委的职能作用

2018 年机构改革期间,党中央、国务院着眼积极应对人口老龄化、加快老龄事业和老龄产业发展,保留了全国老龄工作委员会,办公室设在国家卫生健康委,统筹协调老龄各项工作。新一届全国老龄委制定了工作规则、成员单位职责和专家委员会章程。地方多数地区成立了新一届老龄委,并制定了工作规则和成员单位职责,明确了机构性质、组织结构、工作职责、会议制度、报告制度等自身建设要求。

（二）发挥老龄办事机构的作用

全国老龄办加强调查研究,发布了《2020 年度国家老龄事业发展公报》。北京市老龄协会每年发布《北京市老龄事业发展报告》。此外,安徽省老龄办发布《安徽省老龄事业发展报告(2021)》,吉林省发布《2020 吉林省老龄事业发展状况和老年人口报告》,青海省发布《青海省老年人生活状况调查报告》。

三、进一步理顺老龄工作体制机制

（一）老龄工作面临的新情况、新问题

一是思想认识站位不高。一些地方对人口老龄化形势的严峻性和应对工作的紧迫性认识不足,对应对人口老龄化的全局性、战略性意义认识不够,对老龄工作缺乏前瞻研究、系统谋划、综合应对;有些部门局限于把老龄工作作为一项业务工作,或者把应对人口老龄化仅仅理解为解决老年人的养老问题。

二是老龄委和老龄工作机构的作用发挥得不充分。本轮机构改革后,各地普遍感到,老龄工作机构和力量不仅没有加强,反而遭到削弱,从事老龄工作的专职人员数量锐减。许多县(市、区)乃至设区市撤销了原来的专门老龄工作机构,没有专门的老龄工作人员,有少数设区市和县甚至没有成立老龄委。山东、四川、贵州原省级老龄办工作人员大多被打散,分配到计生协、卫生监察机构工作。四川省、市、县均撤销老龄办实体,原有老龄工作框架基本不复存在,老龄工作在基层仅由卫生院和村医承担。

三是城乡社区的老龄工作力量更加薄弱。城乡社区老年协会是基层老龄工作的重要依托,但是,登记难、没有法律地位、缺乏经费、发展不规范等问题普遍存在。社会组织和社会工作者参与基层老龄工作的政策支持力度不够,距离习近平总书记关于"要保证城乡社区老龄工作有人抓、老年人事情有人管、老年人困难有人帮"的要

求还有较大差距。

（二）健全老龄工作体制机制

建立党委领导下的高规格老龄工作委员会以及专门的办事机构。加强省、市、县、乡、村5级老龄工作队伍建设,强化基层工作力量配备,明确乡镇(街道)和村委会(居委会)的工作责任,确保老龄工作有人抓、老年人事情有人管、老年人困难有人帮。健全各级老龄工作体系。推进省、市、县、乡、村5级老龄工作队伍建设。

（三）加强基层老年协会建设

加强党对城乡社区老年协会的领导,推进基层老年协会规范化建设,解决基层老年协会运行中的困难和问题,充分发挥其联通政府、社区、机构以及在社区管理、养老服务、民事调解等方面的作用。

责任编辑：侯　春
封面设计：姚　菲
责任校对：王春然

图书在版编目（CIP）数据

推动实施积极应对人口老龄化国家战略研究/中国老年学和老年医学学会组织编写；
　杜鹏主编；刘维林执行主编．—北京：人民出版社，2023.3
ISBN 978－7－01－025282－7

Ⅰ.①推…　Ⅱ.①中…②杜…③刘…　Ⅲ.①人口老龄化-对策-研究-中国
Ⅳ.①C924.24

中国版本图书馆 CIP 数据核字（2022）第 223098 号

推动实施积极应对人口老龄化国家战略研究
TUIDONG SHISHI JIJI YINGDUI RENKOU LAOLINGHUA GUOJIA ZHANLÜE YANJIU

中国老年学和老年医学学会组织编写
杜　鹏　主编　刘维林　执行主编

人民出版社 出版发行
（100706　北京市东城区隆福寺街 99 号）

北京汇林印务有限公司印刷　新华书店经销

2023 年 3 月第 1 版　2023 年 3 月北京第 1 次印刷
开本：787 毫米×1092 毫米 1/16　印张：16
字数：280 千字

ISBN 978－7－01－025282－7　定价：70.00 元

邮购地址 100706　北京市东城区隆福寺街 99 号
人民东方图书销售中心　电话（010）65250042　65289539